美国海军史
从1775年至21世纪

[英]切斯特·赫恩（Chester G. Hearn） 著

胡升新 译　徐玉辉 审校

华中科技大学出版社
http://press.hust.edu.cn
中国·武汉

图书在版编目（CIP）数据

美国海军史：从1775年至21世纪／（英）切斯特·赫恩（Chester G. Hearn）著；胡升新译. ——武汉：华中科技大学出版社，2024.1
 ISBN 978-7-5680-9260-9

Ⅰ．①美… Ⅱ．①切… ②胡… Ⅲ．①海军－军事史－美国－近现代 Ⅳ．①E712.9

中国国家版本馆CIP数据核字（2023）第069075号

湖北省版权局著作权合同登记　图字：17-2022-044号
版权信息：Copyright © 2007 Compendium Publishing Ltd.
Copyright of the Chinese translation © 2022 by Portico Inc.
This translation of NAVY: AN ILLUSTRATED HISTORY is Published by Huazhong University of Science & Technology Press Publishing Company Ltd.
ALL RIGHTS RESERVED

美国海军史：从1775年至21世纪　　　［英］切斯特·赫恩（Chester G. Hearn）　著
Meiguo Haijun Shi: Cong 1775 Nian Zhi 21 Shiji　　　　　　　　　　　　　　　　胡升新　译

策划编辑：金　紫
责任编辑：叶向荣
封面设计：千橡文化
责任监印：朱　玢
出版发行：华中科技大学出版社（中国·武汉）　　电话：(027)81321913
　　　　　武汉市东湖新技术开发区华工科技园　　邮编：430223
录　　排：北京千橡文化传播有限公司
印　　刷：北京文昌阁彩色印刷有限责任公司
开　　本：889mm×1194mm　1/16
印　　张：21.75
字　　数：425千字
版　　次：2024年1月第1版第1次印刷
定　　价：186.00元

本书若有印装质量问题，请向出版社营销中心调换
全国免费服务热线：400-6679-118　竭诚为您服务
版权所有　侵权必究

目录
CONTENTS

引言 /001

1 初创时期（1775—1815年）/009

- 010 乔治·华盛顿的双桅船
- 012 大陆海军的创建
- 014 大陆海军的组织
- 015 组织解体
- 020 大陆海军护航舰
- 020 大陆海军在欧洲
- 026 大陆海军的最后一幕
- 028 一支海军的问题
- 031 美法准战争
- 033 巴巴里战争
- 035 与英国之间的摩擦
- 036 1812年战争中的海军
- 044 在其他方向上活动的近海舰队

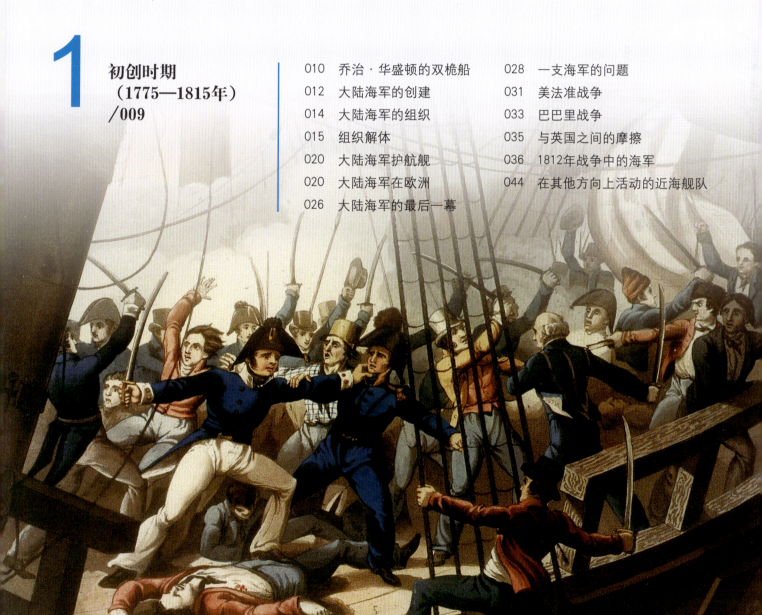

2 发展的世纪（1814—1898年）/047

049	新挑战	062	独立政府
049	波特和海盗	067	铁甲舰的发展
054	遏止奴隶交易	073	河流上的战争
055	塞米诺尔战争	077	"该死的水雷"
056	墨西哥战争（1846—1847年）	079	菲什尔堡失陷
059	十年探索	080	内战后的海军

3 变革中的海军（1889—1939年）/083

084	勿忘"缅因"号	100	U艇战争
088	圣地亚哥之战	103	穿越大西洋
092	外交事务	104	海军航空兵
093	"无畏"舰	106	德国舰队投降
097	海军的航空化	107	航空母舰出现
097	第一次世界大战前夕	110	间战年代

4 第二次世界大战：太平洋战场（1941—1945年）/115

- 116 日本帝国主义
- 118 勿忘珍珠港
- 122 重建海军
- 124 反击
- 127 奇袭东京
- 128 增加赌注
- 130 中途岛海战
- 134 瓜达尔卡纳尔岛
- 136 所罗门群岛海战
- 141 扩张中的海军
- 142 跳岛登陆作战
- 145 马里亚纳"射火鸡大赛"
- 149 菲律宾风云
- 149 莱特湾海战
- 157 最后的战役

5 第二次世界大战：大西洋战场（1940—1945年）/163

165 潜艇的威胁	178 总结经验
166 "自由"轮	178 西西里岛登陆战役["哈士奇"行动（又称"爱斯基摩人"）]
167 战火燃向本土	182 解放意大利
168 大西洋反潜战	183 诺曼底登陆（"霸王"行动）
170 护航型驱逐舰	186 法国南部（"龙骑兵"行动）
173 消除种族歧视	187 横渡莱茵河
176 进军北非（"火炬"行动）	

6 冷战：远东半岛战争
（1950—1953年）/189

- 191 福莱斯特时代
- 193 对远东半岛的军事干预
- 195 釜山周围
- 197 仁川登陆（"烙铁"行动）
- 201 元山战役
- 203 兴南大退却
- 204 空中打击
- 206 "绞杀"行动
- 209 幡然醒悟
- 213 骄傲的资本

7 冷战：越南战争
（1961—1975年）/217

- 219 日内瓦时期（1954—1965年）
- 221 北部湾事件
- 222 举棋不定
- 224 "滚雷"行动
- 226 "洋基"站—"迪克西"站
- 226 苏制"萨姆"导弹阵地
- 228 搜索营救
- 232 水面舰艇导弹化
- 235 海豹突击队（Navy SEALs）
- 236 油料之战
- 238 内河作战
- 242 耻辱的撤退

8 冷战和恐怖主义威胁
（1960—2006年）/245

- 249　古巴导弹危机
- 251　太空海军
- 254　"普韦布洛"号事件
- 256　10年准备
- 260　重生
- 261　复苏
- 262　锡德拉湾行动
- 265　削减预算
- 267　"沙漠盾牌"行动
- 270　"沙漠风暴"行动
- 280　"四溅的火星"
- 284　新一轮恐怖主义
- 286　反恐战争
- 288　"伊拉克自由"行动

9 走向未来 /293

- 294 航母打击大队
- 295 "尼米兹"级航母
- 300 "提康德罗加"级巡洋舰
- 301 "阿利·伯克"级驱逐舰
- 302 攻击型核潜艇
- 304 "供应"级海上补给舰
- 306 航母舰载机联队
- 312 远征攻击大队
- 313 两栖攻击舰（LHA/LHD）
- 314 两栖船坞运输舰（LPD）
- 315 船坞登陆舰（LSD）
- 316 护卫舰（FFG）
- 316 AV-8B "鹞"II垂直和短距起降攻击机
- 316 远征攻击大队直升机
- 320 未来舰队
- 320 未来舰队概念
- 321 CVNX级航空母舰
- 323 DD（X）级驱逐舰
- 323 濒海战斗舰（LCS）
- 324 "弗吉尼亚"级攻击型潜艇
- 325 隐身飞机
- 327 无人机
- 329 弹道导弹防御
- 333 2025年舰队

参考书目 /334

引言 INTRODUCTION

当前，有近50万人正在美国海军和预备役部队中践行他们神圣的誓言，而其中超过35万人属于海军现役部队。历史的指针拨回到1775年10月13日，在经过了数周的激烈争吵后，大陆会议作出了成立美国海军的决定。在那场论战中，当属马里兰州议员塞缪尔·蔡斯的反对意见最为强烈，他认为创建大陆海军是"世界上最疯狂的想法"。美利坚合众国的建国先贤们虽然明智地否决了蔡斯的意见，却也从未想到在两个世纪之后，美国海军将会成为世界上规模最大、实力最强的海上力量。

由于缺乏经验和资金，大陆海军的规模一直很小，但他们却义无反顾地扬帆远航，开创了美国海军两个世纪以来虽历经战争与和平的浮沉，却依然不断蓬勃发展的历史。美国的任何一支武装力量都没有海军这么多的曲折经历。美国海军一度于独立战争结束后解散，又于19世纪初期重新组建，用于保护美国海上贸易。从1812年第二次英美战争开始直到南北战争结束，美国海军的行动都限制于浅水水域。但此时美国海军在装备上已经有了长足进步，率先建成铁甲舰并装备先进的后膛舰炮。但是，吝啬的国会却再一次认为，在和平时期维持一支强大的海军的开销过于高昂。19世纪后期，当欧洲国家和日本开始建造火力强大的战列巡洋舰和跨时代的"无畏舰"时，美国海军却在用已经落后

水兵誓词

我是一名美国水兵。

我拥护并捍卫美利坚合众国宪法，服从上级命令。

我要发扬海军战斗部队和前辈的精神，为保卫自由和民主而战斗。

我为在海军战斗部队服役而自豪，恪守"荣誉、勇敢、奉献"的价值观。

我决心追求卓越并公正对待一切。

于世界先进设计水平20年的舰艇组建他们本就老旧的舰队。

每一场战争的历练都使得美国海军更为强大、更有能力对抗威胁。美国海军一直因其精良的训练、先进的技术与高超的职业素养引以为傲。海军总兵力已接近50万人，是美国唯一一支集舰艇部队、航空兵、可执行海上部署任务的地面部队为一体的武装力量。除了作战舰艇之外，在所有武装力量中，海军的武器装备、技术、训练和战备的复杂程度也是首屈一指的。

要了解美国海军的现在，先要了解其历史。作为一名陆军军人，乔治·华盛顿建立了第一支由几条轻型武装渔业帆船组成的舰队，因为在那时还没出现组织性的海军。在某种意义上，华盛顿可以说是

下图：怀着悲愤与决心，"哈里·S.杜鲁门"号航母全体舰员在纪念"9·11"恐怖袭击死难者的追悼会上重诵水兵誓词，向国徽庄严宣誓。

创建美国海军的第一人。而传统上一直认为约翰·亚当斯才是美国海军的创始人，因为正是在他的领导之下，大陆议会才通过了建立大陆海军的相关立法方案。经过两百多年的历史沧桑，华盛顿时期的帆船已经发展成了现在的超级航母、核潜艇、"2马赫"时速的喷气式战斗机、导弹、卫星以及先进水面舰艇。

早在美国拥有自己的宪法以前，海军就已经开始了它波澜壮阔的历史。海军是如何经过历年发展成长为当今世界上最强海上力量的，在接下来的时间里又将如何保持这一地位，这是本书所讨论的主题。

没有海军，就没有美国的生存、扩张和富强，也无法继续维持国家的强大和繁荣。关于投身于海军事业的海军官兵的故事不计其数，正是他们所创立的战略思想引领着美国海军迈入21世纪。从殖民时代早期进行海上私掠，到现在应对致命的生化武器和核弹道导弹等多种威胁，保卫国家安全，海军经历了一个技术不断进步、战术不断革新的发展史。

现在，大部分美国人都仅仅知道他们的国家拥有一支海军，而对其历史却并不完全了解。就算是现役海军官兵，也并不完全知道那些隐藏于海军起源和发展进程

对页图：南北战争及之后的时间中，美国海军大多时候都拥有着世界上最强大的火力。"衣阿华"级战列舰"新泽西"号（BB-62）虽然在第二次世界大战结束后被封存，却在越南战争中重返战场。图为"新泽西"号9门16英寸（1英寸≈2.54厘米）舰炮同时开火，显示了其强大的作战能力。

左图：大陆海军初创时规模很小，更缺乏作战经验丰富的老兵和受过专业教育的海军军官。最早投入使用的16炮的"列克星敦"号和18炮的"报复"号两艘横帆双桅船也都是由商船改装而成的战舰。两位舰长约翰·巴里和兰伯特·威尔科斯率舰英勇作战，开创了美国海军的历史。

之中的传奇故事,甚至不完全理解海军在今天以及在未来应该在国家安全事务中发挥什么样的作用。那些从桅盘瞭望哨上收集情报的历史已经被人们淡忘,现在,海军情报人员只需端坐在情报中心内,便能通过计算机网络接收舰船、飞机、潜艇和卫星等平台收集的数据。随着海军兵科与专业种类数量的不断增加,海军士兵不再单纯"以船为家",但航海生涯仍能带给新时代的海军士兵们别样的"回报"。

本书所关注的是美国海上力量的发展历程,为人们提供了大量的信息、战略,以及那些令人激动的历史事迹。

对页图:核动力潜艇,如"田纳西"号(SSBN-734),可以发射"三叉戟"D-5导弹,战略核导弹既可以作为对敌方核打击的第一波报复打击力量,也能够作为首轮打击武器对敌方重点目标实施先发制人的核打击。

左图:第二次世界大战时期,航空母舰变成了最强的力量投射装备,其数量也急速增长。"尼米兹"级核动力航母自1975年建成后开始服役,排水量97000吨的"卡尔·文森"(CVN-70)是10艘该级超级航母中的第三艘,而最新一艘航母是"乔治·布什"号(CVN-77)。

初创时期
（1775—1815年）

对页图：在尼古拉斯·比德尔船长的指挥下，装有14炮的"安德鲁·多利亚"号双桅船于1776年2月17日出航，在缅因州和特拉华州之间为期4个月的夏季巡航中劫掠了10艘英国商船。

早在大陆海军建立之前的很长一段时间，美国已经有了私掠船。英法战争期间，北美殖民地就向这种私人商船和渔船颁发了私掠许可证，使他们可以在海上合法地对敌国船只实施劫持或报复，从而同法国争夺商业利益。这些私掠船既不是护航舰（frigate），也不是双甲板炮船，而只是稍加武装的单桅帆船，当然也有极少的双桅船或三桅船。1775年4月美国独立战争爆发之后，殖民地向那些愿意冒着生命危险获得劫掠利益的私掠船船主颁发了超过2000份委任状，虽然这一做法和创造正式的海军差距很大，但是在战争期间这些私掠船深入大海，劫掠了2208艘英国商船，所截获货物价值达到1780年币值的6.6亿美元，远远超过由大陆海军给敌人造成的损失总价值。

乔治·华盛顿的双桅船

当乔治·华盛顿上将成为大陆军总司令的时候，他手上没有建立海军所需的资源，既缺乏铅弹和火药，也没有足够的滑膛枪和加农炮，这主要是由于大陆议会已经不再考虑建立大陆海军相关事务。在此情况下，华盛顿自掏腰包组建起一支由8艘武装双桅渔船组成的小船队，配合大陆军作战。这些船上的水兵此前还是靠海讨生活的渔民，船上装备了4磅小炮和小型回旋炮，船队被派往马萨诸塞州马布尔黑德港和贝弗利港以外的海区。曾经在英国皇家海军服役的"波士顿"号舰长约翰·曼利性格粗犷、作风干练，受命成为这支帆船舰队的指挥官。在两年的时间内，约翰·曼利率领这支简陋的舰队俘获

> "……以殖民地的经费建立一支有足够实力的舰队，以保护这些殖民地，以合适的方式和地点进行运用，从而最有效地扰乱我们的敌人……"
> ——罗得岛州议会的决议，1775年8月26日

下图：乔治·华盛顿上将在大陆议会授权建立海军前数周就创建了一支舰队，"汉纳"号纵帆船成为华盛顿的第一艘船。他的8艘船共俘获了55艘英国商船，以实际行动证明了"美国要生存就必须建立海军"的理论。

了50多艘英国船只，而这些船上都装载了数以吨计的军事补给物资：衣物、枪支、弹药、火药和火炮。

即便是在大陆海军建立后，华盛顿的帆船舰队仍在继续执行任务，直到1777年，华盛顿的帆船舰队的最后一批人员才被编入海军。

大陆海军的创建

在创建海军的问题上，大陆议会的争论持续了6个月时间。事实上，在1775年10月5日之前，大陆议会还不知道华盛顿将军已经创建了自己的舰队。在他们了解到华盛顿将军在海上所进行的活动后，大

陆议会对创建海军产生了强烈的兴趣。

来自马萨诸塞州的议员约翰·亚当斯、康涅狄格州的西拉斯·迪恩以及新罕布什尔州的约翰·兰登都同意对此事进行调查。1775年10月13日，三人返回大陆议会，并提交了采购、修理和武装两艘船用以拦截两艘驶往加拿大的英国补给船的计划，而这一天也被认为是美国海军的诞生之日。这两艘大陆海军的第一批军舰分别是"安德鲁·多利亚"号和"卡博特"号。在清除了组建海军的障碍后，大陆议会又于10月30日同意购买两艘更大的船"阿尔弗雷德"号和"哥伦布"号，"用于联合殖民地的保护和防御"。

下图：1776年11月16日，"安德鲁·多利亚"号驶入荷兰圣尤斯特歇斯港时，伊赛亚·罗伯逊船长有生第一次有了互鸣礼炮的体验，并接受了别国舰船向"美国国旗"（北美殖民地旗）的致敬。

上图：独立战争爆发之时，各州都制作了自己的殖民地旗帜。大陆海军也参与其中，于1775年12月3日颁布了美国海军的第一面军旗，上面写着"别惹我"。

大陆海军的组织

为配合这一举措，大陆议会还成立了由七人组成的海军委员会作为扩张大陆舰队的核心基石。委员会在一个水边的小酒馆里连夜召开会议，之后开始购买商船，并将之改装成战舰。约翰·亚当斯根据英国海军条令起草了海军管理条令，但与前者有所区别。他呼吁给予水兵更多人道主义关怀，限制对水兵的鞭打惩罚，比如将一次鞭刑的鞭笞次数降至12下。1775年11月28日，大陆议会接受了海军管理章程。在亚当斯取代华盛顿当选美国第二任总统后，海军管理章程于1798年经过微小调整再一次为议会所接受。

组建海军的下一个问题是对军官的选择。不幸的是，在这一问题上美国和英国一样体现出了裙带关系的特征。在大陆议会的任命下，海军委员会成员之一斯蒂芬·霍普金斯的兄弟伊塞克·霍普金斯成为舰队司令，并以30炮的"阿尔弗雷德"号作为舰队旗舰。康涅狄格州的达德利·索顿斯托尔是海军委员会成员迪恩的内弟，也成为高级舰长。与霍普金斯家族有婚姻关系的亚伯拉罕·惠普尔，成为28炮"哥伦布"号的舰长。尼古拉斯·比德尔，其兄弟是大陆议会宾夕法尼亚州代表，成为16炮"安德鲁"号的舰长。伊塞克·霍普金斯的儿子约翰也成了14炮"卡博特"号的舰长。虽然约翰·保罗·琼斯神秘莫测的过去引起过人们的流言蜚语，但在颇有影响力的海军委员会成员约瑟夫·休斯支持下，他也成为12炮"普洛维登斯"号上的第一位上尉舰长。这些舰船所装配的火炮都不超过9磅。1775年12月，大陆议会又批准在接下来3个月内为每州各建造1艘护航舰，共计13艘。这是一个不可能完成的任务，也体现出了大陆

> "反对的声音……非常强烈，"约翰·亚当斯回忆，"海军代表着当时从未想象过的最荒诞、最不切实际、最疯狂的观点。"
>
> ——内森·米勒《海权荣耀》

美国武装舰船对比（1776—1782年）

时间	1776年	1777年	1778年	1779年	1780年	1781年	1782年
大陆海军	31	34	21	20	13	9	7
私掠船	136	73	115	167	228	449	323

舰船装备火炮数量对比

时间	1776年	1777年	1778年	1779年	1780年	1781年	1782年
大陆海军	586	412	680	462	266	164	198
私掠船	1360	730	1150	2505	3420	6735	4845

议会对海军事务方面的荒谬认识。

组织解体

1775年11月，大陆议会解散了海军委员会，成立了海上委员会，由13个殖民地各选一名成员组成。海上委员会再次以海军委员会曾经用过的小酒馆作为集会地点，此时海军经历了一个先发展后衰落的过程，主要是指挥军官的不称职和资金的缺乏造成的。至1781年，甚至已没有人愿意和委员会扯上关系。因此，1781年2月18日，大陆议会将舰队的负责权转交到时任殖民地财务监督的罗伯特·莫里斯手中，并任命其为海上事务主管，全权负责舰队的组织和管理。莫里斯是一个出色的管理者，但是他管理的舰队的规模却一直很小，舰船总数一直未能超过34艘，至1781年几乎已经快要解散。

莫里斯主持海军工作一直到1784年。

那时，委员会手里已经仅剩下两艘大陆舰船可供使用。在整个战争中，莫里斯面临无法解决的人员不足和材料短缺的难题。由于海军缺少资金，管理者们不得不自掏

海军月薪（1776年）

舰长／指挥官	$32.00
牧师	$26.67
船长助手	$20.00
上尉	$20.00
舰务官	$20.00
舰务官助手	$15.00
船医（外科）	$21.33
船医助手	$13.33
水手长	$15.00
水手长助手	$9.33
木匠	$15.00
普通水兵	$8.00
军官侍应生	$6.67
陆战队长	$8.00
陆战队员	$6.67

1775年12月3日,约翰·保罗·琼斯上尉的"阿尔弗雷德"号在费城升起殖民地联邦旗,这是美国旗帜首次在大陆舰船上升起。殖民地联邦旗上有13道横条,旗杆一侧上方则是英国国旗。

大陆海军舰队司令伊塞克·霍普金斯（1718—1802年）

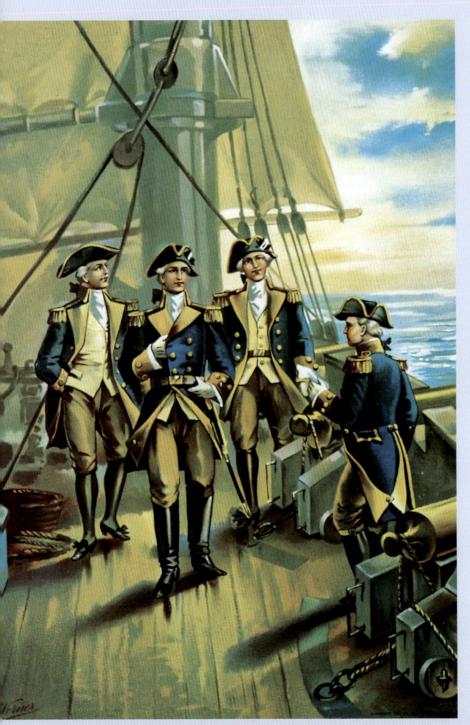

伊塞克·霍普金斯于1718年4月26日在罗得岛出生，20岁开始海上生涯。这一阶段的大部分时间里他的身份基本都是商船水手和船长。在1756—1763年的"七年战争"期间，霍普金斯是一名成功的英国私掠船主。1775年4月独立战争爆发后，他成为一名海岸炮兵指挥官并被任命为陆军准将。从这些履历看来，霍普金斯具备领导大陆舰队的资格。

1776年2月，霍普金斯在费城成为大陆舰队司令，当时他们只有8艘小型帆船，改装后的商船"阿尔弗雷德"号成为他的旗舰。他没有执行将敌人清除出切萨皮克湾的命令，而是率领舰队首先对位于巴哈马群岛的新普罗维登斯岛发动攻击。在对岛上英国驻军进行了一番准头不佳的射击之后，他带领舰队绕岛航行，对岛上的要塞发动背后攻击。那时，英军实际已经转移大部分军火和物资，霍普金斯只好带着所剩无几的战利品返航。

返航途中，霍普金斯舰队与英国20炮护航舰"格拉斯哥"号相遇。舰队无法包围"格拉斯哥"号且操纵不当，损伤惨重，最终敌舰从约翰·保罗·琼斯手中逃走，霍普金斯对此大为恼怒。

1776年6月，在对纳拉甘西特湾的英国船运实施海上封锁失败后，霍普金斯担上了"不作为、不服从"的罪名，并于1777年3月被解除舰队司令职务。此后，在认识到"从政比从军更为安全"之后，霍普金斯加入了罗得岛议会，在那里一直工作到1786年。

左图：舰队司令伊塞克·霍普金斯接受陆战队长塞缪尔·尼古拉斯的报告，内容关于成功完成对巴哈马群岛新普罗维登斯岛的攻击。

8炮帆船"黄蜂"号是大陆议会最早拥有的八艘战舰之一,也参与了伊塞克·霍普金斯舰队对英国殖民之下的巴哈马群岛新普罗维登斯岛的进攻。

> **每日口粮**
>
> 周日：1磅面包　1磅牛肉　1磅土豆或萝卜
> 周一：1磅面包　1磅猪肉　半品脱豌豆　4盎司奶酪
> 周二：同周日，辅以布丁
> 周三：1磅面包　2盎司奶油，4盎司奶酪　半品脱大米
> 周四：同周一，无奶酪
> 周五：同周二
> 周六：同周一
> 每天：每人半品脱酒

腰包才能让船出海。但与之形成鲜明对比的是，活跃在海上的1697条美国私掠船却对英国造成了更为严重的商业损失。

大陆海军护航舰

大陆议会于1775年12月13日批准的原计划于3个月内建成的13艘护航舰中，包括5艘32炮型号、5艘28炮型号和3艘24炮型号。海上委员会将这些造船合同平均分配到各个殖民地，却根本没有考虑到造船者的生产能力。结果这些帆船并没有如期完工，第一艘32炮帆船一直到1777年6月才下水。而所有帆船的命运都比较悲惨，其中7艘被俘或被击沉，另外6艘则直接自沉以防落入敌人手中。

其中一个经典的战例发生在曾经统领了华盛顿帆船舰队的约翰·曼利及其旗舰32炮的"汉考克"号身上。1777年6月7日，"汉考克"号和24炮"波士顿"号并肩作战，俘获了皇家海军"福克斯"号。一个月后，曼利与皇家海军的44炮"彩虹"号及"维克多"号护航舰遭遇。曼利期望着"波士顿"号的援助，并试图俘获英国的双甲板战舰，但是"波士顿"号却选择了溜之大吉。"彩虹"号反而俘获了"汉考克"号，并夺回了"福克斯"号。可以说曼利的运气很糟糕，但是其他护航舰舰长的运气也好不到哪里去。

大陆海军在欧洲

1776年底，年愈七旬的本杰明·富兰克林远赴法国，试图将路易十六拉入与大不列颠之间的战争中。国王回绝了这一要求，但同意借款给美国，并向美国大陆海军战舰和私掠船开放法兰西的港口。虽然富兰克林没有得到更多利益，但是国王的"赏赐"促使他产生了在欧洲组建第二支大陆海军的想法。他立即雇佣了3艘私掠船"黑王子"号、"黑公主"号和"无畏"号。1779—1780年，这些私掠船俘获了114艘商船，其中11艘被凿沉，76艘被赎回。

与此同时，1777年底约翰·保罗·琼斯带着他的18炮"突击者"号单桅帆船到

戴维·布什内尔的"美国海龟"

戴维·布什内尔成长于塞布鲁克的一个农场,那里接近康涅狄格河河口,可以遥望到长岛。他在31岁时来到耶鲁大学,并在那里实验了他的水下爆炸装置。他对发条触发系统进行了完善,使操作人员能够在爆炸发生前远离海域。在耶鲁大学的最后一年里,由于对英国帆船经常出没于港口非常恼火,他邀请他的兄弟伊斯拉启动了一个新项目,试图建造一艘能够牵引250磅水雷炸毁敌舰的单人潜艇。

1775年布什内尔毕业后,他和伊斯拉开始建造潜艇。他们将两块龟壳状橡木铆接在一起形成椭圆形艇体,以铁带加固。潜艇设有通气管,能够在潜入水下时自动关闭,使乘员可以在水下待30分钟。通过操纵垂直和水平两个曲柄螺旋桨、升降舵和压载水舱,使潜艇获得动力。布什内尔将这艘潜艇命名为"美国海龟",但没有勇气操纵这艘潜艇,他把这一工作留给了他的兄弟伊斯拉。

1776年9月6日,伊斯拉开始试图以"海龟"攻击"黑迪克"理查德·豪上将锚泊于港内的旗舰"鹰"号。可是没想到伊斯拉·布什内尔却突然病倒,所以这一任务就落到了伊斯拉·李的肩上,而伊斯拉在这方面的训练还没有完全到位。伊斯拉操纵"海龟"号潜行到"鹰"号下方,却没有成功地将水雷安装到船的底部。当伊斯拉浮出水面换气时,"海龟"号被英国巡逻艇发现并进行追捕。不得已的情况下,伊斯拉只好操纵定时器引爆已经放出的250磅水雷,巨大的爆炸声吓得英军赶紧撤回到"鹰"号船上。

后来,布什内尔兄弟又尝试了两次试图炸沉英国军舰,但均以失败告终。英国占领曼哈顿后,为防止潜艇落入敌手,布什内尔兄弟将"海龟"号破坏。他们的发明连同作战计划一起都消失了,但从此美国海军有了潜艇战的概念。

下图:戴维·布什内尔建造的美国第一艘手动推进式潜艇"海龟"号在斯坦顿岛的港口缓慢潜行,试图炸沉英军理查德·豪上将的旗舰"鹰"号。

右图：1776年10月11—13日，本尼迪克特·阿诺德准将的支队在张伯伦湖的瓦尔戈岛之战失利，但其支队也不是全无作用，至少他们将英军约翰·伯戈因少将准备发动的纽约之战推延到了1777年春天。

大陆海军的护航舰

船名	炮数	结局
汉考克	32	1777年被俘
兰利	32	1778年被俘
兰道夫	32	1778年战沉
沃伦	32	1779年被破坏
华盛顿	32	1777年被破坏
议会	28	1777年被破坏
埃芬厄姆	28	1777年被破坏
普洛维登斯	28	1780年被俘
特伦布尔	28	1781年被俘
弗吉尼亚	28	1778年被俘
波士顿	24	1780年被俘
特拉华	24	1777年被破坏
蒙哥马利	24	1777年被破坏

达法国，将战火烧到了英国的家门口。在进入法国基伯龙湾时，琼斯向法国旗舰鸣礼炮13响致敬，并收到法国方面的9响礼炮回礼，这是星条旗第一次收到来自外国战舰的敬礼。在感觉自己的祖国与法国的关系良好的情况下，琼斯于1778年4月10日航向爱尔兰海，发起了对英国的进攻。他放火烧了停泊在英格兰北部怀特哈文港（离他出生地不远的地方）的渔船。接着穿越索尔韦湾，到达圣玛丽岛。在那里他试图绑架当地的贵族塞尔扣克伯爵（当时此人并不在家）。这是英国自1066年"诺曼征服"后第一次受到外国入侵。在回法国的途中，琼斯和英国20炮帆船"德雷

1 初创时期（1775—1815年） | 023

约翰·保罗·琼斯（1747—1792年）

约翰·保罗·琼斯原名约翰·保罗，出生于苏格兰索尔威，父亲是一名种植园工人。他在一艘商船上当学徒时随船前往弗吉尼亚，这是他有生以来第一次海上航行。在弗吉尼亚，他和他在弗雷德里克斯堡当裁缝的长兄重逢。1766年他的雇主破产后，他成为一艘牙买加奴隶贩卖船的大副。在此期间，他曾鞭打一名水手致其死亡，后来又失手杀死了另一名水手，英国判其谋杀罪。但他并没有坐等惩处，而是改姓琼斯，逃往弗雷德里克斯堡，及时抵达该地处置他刚去世不久的长兄的房产。

1775年，海上委员会雇佣琼斯成为20炮帆船"阿尔弗雷德"号的成员，这是大陆议会购买的第一艘船。1775年3月，琼斯正式加入"阿尔弗雷德"号，并获授上尉军衔。作为霍普金斯舰队的组成部分，琼斯率舰前往巴哈马群岛参加作战，并于1776年帮助舰队占领了新普罗维登斯岛。1776年8月8日，琼斯晋升为"普罗维登斯"号舰长，在一次为期7周的警戒巡航中俘获、击伤或击沉英国船只共14艘。1777年，海上委员会任命琼斯为18炮帆船"突击者"号的指挥官，后驶往法国。琼斯以作战大胆著称，他在1779年9月23日率"好人理查德"号与英国44炮"塞拉皮斯"号的对决中的战术运用，使他的名字永久地载入美国海军的史册中。

这场本一边倒的逆风仗中，"好人理查德"号根本不是"塞拉皮斯"号的对手。当"好人理查德"号开始下沉时，"塞拉皮斯"号舰长理查德·皮尔逊要求琼斯投降，琼斯大喊着回答："我还没开始战斗！"相反，此时"塞拉皮斯"号的主桅被击倒，一名美国水兵掷出的手榴弹在"塞拉皮斯"号的一堆弹药中间爆炸，甲板被炸毁，皮尔逊不得不投降。反败为胜的琼斯迅速率部转移至"塞拉皮斯"号上，当"好人理查德"号慢慢沉没时，琼斯已带着英国战船驶入了荷兰的特克塞尔港。

上图：约翰·保罗·琼斯（1747-1792年）是美国最著名的独立战争海军英雄，毫无疑问也是大陆议会任命的所有舰长中最成功、最勇敢、最有决断力的一位。

上图：在1779年9月23日的海战中，琼斯不但要对抗44炮的"塞拉皮斯"号战舰，而且还要应付20门炮战舰"斯卡伯勒伯爵夫人"号的攻击。

左图：在击败并夺取了"塞拉皮斯"号之后，琼斯及其部下向英勇的"好人理查德"号敬礼，目送她沉入英国的东海岸。

上图：1778年2月14日，约翰·保罗·琼斯指挥着"突击者"号进入法国基伯龙港。琼斯成为第一位与法国战舰互鸣礼炮的美国舰长，对方为拉莫特·皮凯上将的旗舰"罗布斯特"号。

克"号遭遇并进行了激烈的对战，最终将"德雷克"号俘获回国。

富兰克林对于琼斯恶作剧式的作战方式很是欣慰。8个月后，他从法国人手里借到了足够的钱，为琼斯购买了排水量达900吨并加装42门火炮的东印度商船"杜拉斯公爵"号。这一战舰并没有让琼斯大喜过望，但是此舰要比"突击者"号大一倍，而且装备了性能更好的法国大炮。为了表达对恩人的敬意，根据富兰克林广为人知的笔名"贫困的理查德"，琼斯将此舰重命名为"好人理查德"号。

大陆海军的最后一幕

1781年8月，英军康华丽将军率7000名驻美国南方的英军退守弗吉尼亚半岛顶端的约克镇，试图与纽约的亨利·克林顿部队隔海遥相呼应，但实际上这一计划

> 胜利完全取决于保罗·琼斯不可动摇的勇气。"好人理查德"号遭受了不止一次的打击，但是琼斯的精神永远是不可战胜的。
> ——亚历山大·斯莱德尔·麦肯齐：《保罗·琼斯的一生》

并未遂其所愿。9月5—9日，法国弗朗索瓦·格拉斯将军率法国舰队对此进行了干预，切断了康沃利斯与英国舰队之间的联系。康华丽一直坚持到10月19日，最终被迫投降。在美国独立战争的最后一次海军作战中，甚至已经见不到大陆海军战舰的影子了。

此时，23岁的约翰·巴里依然在指挥着36炮帆船"联盟"号，此船曾于约翰·琼斯的支队中首次露面。对于巴里来说，战争还没有结束。1783年3月，巴里率舰驶往大西洋，俘获了"洛赞公爵"号和10万枚西班牙银币。在返回港口的途中，巴里所指挥的船只与3艘英国战舰遭遇。经过英勇奋战，巴里率领的舰船击退了28炮的"西比尔"号，安全返港。3月24日，国会召回所有私掠船和大陆海军战舰。超过300艘私掠船停止了海上行动，但大陆海军中仅有一艘战舰响应了这一命令，那就是巴里的"联盟"号，因为这也

下图：1812年8月19日，伊萨克·赫尔上校率44炮"宪法"号护航舰，在波士顿以东700英里（1英里≈1609.344米）处经过40分钟激战，击败了英国海军38炮"格雷厄"号，并迫使其投降，这是1812年美英战争的第一次海战。

> 在得到联邦政府的批准后，有6个州的造船厂参加了护航舰建造计划：
> "切萨皮克"号：44门炮，马里兰州巴尔的摩。
> "国会"号：36门炮，新罕布什尔州朴次茅斯。
> "星座"号：36门炮，弗吉尼亚州诺福克。
> "宪法"号：44门炮，马萨诸塞州波士顿。
> "总统"号：44门炮，纽约城。
> "联邦"号：44门炮，宾夕法尼亚州费城。

是大陆海军仅存的帆船了。1785年8月1日，大陆议会对"联盟"号进行了拍卖，这艘大陆海军唯一的幸存儿也被卖与他人，美国商船队从此变成了无人佑护的苦主。

一支海军的问题

1785年，即国会解散大陆海军的同年，阿尔及尔海盗俘虏了两艘美国商船及其船员，向美国计要59496美元赎金。最终大陆议会只拿出了4200美元。负责解决谈判的约翰·亚当斯和托马斯·杰弗逊认为，建立一支用于保持美国航运业的海军要远比向海盗支付赎金便宜。此时的国会囊中羞涩，既没有钱买船，也没有钱交赎金。又过了4年，国会还是没有任何实际作为，而此时巴巴里诸国（北非伊斯兰教区域）海盗还在继续寻捕美国船只。独立战争结束后，杰弗逊被任命为驻法国公使，于1791年从欧洲返回美国并被任命为国务卿，此时他再次提出了建立海军的主张，国会开始考虑这一事务。

1792年4月20日英法宣战，从此开始至1815年再也没有和平状态，美国在不同的时间里不得不应付和英国、法国以及巴巴里海盗之间的战争。

1793年，乔治·华盛顿总统再也无法忍受国会的拖延行为，要求建造6艘护航舰。次年的3月27日此要求获得国会批准，授权建造44炮护航舰和36炮护航舰各3艘，但立法委员会同时也提出警告，如果在这些战舰还没建成时美国与阿尔及尔之间实现了和平，那么这些项目就将被取消。几乎不出所料，1795年9月5日，美国和阿尔及尔进行了谈判，许诺一次性支付52.5万美元赎金，并每年支付2.1万美元。1796年3月2日，国会要求终止造舰工作，而这些赎金的总额几乎同等于建造6艘护卫舰所需的全部资金（60万美元）。1796年春秋之间，法国私掠船俘获了超过300艘美国船只。在此情况下，国会允许完成原计划6艘护卫舰中的3艘，分别是"宪法"号、"联邦"号和"星座"号。华盛顿不同意这一决定，他强烈要求继续加强海军的实力，但他的努力没有取得任何成果。

对页图：1799年2月，托马斯·托克斯顿率"星座"号护航舰在海上巡航时遭到两艘法国战舰的攻击。在击伤敌方较小一艘后，"星座"号俘获法了法国40炮"起义"号护航舰。

本杰明·斯托德特
（1751—1813年）

1798年4月30日，国会决定组建海军部长办公室。总统约翰·亚当斯提名来自马里兰州的本杰明·斯托德特为首任海军部长。这不是总统的第一次选择，却是最好的一次选择。独立战争时期，斯托德特是战争指挥部成员、成功的商人，对商船舰队事务了如指掌。上任后，他创建了海军陆战队。除继续建造3艘护航帆船外，他还争取到了更多资金用于再建造20艘战舰。

在建造战舰的同时，他也提出了对下级指挥军官的要求。他认为，"如果把海军置于一帮庸才的指挥之下，那我们还不如不要海军"。最初的三艘护航帆船建造完工后，他任命约翰·巴里为"联邦"号舰长、托巴斯·托克斯顿为"星座"号舰长、塞缪尔·尼科尔森为"宪法"号舰长。

美法准战争期间，斯托德特还在美国港口设置了一系列工作效率较高的海军机构，负责舰船、军械、补给和舰员的维护保持事务。在任33个月期间，海军舰船总量增长到54艘；海军军官队伍人数发展到750人，水兵5000人；海军陆战队官兵1100人。水兵月薪由8美元涨至17美元，消除了士兵征募工作中的困难。当国会拒绝为建设海军设施投资时，斯托德特提出了另一个项目，在朴次茅斯、波士顿、纽约、费城和诺福克建设海军基础设施，使这些地方发展成永久性海军基地。斯托德特使美国海军有史以来首次具备了职业性的特征。

上图：1798—1801年，斯托德特任美国首位海军部长。他主持了美国海军的扩张工作，在其任期内批准建造50艘战舰，以及建设第一座海军造船厂。

美法准战争

1799年，美国海军开始出动对抗法国，很快就用战果证明了他们再也不是那支独立战争期间可以用"乌合之众"来形容的舰队，而是一支今非昔比的海上劲旅。2月9日，托马斯·托克斯顿率"星座"号护航舰俘获法国40炮"起义"号护航舰，随后斯托德特的战利品加入了美国海军并被命名为"起义者"号。

1800年2月1日，托克斯顿率领舰队再次取得胜利。经过一整天的追捕，"星座"号在瓜德罗普岛西南重创56炮法舰"复仇"号。在历时5个小时的夜战中，"复仇"号两次投降却依然垂死挣扎。侥幸的是，"复仇"号的一次射击打断了"星座"号的主桅，他们才得以逃脱，消失在无尽的黑夜之中。

1800年9月30日，美法准战争开始初步和平谈判。在此期间海上仍旧硝烟四起，小乔治率28炮"波士顿"号在西印度群岛俘获了24炮法舰"贝尔索"号。至

下图：1804年2月16日夜间，斯蒂芬·迪凯特上校率志愿者潜入的黎波里港，烧毁了"费城"号。行动完成后迪凯特和他的舰员们搭乘着一艘被缴获的快艇成功逃脱。这艘快艇后来被美国海军命名为"无畏"号。

1801年2月3日美法准战争正式结束,法国共损失了85条船和2艘护航舰,而美国却仅损失了一艘战舰即14门炮"复仇"号帆船。

巴巴里战争

1801—1805年间的巴巴里战争,又称为"的黎波里—美国战争",发生于杰弗逊任总统期间。杰弗逊虽然从来就不是一个海军支持者,此时也不得不接受海军以解燃眉之急。1801年5月14日,的黎波里的帕夏对美国宣战,杰弗逊命令海军对地中海发起了惩戒性远征,对的黎波里实施了为期两年的有限海上封锁。1803年10月31日,由威廉·班布里奇率领的36炮"费城"号在追捕一艘试图进入的黎波里海港的护航舰时搁浅。的黎波里的炮艇立即将"费城"号团团围住,在不得已的情况下,班布里奇只好投降。帕夏的水手们重新登上护航舰,并将其驶入港口,也把班布里奇的307名部下变成了俘虏。

对页图:1807年6月22日,英国56炮"豹"号炮击并登上停泊于弗吉尼亚州亨利角外的36炮"切萨皮克"号,以搜捕英国逃兵为借口杀死打伤24名美国水手。这一行为进一步加剧了1812年美英战争的爆发。

1804年2月16日，斯蒂芬·迪凯特上校从封锁支队中召集了73名志愿者、军官和水手，乘坐一条俘获的的黎波里小艇潜入港口，放火烧毁了锚泊于城市要塞下的"费城"号后成功逃脱。

同年晚些时候，在海军特工威廉·伊顿的指挥下，美国进行了第一次海外陆上作战，参与人员包括8名陆战队员、1名海军军校生和100名雇佣军。经过在利比亚荒漠600英里的长途跋涉，伊顿突袭了的黎波里的前哨要塞德尔纳城。通过对巴夏的作战胜利，塞缪尔·巴伦准将为美国赢得了和平。战争的结局是，美国获得了6万美元的赔偿，达成了取消所有赎金的协议。巴伦解救了班布里奇及部属。随着巴夏战败，突尼斯也投降了，1805年巴巴里战争结束。

与英国之间的摩擦

由于美国舰队在巴巴里战争中并没有得到扩张，而杰弗逊总统却在战后解散了所有战舰，几乎辞退了所有水手，因此海军力量再一次被削弱，无法为下一次大规模冲突即1812年战争做好准备。美国同英国的关系一度十分友好，杰弗逊再一次考虑削减海军实力。1807年6月22日，英国56炮"豹"号炮击并登上停泊于弗吉尼亚州亨利角外的36炮"切萨皮克"号，以搜捕英国逃兵为借口，杀死、打伤数十名美国水手。美国立即对这一侮辱性事件表示出极度愤慨。但是，国会没有选择建造更多的护卫舰或者完成在建的6艘74炮战舰，而是拨款25万美元建造188艘相对来说根本没有什么用处的炮艇用于海岸防御。

1811年5月16日，美国海军44炮护卫舰"总统"号战胜了曾经让美国水手印象深刻的英国军舰"小贝尔特"号，并使其丧失战斗力。"战争鹰派"称此为"豹—皮萨切克事件"报复性攻击，并敦促美国应趁英国正忙于同法国之间的战争之机，迅速征服加拿大。于1809年成为美国第四任总统的詹姆斯·麦迪逊虽然对战争准备

对页图：美国独立战争期间，托马斯·托克斯顿作为私掠船船员首次出海。托马斯于1794年被任命为美国海军上校，负责了"星座"号的建造工作，并在后来成为该舰舰长，率舰俘获了法舰"起义"号。

护航舰上的食品搭载
（按四个月巡航准备）

面包	22320磅
牛肉	14652磅
猪肉	10914磅
面粉	1819磅
葡萄干	910磅
茶叶	400磅
糖	3210磅
米	3636磅
豌豆	5460磅
腌菜	1819磅
醋	228加仑
烈酒	750加仑

对页图：斯蒂芬·迪凯特准将（1779—1820年），参加了美法准战争，率"企业"号参加巴巴里战争，在的黎波里因作战勇猛闻名于世，在1812年美英战争期间任"联邦"号舰长。

下图：1812年战争中的第一次海战在伊萨克·赫尔上校的44炮"宪法"号和英国海军38炮"格雷厄"号之间展开，最终"宪法"号取得胜利，英舰舰长詹姆斯·戴克斯率舰投降。

一无所知，却坚决地同主战派站到了同一条战壕里。1812年6月12日，麦迪逊总统对英国宣战。由于计划与实际完全脱节，6个月后他所设想的对加拿大"三管齐下"作战计划迅速宣告失败。

1812年战争中的海军

随着战争的持续，美英双方的主要战场再度转移到了海上。1812年8月19日，即驻防底特律的威廉·赫尔准将在没有竭尽全力抗战便向英军投降的同一天，伊萨克·赫尔（威廉·赫尔的侄子）率"宪法"号在加拿大新斯舍省击败了英国战舰"斗争"号。10月13日，英军在安大略省皇后镇击退了斯蒂芬·范·伦斯勒准将所率部队的进攻。5天后，18炮"黄蜂"号通过43分钟的近战击沉了英国"弗罗利克"号。一周后，由斯蒂芬·迪凯特上校率领的美国44炮"联邦"号在马

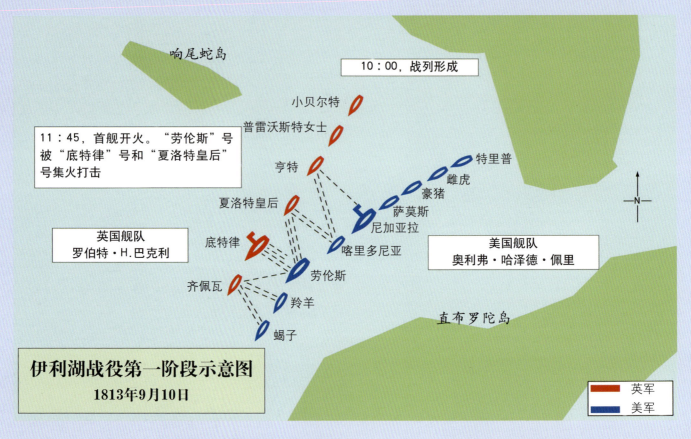

1813年9月10日伊利湖海战

上图与对页上图：伊利湖战役中的风向为西南风，使得佩里获得了优势，率"尼亚加拉"号右转冲入英军舰队航线重创"底特律"号。

对页下图：在普雷斯克岛湾组建了一支浅水舰队后，奥利弗·哈泽德·佩里准将于1813年9月10日在伊利湖上对英国封锁船队进行了一场异常残酷的战斗，在取得这一战役的重大胜利后宣布："我们已与敌人会战且战胜了。"

1812年美英战争爆发后，英国以几艘战舰驻防大湖地区。英国海军在伊利湖上的军事优势很明显，使得他们可以坚守底特律，遏制美国向加拿大的进军。美军的伊萨克·强西准将开始在纽约州的萨科特港建造战舰，用于控制安大略湖，并将28岁的奥利弗·哈泽德·佩里派往宾夕法尼亚州普雷斯克岛湾，在距离大海足有500英里距离的内湖伊利湖组建一支分舰队。佩里在14岁时就加入了海军，参加了的黎波里作战，随后督造了由杰斐逊总统主导的造舰计划，在战争初期负责纽波特、罗得岛等地区防务，后晋升为海军上尉。

至1813年7月，佩里以惊人的速度完成了2艘20炮双桅横帆船"尼亚加拉"号和"劳伦斯"号以及6艘双桅纵帆船和1艘单桅船的制造，舰炮总数达到55门。挡在佩里面前的是英军罗伯特·H.巴克利准将的舰队，下辖6艘战舰，共搭载36门炮。在8月的第一周内，巴克利准将被其他事务牵制，临时取消了封锁。趁此机会，佩里将他的战舰、炮艇都移入伊利湖，希望同巴克利这位经历过特拉法尔加战役洗礼的独臂老兵决一死战。

9月10日中午，巴克利舰队接近美国俄亥俄州港口锚地。佩里乘坐旗舰"劳伦斯"号率部出击迎敌，旗舰前方为6炮双桅纵帆船"羚羊"

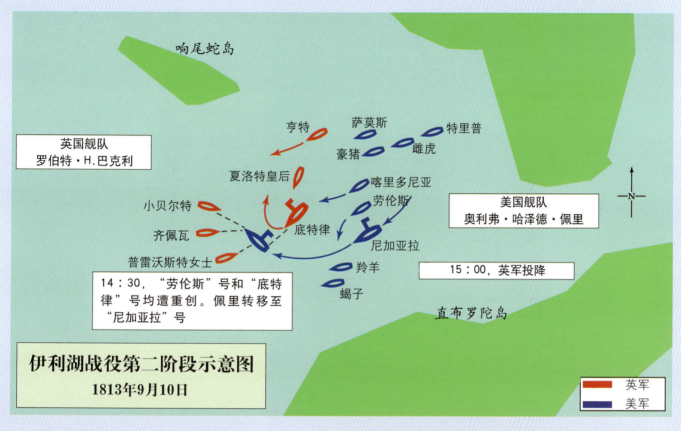

对页图：1796年，国会批准建造3艘护航舰，分别是"宪法"号、"联邦"号和"星座"号。1797年10月21日，44炮"宪法"号下水，在服役生涯中获得了"老铁甲军"的绰号。

号和单炮双桅纵帆船"蝎子"号。经过2小时作战，佩里舰队渐落于下风。旗舰"劳伦斯"号完全失去战斗力后，佩里乘坐划艇转移至"尼亚加拉"号，并操纵此舰突然右转冲入英军航线，两侧舷炮齐发，击伤3艘英舰，其中包括巴克利的旗舰19炮"底特律"号。至下午3点整，巴克利舰队已全数丧失战斗力。双方人员伤亡情况基本相当。

佩里带着他缴获的敌舰返回俄亥俄州，并报告已经集中了7000人准备重夺底特律的威廉·亨利·哈里森将军："我们已与敌人会战且战胜了……"哈里森很快就重新控制了底特律，而佩里的胜利可以说是战争在西北方向的转折点。

右图：由于在伊利湖战役中取得了重大胜利，从而扭转了1812年美英战争局势，奥利弗·哈泽德·佩里准将（1785—1819年）成为一位著名的海军英雄。

上图：1814年9月13—14日晚，英军战舰炮击巴尔的摩港麦克亨利堡。日暮时分，当来自马里兰州的律师弗朗西斯·科特·克伊看到巴尔的摩港上飘扬的仍是美国国旗后，返回船舱写下了诗歌《星条旗》。

右图：古斯塔夫斯·康尼汉姆上校在敦刻尔克港购买了一艘双桅横帆船，安装了14门炮，并命名为"复仇"号，1777年7月驶入英国沿岸海域。该舰不仅俘获了20艘船只，且经常与英军战舰展开以一敌二的较量。

1 初创时期（1775—1815年） | 043

德拉岛与英国战舰"马其顿人"号遭遇,并将其俘获带回纽波特,经过修理后该护航舰加入了美国海军。最后,由威廉·班布里奇上校率领的"宪法"号于12月29日与英军38炮"格雷厄"号在巴西遭遇,并经过2小时激战将其彻底击毁。美国的海上优势仅维持了很短的时间。1812年底,英军派出了11艘战列舰、34艘护航舰和35艘轻型快帆船,将美国港口封锁。

1813年间,一方面由于英军在远海的封锁兵力的增强,另一方面由于大量美国私掠船的活跃,美国的海上贸易情况一落千丈。此后美国海军主要的战略性水上战斗都发生于淡水水域内。

在其他方向上活动的近海舰队

1814年8月14日,英军名将威灵顿公爵麾下的14000名陆军老兵在乔治·普雷沃斯特将军的率领下,由蒙特利尔出发向

下图:1814年,托马斯·迈克多纳上校指挥一支由单桅帆船和炮艇组成的舰队,运用成熟的战术把一支占有优势的英国舰队赶出张伯伦湖,取得了美英战争中的一次重要胜利。

张伯伦湖推进。普雷沃斯特计划对纽约普拉茨堡的薄弱的美国驻军进行突袭,而此前一支英国海军支队已经打败了由托马斯·迈克多纳率领的驻张伯伦湖南部的美军近海分舰队。同佩里在伊利湖的做法一样,迈克多纳也建立了一支规模很小的分舰队,包括24炮护航舰"萨拉托加"号(旗舰)、20炮"鹰"号双桅横帆船、17炮"提康德罗加"号双桅纵帆船、7炮"波莉"号单桅船以及10艘炮艇。相比之下,英国乔治·唐尼上校的支队则要强大得多,包括37炮"孔菲昂斯"号护航舰、18炮"琳内特"号双桅横帆船、11炮单桅船"丘布"号和"芬奇"号以及13艘炮艇。

9月11日,两支舰队在普拉茨堡湾展开了对攻。在2小时20分钟的作战中,迈克多纳的分舰队击败了唐尼最大的3艘战舰并迫使其投降,其余的舰船则逃之夭夭。普雷沃斯特只好中止他对普拉茨堡的进攻行动,并撤退到加拿大。一名曾经参加过特拉法加作战的英国老兵称,与张伯伦湖海军作战相比,普雷沃斯特的行动简直就是"孩童的游戏"。此次作战失利,使得英国更加渴望和平,1814年12月24日,美国和英国达成了和平协议即《根特条约》。

左图:弗朗西斯·科特·克伊的诗歌《星条旗》是在一封信的背面写成的,很快就并配上《致天上的酒神》的曲调,并于1931年正式成为美国国歌。

在1812年战争期间,美国陆上作战遭到了羞辱性的失败,白宫被焚烧,毫无防御的海岸被突袭,但人们将牢记托克斯顿、迪凯特、佩里、迈克多纳和那些投身于海上作战的人们的不朽战功。正是由于海军的努力,激发了美国人民的民族主义精神,维护了国家的荣誉。经过1812年的第二次美英战争,美国海军有史以来第一次得到了人们的认可。

2 发展的世纪
（1814—1898年）

1815年1月16日，来自马萨诸塞州塞勒姆的本杰明·威廉斯·克劳宁希尔德成为美国第5任海军部长。商业、航海以及政治上的丰富经验使他成为极为合适的人选。当他还是一个小伙子的时候，他的父亲把他带出学校，送上船学习海上航运导航。在1812年战争期间，克劳宁希尔德发现了海军部在管理上的薄弱环节，在接任海军部长后立即要求国会成立海军委员会，以改变管理混乱的现状。首届海军委员会成员有约翰·罗杰斯、戴维·波特、伊萨克·赫尔等海军准将。罗杰斯担任海军委员会主席一直到1837年，其间仅有3年因在海上执行任务未主持工作。罗杰斯曾两次要求担任海军部长，但由于他拒绝放弃军衔而一直未能得到批准。

如果不是因为同阿尔及尔之间重燃点火，克劳宁希尔德永远也无法说服总统和国会，让他们明白以长期性建设计划不断提高海军实力的重要性。国会批准在6年时间内每年拨款100万美元建造6艘74炮战列舰和12艘44炮护航舰。虽然这批军舰中大型的战列舰理论上应配备74门炮（因此被称为"74"），但是实际上这些战列舰的舰炮数量从86门至102门不等，如"宾夕法尼亚"号就装有102门舰炮。当约翰·昆西·亚当斯参观"宾夕法尼亚"号时，不由得惊叹，"它就像一座城市一样"。

国会的拨款中同时也包括3艘采用蒸汽动力的炮舰，但仅有少量资金应用于此。1814年，罗伯特·富尔顿设计制造出了蒸汽动力明轮推进的"德莫罗哥斯"号，后改名为"富尔顿"号。但这艘炮舰实际是靠两侧两个明轮推进的，并且没有转向机制。虽然海军认为此舰不适用于作战，但

> "公众已经充分意识到了建设一支常备海军部队的重要性……而逐步建设一支海军所需的资源也完全在我国的能力范围内。"
> ——海军代理部长本杰明·克劳宁希尔德

这项新技术还是引起了罗杰斯的极大兴趣。1834年，已年届63岁的罗杰斯提出建议，在未来为海军建造25艘蒸汽战舰。

新挑战

随着和平的回归，美国闲置已久的商船纷纷出海。在1812年战争和美国内战（1861—1865年）之间的时间段内，海军的任务变成了保护海上商业的拓展。美国人的商船满载着棉花、面粉、烟草、大米和木材在全世界到处航行，从东亚换回丝绸、茶叶、瓷器和胡椒，从加勒比和巴西换回糖、酒、橡木、咖啡和水果。为了保护商船，海军需要能够在商船能到达的所有地方出现，但是出现了新问题，在1815—1822年期间，约3000艘美国船只在西印度群岛海上通道和密西西比三角洲外遭到了攻击。

波特和海盗

至1823年，出生于波士顿的戴维·波特准将（1780—1843年）已经在所有海军指挥官中享有极高声誉。他拥有杰出的作战纪录，参加了美法准战争（1798—1800年）、的黎波里战争（1801—1805年）和1812年第二次美英战争，特别在最后一次战争中，他驾驶32炮护卫舰"埃塞

上图：约翰·罗杰斯准将（1772—1838年），美法战争期间在"星座"号上服役，巴巴里战争期间指挥该舰作战。1823年，经过长期的海军服役生涯后，罗杰斯成为海军代理部长。

> 战争经常因贸易竞争和利益冲突而起。一支足以保卫我国商运的强大海军是预防此类矛盾和摩擦的最佳手段。
>
> ——海军部长亚伯·P.厄普舍

巴巴里海盗

　　1812年美英战争期间,阿尔及尔政府劫掠美国的贸易航线,抓捕商船船员。1815年初,为索取更多赎金,阿尔及尔人将美国领事驱逐出境,并向美国宣战。虽然在1815年美国海军已经具备了一定的声望和实力,却已经开始因经济原因受到国会的挤压。在海军发展这一点上,阿尔及尔政府的挑衅反而起到了帮助作用。1815年5月20日,斯蒂芬·迪凯特率领美国有史以来最强大的舰队,包括旗舰"格雷厄"号、"星座"号、"马其顿人"号以及其他7艘战舰,从新泽西州桑迪胡克出发,奔赴地中海,解决自1801年开始就一直悬而未决的争端事务。

　　迪凯特舰队在驶入地中海后,于1815年6月17日抓获了阿尔及尔46炮护航舰"马舒达"号及另一艘伴随航行的双桅横帆船。消息传开后,阿尔及尔海盗纷纷躲入中立港口,而迪凯特也没有追赶他们,而是直接驶向阿尔及尔港口,以炮击作为威慑,迫使阿尔及尔人放弃勒索赎金,解救了被扣押的美国船员,中止了海盗的行为。随后,迪凯特率舰队向的黎波里和突尼斯进发,取得了同样的成果,并使英国为在1812年战争期间在此海域扣押的船只向美国支付赔偿。迪凯特迅速解决了巴巴里问题,向各啬的国会证明,没有海军的国家就是不安全的国家,从而强化了克劳宁希尔德关于装备更好的战舰以发展海军的计划。

右图:巴巴里战争中,25岁的斯蒂芬·迪凯特上尉带领登船作战分队,通过近身肉搏击溃了的黎波里人,俘获敌人2艘炮艇。

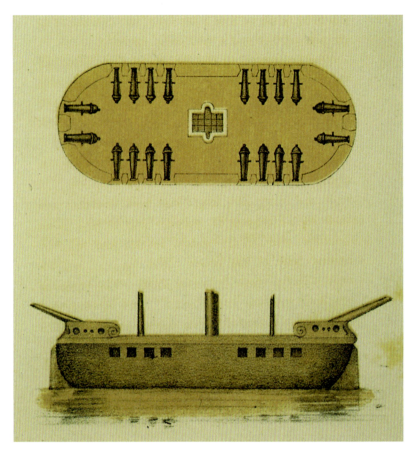

上图：1814年10月29日，在纽约人的注视下，由罗伯特·富尔顿设计制造的世界上第一艘以蒸汽机为动力的战舰"德莫罗哥斯"号驶入海洋。此舰专为港口防御而设计，由中央桨轮推进，装有32门大炮。

> 我总是幻想着新鲜松软的面包……（但）这都是幻想……我曾亲眼看到一块字面意义上的生满象鼻虫的硬饼干从一大堆脏兮兮的布块中"爬"出来。
> ——查尔斯·诺德霍夫
> 《杨基佬水手》

克斯"号绕合恩角航行，使英国的捕鲸业遭受了250万美元的损失。在进入海军委员会工作一段时间之后，他厌倦了在华盛顿的生活，于1823年2月23日担任西印度群岛舰队司令，主要任务是抓捕海盗。波特的舰队中还包括一艘哈德森河的100吨级蒸汽战舰，即3炮明轮推进式"海燕"号汽船，这也是作战史上首次使用蒸汽动力船只。波特在仔细思考后把这艘汽船加入了他的舰队，因为如果没有风即使是最小的帆船也无法航行，在这种情况下"海燕"号就可以在追捕浅水海盗中大展拳脚了。

在两年时间内，波特一直在西印度群岛和加勒比海珊瑚礁地区抓捕海盗。在护卫舰护送商船通过危险海区的时候，他的小型帆船和5艘20桨驳船担负了大部分工作。虽然波特成功地压制了海盗，但历史证明他不是一个称职的外交家。1825年，他引发了一场国际争端，据说是因为当地的西班牙人侮辱了波特舰队的一名军官，因此波特就派兵进入波多黎各的法哈多港。1823年12月2日，时任美国总统的詹姆斯·门罗曾经颁布了一项旨在保护美国人不受外国侵犯的法案，而波特却成为了美国的第一位入侵者。因此，波特被召回美国，并送交军事法庭对其侵犯西班牙主权的事实进行审判，暂停职务6个月。由于其反复无常的性格，波特直接辞去了美国海军的职务，到新成立的墨西哥海军当总司令去了。刘易斯·沃灵顿接手西印度

左图:虽然戴维·波特准将在1812年战争中立下了赫赫战功,但后来也犯下了错误。1824年波特派兵登陆波多黎各,侵犯了西班牙。经美国军事法庭审判,波特被剥夺职权,他痛苦地离开了美国海军。

群岛舰队的工作,并于1826年肃清了群岛海盗。

遏止奴隶交易

1808年国会宣布与非洲之间的跨大西洋奴隶贸易非法,1820年规定进行奴隶交易可判死刑。1817年美国殖民协会建议将奴隶遣返回非洲。两名海军军官罗伯特·斯托克顿和马休·C.佩里同意这一提议,并支持援助利比里亚建设的观点。1820年,海军部组建了非洲支队打击奴隶贸易,援助利比里亚。两年后,海军撤回了非洲舰队,因为这些浅水战舰要用于西印度群岛的打击海盗作战。

20年后,美国进一步加大了打击奴隶贸易的力度。1843年,当几艘美国商船被俘获、船员被野蛮杀害后,马休·C.佩里准将率部返回非洲西海岸。他将舰队锚泊于几内亚海岸,派出一支由陆战队员和水手组成的部队登陆,摧毁了4个涉嫌奴隶贸易的城镇,杀死了当地酋长克拉克。12月16日,佩里把非洲人带到谈判桌前,完善了《大布雷比条约》,该条约正式但并未完全结束奴隶贸易。

下图:在南太平洋打击了英国捕鲸船之后,戴维·波特准将的行动以突发性遭遇战结束。1814年2月28日,波特的"埃塞克斯"号和英国两艘战舰在智利瓦尔帕莱索附近海域展开激战。

塞米诺尔战争

当1835年第二次塞米诺尔战争爆发时,海军部长马伦·迪克森已经把海军规模削减到战舰41艘、兵员6000人。亚历山大·达拉斯准将当时正率部在墨西哥湾巡逻,阻止奴隶进入得克萨斯。就在那时,他的舰队接到了新的任务:把那些居住在内陆湿地和佛罗里达水道上的塞米诺尔族人迁回到俄克拉荷马的印第安保留区,但是这些人根本不想搬家。1836年,佐治亚和阿拉巴马的印第安人也加入反对阵营中。美国海军在这10年间所从事的工作,主要是把小型汽船送到河流上游,维持水兵和陆战队员的补给。水手们甚至戏称他们的舰队为"灰水蚊子舰队"。J.T.麦克劳林上尉和约翰·罗杰斯使用平底驳船和独木舟沿河流溯流而上几百英里,进入内陆湿地,搜寻、制服来去无踪的印第安人。

这些小规模冲突一直持续到1845年海军派出部队在佛罗里达南部登陆。海军陆

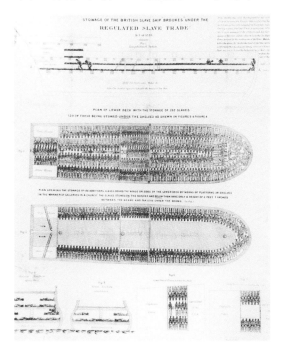

上图:1839年,53名非洲黑人奴隶发起暴动,控制了西班牙运奴船"阿米斯塔德"号,杀死了船长和厨师。这一事件在美国引起了强烈反响,进一步促进了海军遏止非洲奴隶交易的实际行动。

左图:像"布鲁克斯"这样的运奴船都已经变成了"恐怖死亡之船"。除非死于运往美洲的途中,奴隶们要被铁链锁在一起长达数周时间,男奴、女奴们混杂在一起,他们塞满了船上的每一寸空间,甚至几乎无法呼吸。

下图:"格罗里亚"号运奴船上,奴隶们在被运往美洲的途中遭受非人的对待,其悲惨程度无法言喻。在长达2个月的航行中,奴隶们被滥杀、殴打,吃着无法下咽的食物。

战队抓获了塞米诺尔族族长奥西奥拉,并对其余党进行围捕。此时,美国的海军部队的实力已经极为薄弱,仅剩几艘浅水炮舰和几艘老旧护航舰。

墨西哥战争(1846—1847年)

波尔克总统为墨西哥战争打下了楔子。1845年3月1日,他宣布把得克萨斯并入美国版图,7月派泰勒将军的部队进入里奥格兰德河对墨西哥人进行恐吓。当墨西哥战争于1846年4月23日爆发时,战争变成了两国陆军之间的斗争,因为墨西哥根本就没有海军。戴维·康纳将军在墨西哥湾封锁了他们的港口,罗伯特·斯托克顿准将则以旧护卫舰"国会"号绕合恩角航行,将斯洛特在太平洋上的"袖珍"舰队合并入内。"国会"号护航舰和"朴次

2 发展的世纪（1814—1898年） | 057

茅斯"号帆船上登陆的部队击退了墨西哥人的少量抵抗，控制了加利福尼亚南部和洛杉矶。驻加利福尼亚的墨西哥部队于1846年8月14日投降，斯托克顿组织并领导了民选政府。

在墨西哥湾上，康纳将军虽然实施了封锁，但对战争的帮助不大，因为此时部队中爆发了疾病，而且缺少进行补给的蒸汽轮船。后来，班克罗夫特将他的"密西西比"号蒸汽轮船驶入墨西哥湾，同时也带来了一位新的指挥官马休·C.佩里准将。在此情况下，海军部长约翰·杨·梅森立即开始主持建造和列装新的蒸汽轮船，包括"波瓦坦"号、"萨斯奎哈纳"号、"圣哈辛托"号和"萨拉纳克"号。

在轰炸了用于保护墨西哥韦拉克鲁斯的要塞，并以少量两栖远征部队对几个沿岸城镇进行清剿之后，佩里护送温菲尔

下图：排水量3241吨的战列舰"宾夕法尼亚"号于1837年下水，很快就被蒸汽动力战舰所淘汰。1861年4月20日，当海军放弃诺福克船坞时，将此舰烧毁。

德·斯科特将军的12000人部队在一天内登陆。海军陆战队加入了斯科特将军对墨西哥城的进攻作战，这就是现在海军陆战队军歌中"从蒙提祖马的大厅，到的黎波里海岸"一句的来源。

从墨西哥战争中，海军认识到了在敌方海区维持漫长封锁线极为困难。水手们从未想到，14年后他们将再次航行，在名为"南北战争"的美国内战中沿着号称

左图：1843年8月25日，约翰·T.牛顿的"密苏里"号明轮护航舰成为美国海军第一艘穿越大西洋的蒸汽动力战舰。次日晚间在直布罗陀附近，该舰由于一个储藏室失火，整艘战舰烧毁。

> "您将因兵不血刃（地令日本打开国门）而流芳百世。古往今来的海军指挥官中又有谁曾赢得如此的荣誉呢？"
> ——节选自华盛顿·埃尔文致马修·C.佩里的信，摘自埃德加·S.麦克莱所著的《美国海军史》

上图：海军第一艘蒸汽明轮战舰"普林斯顿"号舰长罗伯特·F.斯托克顿上校，邀请总统约翰·泰勒以及其他贵宾参观他设计的12英寸火炮"和平缔造者"。不幸的是，"和平缔造者"在演示中炸膛，当场包括海军部长在内的8人死亡。

"美利坚联盟国"的南方邦联长达3500英里的海岸线执行巡逻封锁任务。

十年探索

虽然马休·佩里打开日本国门可能是19世纪50年代最大的外交亮点，海军也进行了一系列具有历史意义的探索活动。海军天文台的台长马休·F.莫里上尉很早就已经开始了对海洋风和海流的观测，他所开辟的航道如今已经变成了世界贸易的海上公路。1851年，他派威廉·L.赫恩顿上尉到南美安第斯山脉，对亚马逊河的适航性进行考察，此举为美国和巴西之间的贸易往来打开了门路。1850年5月，海军派出第一支"格林内尔"探险队远赴格陵兰岛极地水域，搜寻1847年为寻找西北通道而失踪的英国探险家约翰·富兰克林男爵。虽然最终他们也没找到富兰克林，以利沙·肯特·凯恩博士却发现了"林肯海"，从而打开了未来北极科考勘探的通道。

1854年1月，伊萨克上尉带领一支探险队穿越巴拿马地峡，对当地地理进行勘查，最终此处变成了巴拿马运河。

乔治·班克罗夫特（1800—1899年）

1845年3月11日，乔治·班克罗夫特成为詹姆斯·K.波尔克总统的海军部长。班克罗夫特从来没有认为自己很了解海军，但他极力提倡良好的教育。在总统的要求下，班克罗夫特任海军部长的第一年里主要进行了合并得克萨斯州以及准备同墨西哥的战争等事务。他将戴维·康纳和约翰·斯洛特的舰队分别派往韦拉克鲁斯附近和太平洋。3月31日，墨西哥宣布断绝同美国的外交关系，4月美国当局向海军发布命令，要求做好将扎卡里·泰勒将军的陆军部队输送至得克萨斯的准备。

在美国和墨西哥之间逐步走向战争之时，班克罗夫特作出了他对海军最大的贡献，即创建美国海军学院。国会已经对此建议持反对意见长达10年之久，因为他们怀疑院校教育对于海军军官是否真的有意义。同时，他们还相信美国已经远离战争，拒不为此投入资金。

而班克罗夫特却把国会晾在一边，根本没向国会讨要资金。他从陆军手中得到了马里兰州安纳波利斯的塞文堡，从而解决了这一问题。他还筹备了28200美元，用于支付18名海军教授的一半薪酬。任命富兰克林·布坎南中校为首任院长，1846年初在校培训学员共56名。

尽管美国和西班牙之间即将开战，班克罗夫特对提高海军质量的兴趣还是要远远超过对扩大海军规模的兴趣。他在海军设施建设、枪炮制造和人力资源方面所提出的要求很少，令波尔克总统很为苦恼。班克罗夫特最后承认，他反对同墨西哥之间发生战争，因此被波尔克解职，于1846年10月被前任部长约翰·杨·梅森取代。梅森曾经反对创建海军学院，但在建校以后持支持态度。

对页图：历史学家乔治·班克罗夫特曾任海军部长，在其任期内（1845—1846年）创建了美国海军学院，后历任驻英国、普鲁士和德国大使。

下图：1845年10月海军部长乔治·班克罗夫特创建的海军学院在马里兰州安纳波利斯正式开学。

1858年，由威廉·L.哈德森上校率"尼亚加拉"号汽船与英国军舰"阿伽门农"号合作，铺设第一条横跨大西洋的通信电缆。这项工作很快就以失败告终，但是1866年重新铺设电缆的工作却成功了，从而实现了美国和欧洲之间的电报通信联系。实际上，由于美国发生内战，电缆铺设工作因此中断8年之久。

独立政府

1860年11月6日，亚伯拉罕·林肯当选第六任美国总统。1860年12月20日，南卡罗来纳州议会在查尔斯顿一致宣布：南卡罗来纳州同其他州之间目前存在的以"美利坚合众国"命名的联邦特此宣告解散。1861年2月1日，又有6个南方州加入反对阵营。当林肯于3月4日上任之时，南

下图：1847年3月8日，由于墨西哥拒不投降，温菲尔德·斯科特将军令8600名士兵从佩里准将的舰队上登陆作战，在海军炮火支援下夺取了韦拉克鲁斯城。

马休·C.佩里（1794—1858年）

马休·C.佩里出生于罗得岛州洛基布鲁克，1807年以学员身份进入海军服役，1815—1816年参加了巴巴里战争。1826年领导纽约海军造船厂，积极倡导采用蒸汽推进动力。他帮助海军部长班克罗夫特创建了海军学院，也是温菲尔德·斯科特将军在墨西哥战争中的得力助手，但这还不是佩里一生中最大的贡献。

1852年，佩里任以香港为基地的东印度舰队司令，执行海军部长詹姆斯·C.多宾"日本开国"的指令。1853年7月8日，佩里率舰队进入江户（东京）湾，派大使上岸将米勒德·菲尔莫尔总统的亲笔信函递交日本，并放话一年后返回日本以取得答复。

1854年2月13日，佩里舰队再次进入江户湾与日本谈判，并于3月31日签署《神奈川条约》，使美国获准进入日本港口运输木材、补充淡水食物以及战争避难。在谈判中佩里根本没有使用胁迫手段，仅仅是在"密西西比"号和"萨斯奎汉纳"号上宴请了日本官员，而这已经足以达到震慑的效果了。佩里打开了日本对外贸易之门，取得了外交史上最辉煌的成功。

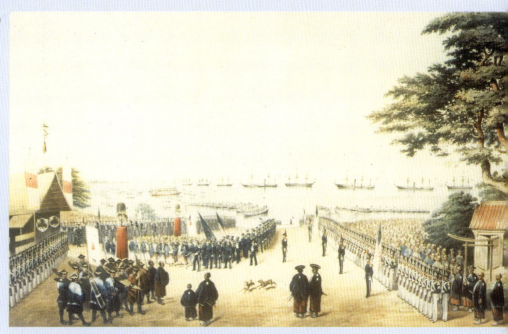

上图：1854年3月8日，马休·C.佩里准将率舰队重返日本横滨，运用强有力的外交手段和日本签署了《神奈川条约》，从而打开日本与外国通商贸易的大门。

下图：佩里舰队进入横滨港后，"密西西比"号明轮战舰上的大炮给日本人留下了深刻印象，甲板之宽大也超出他们想象，他们甚至可以坐在甲板上聆听舰上乐队演奏美国音乐。

部邦联已经选举杰斐逊·戴维斯作为他们的总统,斯蒂芬·拉塞尔·马洛里为海军部长。在南北分裂前的8年中,前佛罗里达州参议员马洛里一直是参议院海军事务委员会主席,其于3月5日才进入林肯内阁成为北方海军部长。与吉迪恩·威尔斯相比,马洛里更了解海军的糟糕现状。

海军实力和管理的衰弱在美国内战正式打响的第一天就表露无遗。1861年4月12日,南部邦联查尔斯顿港的大炮开始轰击新建成的萨姆特堡,打响了美国内战的第一炮。在古斯塔夫斯·瓦萨·福克斯的率领下,由"波罗的"号蒸汽战舰、"波尼"号军舰以及"哈里特巷"号缉私船组成的救援队赶赴事发地区,但是由于另一支佛罗里达州彭萨科拉救援队的错误信息传达,他们到达得太晚了。4月13日,罗伯特·安德森少校宣布萨姆特堡投降。两

下图:1847年6月15日,马休·C.佩里准将的第2远征部队1173名水兵分乘47艘船沿塔巴斯科河而上,并于次日经过登陆作战夺取塔巴斯科城。

2 发展的世纪（1814—1898年） | 065

左图：1853年5月30日，美国海军批准了第二次北极考察活动，由亨利·格林内尔投资，由以利沙·肯特·凯恩博士带队，搜寻英国探险家约翰·富兰克林男爵。考察中，所乘坐蒸汽船"前进"号被浮冰困住，一直到1855年夏季才得以脱身。

> "我相信这个国家不能永远忍受一半是奴隶一半是自由人……它将会或是前者或是后者。"
> ——亚伯拉罕·林肯竞选参议员演说
> 1858年6月16日

左图：南部邦联的海军部长斯蒂芬·拉塞尔·马洛里面临着巨大的困难，他必须制定切实可行的南部海军战略。在可用资源极少的情况下，他把海军建设的主要方向放在装甲舰舰队和远洋破交舰之上。

天后，林肯总统号召建立一支由75000名志愿兵组成的军队（此时常规陆军中仅有16000人，而且大部分驻扎在西部）。4月19日，即弗吉尼亚州退出北方加入南部邦联两天后，林肯宣布对南卡罗来纳至得克萨斯的南部海岸实施封锁，虽然此时海军还没有足够的军舰来完成这一任务。封锁的想法实际来源于美军司令温菲尔德·斯科特将军所制定的作战战略,他提出了"蟒蛇计划",意图通过封锁切断南部邦联与外界的所有资源渠道,从而扼住他们的咽喉。

4月20日,局势变得更为糟糕。时年68岁、业已昏聩的查尔斯·S.麦考利受命防御诺福克海军船坞,然而船坞却失陷于弗吉尼亚民兵之手,丢掉了威尔斯所急需的9艘战舰,还有将被改装成铁甲舰的"梅里麦克"号螺旋桨护卫舰。弗吉尼亚还缴获了超过1000件军械,这些枪炮不久就被用于南部邦联的堡垒要塞和军舰上。

诺福克失陷后,因为考虑到马里兰州也可能失陷,海军学院院长乔治·S.布雷克上校把他的军械和学员全都移至"宪法"号护航舰上,并将学院迁至罗得岛纽波特港。

为了完成海上封锁任务,威尔斯购买或租借了所有找得到的船只,并装备以老旧火炮。在几个月的时间内,联邦薄弱的封锁效果较差,但到1861年底威尔斯已

下图:萨姆特堡坐落于南卡罗来纳州的首府查尔斯顿港入口附近。1861年飘扬在城堡上的美国国旗标志着联邦在新成立的南部邦联中的最后一点领地。

> "（封锁）切断了南部邦联同外部世界的联系，使其失去了补给，削弱了其军事和海上力量，几乎要进入弹尽粮绝的境地……"
>
> ——J.托马斯·斯查夫：《邦联海军的历史》

经将他的舰队扩充到260艘舰船，而且还有数百艘正在前来的途中。在海上封锁的同时，那些速度更快的英制蒸汽动力商船在英国水手的操纵下，穿过封锁支队的空隙，把成吨的武器和弹药运送到了美国南部。

战争形势的发展使南北两位海军部长形成了截然相反的战略。北部联邦海军部长威尔斯不得不建设一支大规模的海军，以对南部进行封锁，用像一条盘曲的蟒蛇一样的封锁线扼制南部并迫其就范。南部邦联海军部长马洛里则需要一支小规模的海军，以少量强力战舰和分散的武装汽船海运分队冲开海上封锁，打击北方商船队。两种战略都可以说是合情合理的，但是，它们行得通吗？

铁甲舰的发展

和威尔斯相比，马洛里面临着更大的困难，他必须设法在联邦海上封锁还比较薄弱之时将其打破，而不是眼睁睁地任由其变得越来越强大。但是，摆在他面前的却是无数的困难：南部并没有造船厂，

海上封锁实施情况

年份	封锁次数及成功次数
1861	共10次，成功9次
1862	共8次，成功7次
1863	共4次，成功3次
1864	共3次，成功2次
1865	共3次，成功1次

下图："加利纳"蒸汽铁甲舰号于1862年2月14日下水，曾经是"班长"号竞争海军造舰合同的对手。舰上安装8门"达尔格林"滑膛炮，该图中可见其中2门。

吉迪恩·威尔斯（1802—1878年）

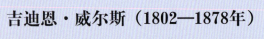

吉迪恩·威尔斯出生于康涅狄克州格拉斯顿伯里，一生中大部分时间都在《哈特福德时报》从事记者和编辑工作。后来从政，3次成功帮助民主党竞选总统。1836年，为奖励威尔斯的忠诚，安德鲁·杰克逊总统任命其为哈特福德邮政局长。墨西哥战争期间，波尔克总统任命威尔斯为海军补给和被服局局长。1861年，林肯总统任命威尔斯为海军部长，但此时他对海军事务的了解仍然很有限。

下图：10炮明轮蒸汽战舰"门多塔"号的所有军官和舰员在甲板上集合。这艘战舰是海军从纽约购得，于1864年2月1日服役，曾用于海上封锁作战。

前任海军部长伊萨克·图西来自美国南方。虽然1857年图西也曾经大力建造7艘蒸汽战舰用于打击奴隶贸易,而且也在所有战舰上安装了约翰·达尔格伦中校发明的11英寸火炮,但从林肯获得竞选总统提名开始,图西放缓了一切海军建设工作。至威尔斯接任海军部长时,海军仅有90艘战舰,其中48艘囤积在船坞码头,还有30艘分散在世界各地执行任务,而且其中很多战舰还是采用风帆动力而不是蒸汽动力。超过350名上至上校下至学员的海军军官加入南部邦联,占军官队伍总人数的一半。

1861年,一项艰巨的任务摆在威尔斯面前。他必须建立起一支强大的海军,对南方3500英里长的海岸线进行封锁。在助理部长古斯塔夫斯·瓦萨·福克斯的帮助下,威尔斯解决了大部分问题。福克斯对舰艇、人员和海军有着深刻的理解。威尔斯和福克斯分工明确,前者负责行政事务,而后者则分管作战事务。这种分工负责制取得了良好的效果,美国海军也因此在内战结束时发展成为世界上最强的海上力量。

下图:在"布鲁克林"号战舰的一次演习中,陆战队员和水兵正在调转舰上的11英寸火炮。

相关工厂和专业人员稀缺，而且也没有资金。在发现联邦海军还是像以前一样不考虑建造铁甲舰后，马洛里相信这将是他维持南部港口对外开放的唯一机会，那就是在北部联邦改变主意之前启动铁甲舰建造计划。幸福从天而降，当弗吉尼亚军队控制了诺福克造船厂和已经烧毁了一部分舰体的"梅里麦克"号后，马洛里的机会来了。

1861年6月，马洛里把建造铁甲舰的计划提交南部邦联议会，并许诺如果获得批准，联邦护卫舰、帆船和炮艇在他的铁甲舰面前将毫无用处。他雇佣前联邦造船工对"梅里麦克"号进行大修，在甲板上安装了一个敷设钢板的炮房，两舷安装了10门重炮，并在舰首上安装了铁制撞角，用于对敌舰进行撞击。为生产"梅里麦克"号所需的钢铁，里士满的卓德加钢铁厂开足马力大干了两个月。

威尔斯很快就知道了马洛里的铁甲舰建造计划，在1861年9月，他也开始对铁甲舰进行调查研究。尽管他没有收到对他触动特别大的建议，他还是发布了两艘实验性铁甲舰的建造合同。康涅狄格州的科尼利厄斯·布什内尔造船厂获得了"加利纳"号的建造合同，而痴迷于造船业的瑞典工程师约翰·艾里克森则负责建造另一艘铁甲舰"班长"号。

至1862年2月，南部由"梅里麦克"

对页图：名垂青史的约翰·洛里默·沃登上尉，1862年3月9日他率"班长"号战舰与南部邦联"弗吉尼亚"号战舰进行了一场极为重要的战斗。虽然没有取得作战的全面胜利，沃登还是得以晋升为海军少将。

下图：海军少将戴维·狄克逊·波特倚靠在旗舰"马尔文"号甲板上的20磅"达尔格伦"火炮上，当时他正指挥北大西洋封锁舰队在开普菲尔河上执行任务。

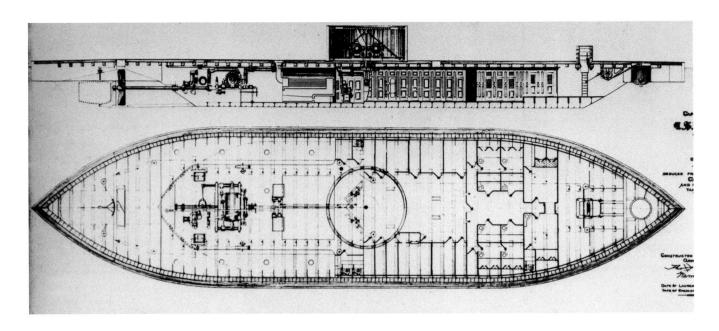

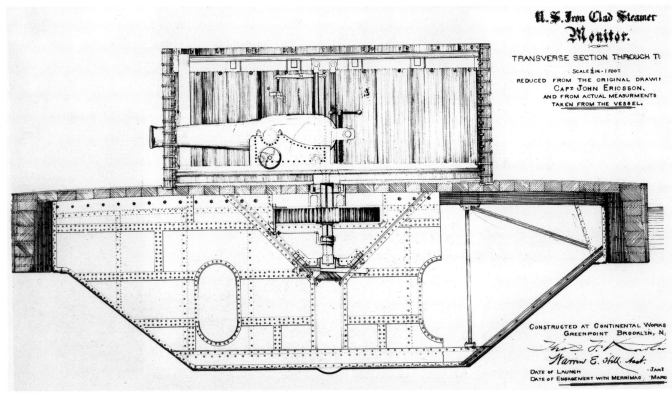

2 发展的世纪（1814—1898年）

> 把这个小东西带回家然后供奉起来吧，这是无论在天堂还是地狱以及海面上都前所未有的造物。
>
> 查尔斯·亨利·戴维斯上校在见到艾瑞克森展示的"莫尼特"号木制模型后的反应。

对页上图："班长"号由瑞典工程师约翰·埃里克森设计而成，安装有旋转炮塔和独特的推进动力系统，"班长"号所带来的技术概念很快就让世界上其他所有战舰变成了过时产品。

对页下图：从"班长"号的截面图中可以看出，船的中心位置装有齿轮可以驱动炮塔。实际上炮塔上装有2门方向相反的11英寸"达尔格伦"炮，当其中一门大炮转至开火位置时，舰员向另一门炮装填炮弹。

号改装而成的"弗吉尼亚"和北部"班长"号都进入了完工阶段。在结构上，两舰之间有很大区别。笨重的"弗吉尼亚"号长275英尺，就像一座漂浮在海上的谷仓，而外形接近长方形的"班长"号长172英尺，看起来则更像是一个"放在圆卵石上的奶酪盒"。"弗吉尼亚"号的两舷炮位安装了大口径滑膛炮和线膛炮，包括2门安装在回转炮位上的7英寸的线膛炮，以及安置在侧舷炮位上的2门6英寸线膛炮、6门9英寸达尔格伦线膛炮，成为名副其实的铁甲舰。而"班长"号则仅安装有2门11英寸达尔格伦炮，装于可作360°旋转的炮塔内。这两艘铁甲舰是海军历史上首批完全没有设置风帆的战舰。

河流上的战争

美国内战中，只有8次南部邦联商船突袭发生于海上，其余全部水上战斗都是在内陆河流上进行的。密西西比河及其南部分水岭是南部邦联西部地区（得克萨斯州、阿肯色州以及路易斯安纳州大部）同其他8个州之间最重要的交通枢纽。南部邦联非常担心失去密西西比河的控制权，而北方联邦也认为控制这条河流极其重要。

1861年8月，威尔斯命令安德鲁·赫尔·福提将军率舰队驻扎于密西西比河上游。在整个1862年的冬天，他们帮助尤利塞斯·S.格兰特将军夺取了田纳西河上的亨利港和坎伯兰河上的多尼尔森港。圣路易斯市的詹姆斯·B.埃迪斯在65天内为联邦海军建造了7艘炮艇，在他的帮助下，福提获得了在密西西比河上游的军事优势。由于这些炮艇采用了塞缪尔·M.朴克的"驼背"外形设计，被称为"朴克的海龟"。1862年春天，福提用两艘埃迪的炮艇"卡隆德莱特"号和"匹茨堡"号炮击10号岛，打通了密西西比河上游至田纳西河皮鲁港的通道。

在密西西比河下游，戴维·G.法拉格特将军率领由17艘木制海船组成的支队，开始试图将他那些吃水较深的战舰越过船障进入密西西比河河口。与法拉格特舰队同行的还有由戴维·波特将军率领的木制臼炮纵帆船中队。4月18日，波特的战舰攻击杰克逊堡和圣·菲利普堡。这两个要塞防卫森严，能够以交叉火力攻击任何

铁甲舰首次对决

下图：当"弗吉尼亚"号出现于伊丽莎白河上时，联邦战舰根本没有做好应战准备。在撞沉"坎布兰"号、击沉"国会"号后之后，"弗吉尼亚"号返回了休厄尔角，却没察觉到"班长"号已经开始进入战场。

1862年3月8日，富兰克林·布坎南上校率"弗吉尼亚"号铁甲舰沿伊丽莎白河而下，直达汉普顿锚地。此时在弗吉尼亚州纽波特附近有两艘联邦封锁舰队战舰"坎布兰"号和"国会"号。在用撞角撞沉了32炮"坎布兰"号后，"弗吉尼亚"号又用舰炮击沉了52炮"国会"号。此时，联邦43炮"明尼苏达"号见状立刻转舵加入战斗，却因在慌乱中搁浅无法移动。由于布坎南受轻伤，执行指挥官凯茨比·琼斯率舰退回休厄尔角休整，计划次日晨击沉"明尼苏达"号及封锁舰队其他战舰。当日晚间，"班长"号驶入汉普顿锚地，驻泊于"明尼苏达"号一侧。当"弗吉尼亚"号于3月9日清晨再次出现时，还没等琼斯看到"班长"号，沃登就率舰向前迎敌。经过了4个小时的"激烈而又低效"的缠斗后，两艘铁甲舰均无法重创对方。下午，"弗吉尼亚"号无心恋战，退回诺福克，"班长"号则占据了汉普顿锚地。这次海战是首次发生于铁甲舰之间的对决，恩格斯认为它终结了木制军舰的漫长时代，开创了用装甲舰进行海战的时代。

"班长"号对决"弗吉尼亚"号示意图
1862年3月8日

上图：1862年3月8日，凯茨比·琼斯上尉在富兰克林·布坎南上校负伤后接替指挥"弗吉尼亚"号。在尝试了他所能想象到的所有办法后，琼斯始终无法击沉"班长"号，随后他指挥"弗吉尼亚"号退出了作战。

邦联"汉利"号潜艇

"汉利"号潜艇的设计思路是由何瑞斯·洛森·汉利在新奥尔良提出的,但实际上却在莫比尔港作为私掠艇建造完成。受邦联皮埃尔·博勒加德将军的邀请,"汉利"完工后移至查尔斯顿,试图作为作战装备打破联邦的海上封锁,打开查尔斯顿与外界的联系通道。汉利对潜艇进一步进行了改造,安装了指挥塔、潜水舵、压水舱、龙骨和可挂载90磅杆雷的艇底挂架。"汉利"号需要8个人同时操作,其中7个人负责摇转手摇式曲轴以带动螺旋桨让潜艇前进,而另一个人则负责操纵潜艇的转向与上浮下潜。当查尔斯顿港建成的2艘铁甲舰无法打开联邦海上封锁后,"汉利"号就变成了重开港口的唯一希望。

"汉利"号先后沉没过3次,其中2次是在查尔斯顿进行的试航过程中。1863年8月29日潜艇第一次沉没事故中,约翰·佩恩上尉和其他2名艇员逃生,其他5人溺亡,这些人都是志愿者。事故发生后,"汉利"号被打捞上来进行修理,1863年10月15再一次试航时又沉没,包括发明者汉利在内的所有艇员罹难。

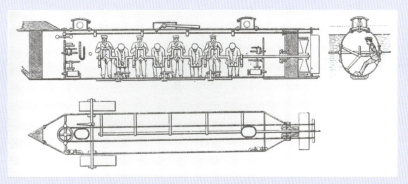

1864年2月17日夜间,海面上一片沉寂,水况正适合于攻击作战。"汉利"号在海面上航行,在发现了联邦"豪萨通尼克"号战舰停泊于前方后,"汉利"号将一半艇体沉入水中,悄悄地向猎物扑去。当"豪萨通尼克"号发觉敌情时,"汉利"号已经靠近船舷并将杆雷刺入其船体。几分钟后,鱼雷爆炸,"豪萨通尼克"号炸毁沉没。偷袭成功后,"汉利"也未能全身而退,而是跟着沉没失踪了。2000年8月8日,"汉利"号残骸终于得以打捞上岸。

上图:"汉利"号是由7人摇动曲轴带动螺旋桨驱动的(并非上图中所示的8人),还有1人负责潜艇的转向与浮沉。"汉利"号在试航中共沉没过2次,但每一次都被打捞上来继续服役。最终,"汉利"号潜艇在1864的2月炸沉"豪萨通尼克"号后彻底沉没。

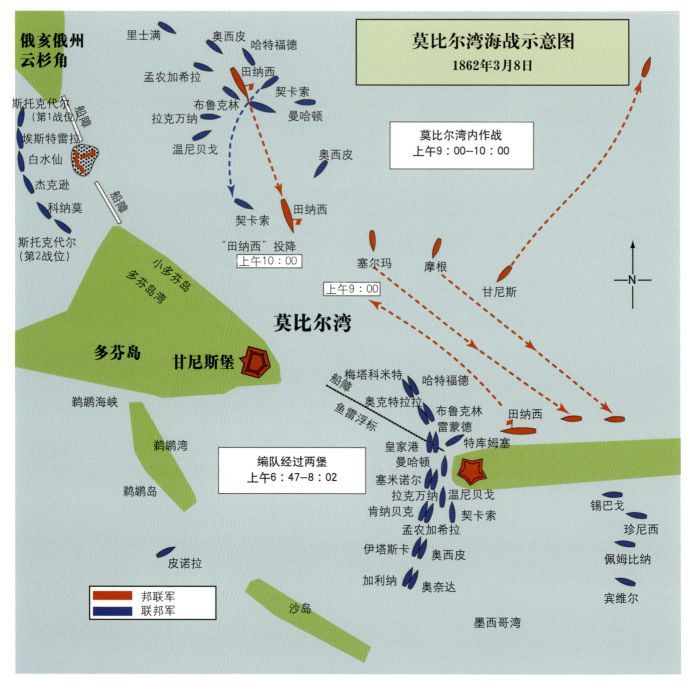

上图：莫比尔湾海战主要在木制战舰之间展开，但是对战局起最终决定作用的还是铁甲舰。要想取得莫比尔湾海战的胜利，法拉格特上将需要3艘"班长"级铁甲舰才能战胜强大的"田纳西"号，木制战舰已经毫无用处了。

企图溯流而上到达新奥尔良的船只,而新奥尔良是南部邦联最富有、人口众多的要地城市。4月24日凌晨2点整,法拉格特将军完成了看似不可能完成的任务。他率部冲过由两个港口构成的火力网,击败了脆弱的邦联炮艇部队,继续沿密西西比河而上,直达新奥尔良。这一场战役中,3艘邦联铁甲舰被击毁,分别为"马纳萨斯"号、强大的"密西西比"号和"路易斯安纳"号。法拉格特对奥尔良的占领切断了密西西比河与墨西哥湾的联系,由此开始了对南部邦联的扼制。

"该死的水雷"

水雷(mine)在当时被称作"torpedo",因被邦联广泛使用而被联邦军队称作是"恶魔的武器"。它们的形状和大小各异,但基本上都是非常简单的武器:或采用触发爆炸,或由岸上的观察站用电线

下图:在经过莫比尔湾口摩根堡附近时,戴维·D.法拉格特海军少将(右上)爬上绳网,观察驶入雷区的"哈特福德"号。

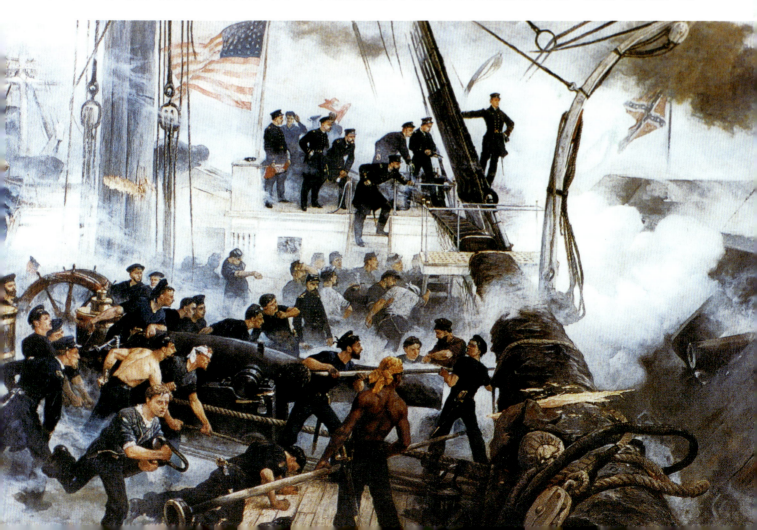

连接水雷，通过电流控制引爆。在阿拉巴马州莫比尔湾的入口航道离水面以下几英尺深的地方，南部邦联布设了一系列触发水雷，位于航道东侧摩根港和航道西侧盖恩斯港之间。其间仅有一条较窄的航道没有布设水雷和船障，以摩根港强大的火力进行覆盖。莫比尔港内有南部邦联最为强大的"田纳西"号铁甲舰以及一支小型炮艇舰队。曾经在汉普顿锚地率领"弗吉尼亚"号作战的富兰克林·布坎南将军，现在统领着这支莫比尔湾舰队。1864年8月5日，戴维·法拉格特将军决定进入莫比尔湾，此时他面临着巨大的困难。

法拉格特喜欢外形威武的蒸汽动力木制战舰，不喜欢难看的铁甲浅水重炮舰。因此，他选择26炮"哈特福德"号作为他的旗舰。在他下达向莫比尔湾进发的命令时，他共拥有木制战舰14艘、浅水重炮船4艘。他把浅水重炮船部署于整个队形的右侧对摩根港作战，希望此举能够吸引火力，从而保护木制战船。进军途中，浅水重炮船"特库姆塞"号擅自改变预定

下图：莫比尔湾海战中，"雷蒙德"号向"田纳西"号开炮。"雷蒙德"号的炮弹打在"田纳西"号的炮塔上时都撞成了碎片，却无法对这艘铁甲舰造成伤害。

航线，试图攻击"田纳西"号。在横穿木制战舰航道后不幸与水雷相撞，几分钟后就沉入河底。这一意外使得首舰"布鲁克林"号完全失去了引导作用，左侧木制战船乱作一团。

法拉格特在他可以统观作战全局的位置上注意到了这一形势，他的舰队正在遭受着雷区和摩根港炮火攻击的双重威胁。他向舵手大吼："该死的水雷！全速前进！""哈特福德"号改变了航线，穿过雷区，其他舰只紧随其后。水手们惊恐地听着因被河水浸泡而失效的水雷和舰体的碰剐声。

在莫比尔湾里，"田纳西"号和法拉格特舰队展开了激烈对决。2小时后，由于法拉格特舰队大型舰艇的反复撞击以及浅水重炮舰11英寸和15英寸舰炮的连续轰击，"田纳西"号终于失去了作战能力。布坎南在作战中受伤，"田纳西"号也无法继续航行，因此只好投降。虽然战败，但"田纳西"号仍称得上是南部邦联在美国内战期间所建造的最有战斗力的铁甲舰，在此次海战中始终和法拉格特舰队保持一定距离直到失去动力，受损也较轻。在联邦海军军官之中，戴维·法拉格特所进行的战斗的重要性、所取得的卓越战绩无人可比。内战结束后，法拉格特的功绩获得了国会的认可，他成为第一位美国海军上将。

菲什尔堡失陷

由于在莫比尔湾之战中的杰出表现，威尔斯想任命法拉格特为北大西洋封锁舰队司令，目的是让法拉格特带领舰队占领北卡罗来纳州的菲什尔堡和威尔明顿港，使之成为海上封锁的根据地。因为法拉格特身体欠佳，他没有接受这一任命，因此威尔斯将戴维·波特从密西西比河召回担负这一任务。

菲什尔堡控制着菲尔角河的河口，波特将军先后采取了两次迫使他们投降的行动。第一波攻击失败了，因为本杰明·巴特勒将军仅带领部分部队成功登陆，后又撤回。第二波攻击则是由另一位陆军将领指挥的，登陆作战部队中有海军陆战队员、水手和步兵。但如果没有浅水重炮船以11磅和15磅炮弹的对岸攻击，菲什尔堡的防御工事永远不会瓦解。菲什尔堡进攻作战是美国内战中最后一次两栖作战。虽然此战美军的陆海协同远不如法拉格特在新奥尔良或莫比尔湾中的表现，但仍完成

> ""蟒蛇绞杀'战术最终困死了我们。"
>
> 拉斐尔·西姆斯海军少将（邦联），于费舍尔堡投降仪式，摘自海军官方记录。

了预定任务。五年后,当名将法拉格特逝世之后,波特成为海军第二位上将。

内战后的海军

1861年9月,当海军部批准建造"班长"号和"加利纳"号铁甲舰时,威尔斯还附加批准建造另一艘实验性铁甲舰"新艾恩赛德"号。与"班长"号的设计不同,"新艾恩赛德"号的外形类似于即将出现的战列舰和巡洋舰。海军仍然坚持铁甲舰应该安装风帆的愚蠢观点。因此,"新艾恩赛德"号这一个230英尺长、双联发动机、排水量3486吨的重装甲庞然大物上,也赫然树立着一根挂着风帆的大桅杆。

1865年9月18日,250英尺(1英尺≈0.3048米)长、排水量3815吨、装有4门15英寸舰炮的双炮塔"密安托纳姆"号铁甲舰加入现役。威尔斯将此舰派往英国,

下图:1865年1月13日,由戴维·波特舰队司令率领的60艘战舰和阿尔弗雷德·H.特里(中)将军率领的8500名步兵组成了联合特遣部队,在第二次夺取位于菲尔河口的菲舍尔堡的战斗中取得了胜利。

解决由邦联舰船袭击美国海上贸易造成的赔偿事务。伦敦《泰晤士报》的一名记者在近距离参观了"密安托纳姆"号后，写下了这样的感叹："没有任何一艘（英国）战舰能够做到让一个外国人在5分钟内到达不了他的底部。他的使命不是为了和平……这样一艘巨舰……将会为他的战友复仇，或者拯救自己的命运。实际上，狼（指新锐铁甲舰）已经进入羊圈，而整个羊群只能任其摆布。"

这一时刻标志着全世界帆船海军开始逐步退出历史舞台。刀枪入库，马放南山，内战结束后国会很快就停止了对美国舰队进行现代化改造的拨款，战舰再一次返回船坞，除了慢慢腐烂生锈别无作为。美国海军没有发展成为世界最强军队，反而背道而驰地逐步沉沦，进入世界最弱军队行列，日本和欧洲国家敏锐地注意到了这一点。但这一状态并没有维持很长时间。

3

变革中的海军
（1889—1939年）

内战之后，美国海军实际上还是处于一种不稳定的状态之中，直到1881年切斯特·A.亚瑟成为第21任美国总统、威廉·E.钱德勒成为第30任海军部长。在这段时间内，乌拉圭、中国、朝鲜、巴拿马、埃及等地区都出现了问题，而解决这些问题都需要海军的兵力。在目睹了1882年炮击埃及亚历山大港的英国舰队之后，钱德勒坚信应该采取强有力的措施改造美国海军陈旧不堪的舰队。钱德勒同时也认为，海军需要的远不仅是舰艇。1884年，在实施了一系列重振舰艇建造的措施后，他还在罗得岛纽波特港建立起了海军战争学院，并任命斯蒂芬·B.卢斯少将为首任院长，力求使海军军官具备更高的职业素质。

对页图：在1871年6月1日的一次进攻作战中，列兵休·珀维斯（中）和下士查尔斯·布朗（左）因夺取了朝鲜军旗获颁荣誉勋章。图为迈克莱恩·蒂尔顿上校和两名勇士在"科罗拉多"号上合影。

勿忘"缅因"号

1898年1月25日，查尔斯·D.西格斯比上校率装甲巡洋舰"缅因"号进入古巴的哈瓦那港，执行一项看似是完全善意的任务。此时，哈瓦那发生了暴乱，西班牙对暴动分子进行了报复，屠杀该岛居民，而西格斯比的任务就是要保护受到威胁的美国侨民和财产。2月15日，一次由不明原因引起的船底爆炸将"缅因"号炸成了碎片，包括全体海军官兵在内的358人中有253人失去了生命。在对残骸进行检查之后，威廉·T.桑普森上校宣布这一爆炸事件"只可能是由于……位于舰艇底部下方的水雷造成的"。稍后的研究认为事故的原因可能是煤仓内的明火引燃了弹药库。但是，没有人怀疑桑普森的结论。美国人愤怒了，"勿忘'缅因号'！让西班

> 美国公众不需要一支如同煮熟了的螃蟹或者锡纸剑一样表面光鲜的海军。
>
> 亨利·乔治，社会评论家，1882年

右图：排水量6682吨的"缅因"号战列舰看上去更像一艘皇家游轮。舰上仅安装4门10英寸舰炮。

下图：1895年8月15日，美国第一艘战列舰"得克萨斯"号下水。和其他巡洋舰不同的是，"得克萨斯"号没有安装风帆，仅留下了两个用于观察的桅杆。

战列舰的发展

在海军部长钱德勒的指导下，国会拨款130万美元用于建造装甲防护型的各种战舰，包括排水量为3000吨的"亚特兰大"号和"波士顿"号巡洋舰、排水量为4500吨的"芝加哥"号巡洋舰和排水量为1500吨的"海豚"号通信船（因这4艘舰船的首字母分别为A、B、C、D，故称为ABCD舰船）。这是美国海军舰队自内战以来首次得到现代舰船。尽管这些舰艇的最高航速已经可达17节（1节≈1.852千米/小时），那些海军"老古董"们仍然坚持必须安装桅杆、横帆和三角帆。这些舰艇的动力系统还是采用了内战时期的技术，虽然安装了射程更远的5英寸、6英寸和8英寸后装线膛炮，由于瞄准方法没有改进，准确率仍然不高。这些舰船下水之前，钱德勒得知英国已经为智利海军造出了"埃斯梅拉达"号装甲巡洋舰。而这种战舰航速可达18节，安装了10英寸后膛炮。ABCD舰船还没开始服役就已经过时了。

1885年，新一任海军部长威廉·C.惠特尼发现英国已经将"约楚尔罗"号装甲巡洋舰派往巴西，而这艘战舰足以击败整个美国海军舰队。惠特尼及时向国会报告了这一问题，从而获得了用于建造美国首两艘战列舰"缅因"号和"得克萨斯"号的资金。"缅因"号排水量为6682吨，装有4门10英寸舰炮;"得克萨斯"号排水量6315吨,装有2门12英寸舰炮。至此,风帆动力终于退出了美国海军的历史舞台。1890年6月,国会批准海军建造新级别的战列舰,即排水量为10000吨的"印第安纳"号(BB-1)、"马萨诸塞"号(BB-2)和"俄勒冈"号(BB-3),从而也将"缅因"号和"得克萨斯"号降级为装甲巡洋舰。

如果没有这些新的造舰计划以及后期的坚决实施,美国不可能做好美西战争的准备。

右上图:装甲巡洋舰"芝加哥"号是ABCD舰船中的旗舰,图中自左向右依次是"芝加哥"号、"海豚"号、"波士顿"号和"亚特兰大"号。

右图:1890年,国会批准建造3艘战列舰,即"印第安纳"号(BB-1)、图中所示的"马萨诸塞"号(BB-2)和"俄勒冈"号(BB-3),排水量均为10000吨,比"缅因"号和"得克萨斯"号要大得多。

上图：1898年2月15日，锚泊于哈瓦那港的"缅因"号装甲战列舰被炸成了碎片。威廉·麦金莱总统将此次事件归咎于西班牙，并因此向西班牙宣战。

> 对于那些希望看到美国同外国和平相处的人来说，依赖一支由最好的战列舰组成的最强的舰队将是最为明智的。
> ——西奥多·罗斯福，1897年

牙人见鬼去吧！"的呐喊声喧嚣四起。3月8日，国会拨款5000万美元用于国防。在大众舆论的重压之下，4月11日总统威廉·麦金莱要求国会批准对古巴进行干预。美国的真实意图其实并不在古巴，而是在于西班牙人手中的菲律宾群岛，那里是进入中国的门户。

圣地亚哥之战

在杜威准将率领他的亚洲舰队进入莫比尔湾之时，他手中还没有战列舰。但桑普森少将在大西洋上的分舰队却已经拥有了"印第安纳"号和"衣阿华"号战列舰、装甲巡洋舰"纽约"号、2艘无防护巡洋舰、2艘浅水重炮舰和2艘辅助船。桑普森带领一支舰队前往波多黎各，试图寻歼由帕斯夸尔·塞维拉·托佩特率领的西班牙舰队。第二路舰队是温菲尔德·斯科特·施莱准将的"飞行舰队"，由"马萨诸塞"号和"得克萨斯"号战列舰以及几艘巡洋舰组成，向南绕古巴航行，开始在富恩西戈斯搜寻塞维拉舰队。施莱舰队最后沿古巴南部海岸向东航行，发现了西班牙舰队并将其围困在圣地亚哥港内。6月1日，桑普森舰队赶到会合，由桑普斯统领全部舰队。他们对航道上的防御工事进行了攻击，但无法进入圣地亚哥湾。紧接着，桑普森派出大批海军陆战队员到湾口

> 当1890年阿尔弗雷德·塞耶·马汉成为海军战争学院第二任院长，并出版了《海权对历史的影响：1793—1812年》一书，此时，德皇威廉二世开始建造战列舰，并将马汉的海权论著作配发到德国海军的每一艘军舰上，让海军官兵研究学习，开拓战略视野。

舰队司令杜威在菲律宾群岛

1898年4月20日,麦金莱总统签署开战命令的墨迹未干之时,61岁的亚洲舰队司令乔治·杜威海军准将就收到了来自海军部长约翰·D.朗的电报:"即刻向菲律宾群岛进发……与西班牙舰队展开作战,尽力俘获或摧毁西班牙舰队。"

5月1日午夜之后,杜威率领舰队冲过西班牙的岸炮防御,进入马尼拉湾,未遭受任何损伤。黎明时分,杜威发现由唐·帕特里西奥·蒙托约上将指挥的西班牙舰队锚泊在甲米地海军船坞。这支西班牙舰队陈旧不堪,包括1艘装甲巡洋舰、1艘老旧的木制巡洋舰、5艘小型巡洋舰和为数不多的几艘炮艇,每分钟火力投射量只有1273磅。而杜威旗下有4艘装甲巡洋舰"奥林匹亚"(C-8)号、"巴尔的摩"(C-3)号、"波士顿"号和"罗利"(C-8)号,2艘炮舰"康科德"(PG-3)号和"佩特雷尔"(PG-2)号,缉私艇"麦卡洛克"号,总吨位为20000吨,有33门6英寸火炮,每分钟弹药投射量可达3700磅。两相对比,美国舰队占有极大的实力优势。蒙托约上将选择了下锚原地反击。炮战结束时,杜威舰队击沉西班牙3艘巡洋舰,重创其他战舰,击溃了岸防堡垒火力,中午时分完全夺取了马尼拉湾。杜威向朗部长报告了胜利的消息,并要求增派地面部队全面占领马尼拉,而直到7月25日韦斯利·梅里特将军才率1万陆军到达。此时,亨利·格拉斯上校已经夺占马里亚纳群岛的关岛,而当时那里的西班牙殖民政府竟然还不知道美西战争已经爆发。

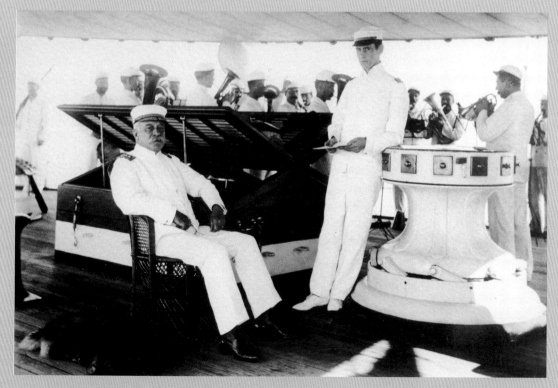

左图:守护马尼拉湾之时,乔治·杜威上将和他的狗"鲍勃"在亚洲舰队旗舰"奥林匹亚"号装甲巡洋舰上惬意地休息,旁边的乐队正在演奏音乐。

以东40多海里处登陆,在"俄勒冈"号和"得克萨斯"号战列舰的炮火支援下,经过几天零星的战斗占领了关塔那摩湾,从而在那里建立了一个可靠的补给基地,这是美军在古巴土地上的首次战斗。

7月3日,即圣胡安高地一役的两天后,塞维拉上将预料到圣地亚哥湾必将因地面部队的攻击而失守,因此决定逃离港口。在"英凡塔·玛丽亚·特丽莎"号旗舰的带领下,塞维拉舰队沿古巴海岸向西仓皇出逃。桑普森以"印第安纳"号、"衣阿华"号、"俄勒冈"号和"得克萨斯"号战列舰的炮火轰击西班牙舰队,并将其大部分赶上海岸。只有"维茨卡亚"号和"沈利斯托巴尔·科隆"号巡洋舰突出重围,"俄勒冈"号、"布鲁克林"号、"得克萨斯"号和"衣阿华"号乘胜追击,经过炮火攻击最终使其搁浅。当日下午1点10分,桑普森向国内发电报称:"本舰队于7月4日全歼赛维拉舰队,这是本舰队为国庆日所作出的献礼。"7月17日,圣地亚哥投降,8月13日杜威报告马

下图:在对沉没于哈瓦那港海底的"缅因"号残骸进行调查研究后,威廉·T.桑普森上校告知海军,这一爆炸事件"只可能是由于位于舰艇底部下方的水雷造成的"。

尼拉投降。

1898年10月，美国和西班牙签署了和平协议，美国支付2000万美元得到了关岛、波多黎各和菲律宾，从此以帝国主义列强的身份在海外出现。只有靠作战舰队才保护这些如此遥远的领土，才能确保美国的海权：这一观点在阿尔弗雷德·塞耶·马汉关于海权理论的论著中得到了充分的论述。

左图：阿尔弗雷德·塞耶·马汉（1840—1914年）于1886年成为海军战争学院院长，并为美国海军的理论建设付出了不懈的努力。1890年，他转变成一名帝国主义者，也是世界上具有前瞻性思维的战略家。

下图：1898年7月3日，古巴圣地亚哥湾，亨利·C.泰勒上校指挥的"衣阿华"号战列舰上的舰员们正在观看战斗。当时美国海军正在扫荡帕斯夸尔·塞维拉上将的西班牙舰队。

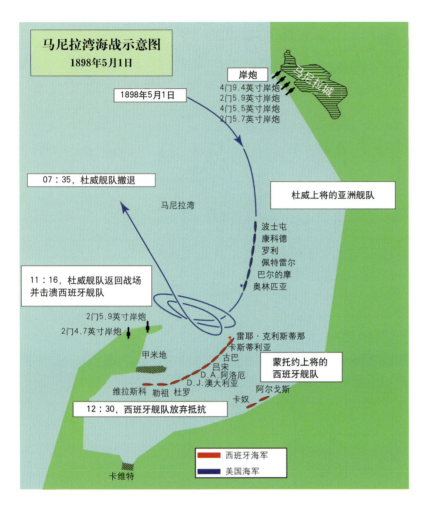

上图：当杜威将军的舰队进入马尼拉湾时，他们发现西班牙舰队的战舰就像一只只"活靶子"一样锚泊在甲米地港内。美军运用系统性的回旋作战战术向西班牙军舰开炮，直到蒙托约上将宣布投降。

外交事务

维持帝国主义的代价极高。1899年2月4日，即签署和平协议8周后，菲律宾暴动部队攻击了美国部队。驻马尼拉湾海军部队派出了一个营的陆战队兵力，对叛乱进行镇压。暴动于1901年3月23日结束，领导人阿奎纳尔多被俘，但第二年在萨马岛、棉兰老岛和洛乐岛等伊斯兰教地区再次发生暴动。此外，萨摩亚岛发生的部落暴动进一步加剧了混乱局面，使美国利益受到了威胁，美国只好从"费城"号上派出登陆部队保护领事馆人员。

1900年5月18日，当美国人还在菲律宾继续战斗时，中国发生了义和团运动，亚洲舰队收到了提供援助的请求。海军陆战队上校R.W.米德拥有的兵力不足以响应这一请求，因此他向海军借来了水兵。

西半球同样也不平静。20世纪初期，美国海军向尼加拉瓜、巴拿马、洪都拉斯以及古巴等地均派出过干涉部队。

1901年，西奥多·罗斯福当选美国总统，他所计划的海军中包括更多的战列舰。至1907年，已有22艘战列舰下水。罗斯福密切关注着发生于1904—1905年间的日俄战争。在那场战争里，"海上新贵"日本海军打败了强大的沙皇俄国舰队。这一影响深远的胜利对罗斯福触动很大，他决定向世界展示美国海军的实力。1907年12月16日，一支由美国海军16艘精锐战舰组成的"大白舰队"从汉普顿锚地启航，开始了为期14个月的航行。经过46000英里的巡航后，舰队返回汉普顿。此时，与英军排水量17900吨、航速21.6节的"无畏"号战列舰相比，美国"大白舰队"的战舰已经落伍了。"无畏"号的10门12英寸主炮全部设置在双联装炮塔内，其中3座炮塔设置于船只中心线上，此外"无畏"号还采用了当时最先进的蒸汽轮机动力系统。

"无畏"舰

德国也是第一批认识到"无畏"号战列舰已经把世界上所有其他战列舰黯然失色的国家之一。1908年，在建成美国第一艘无畏舰之前，罗斯福还有3艘较小的战列舰尚未完工。在他离任之前的1909年，美国终于开始着手建造属于自己的"无畏舰"。这些战列舰包括16000吨的"密

下图：为紧跟欧洲战列舰的发展脚步，1906年美国海军引进了全新的战列舰。与以前军舰不同，"康涅狄格"号战列舰（BB-18）上安装了12英寸舰炮。

下图:经过了总航程为46000英里的全球巡航后,"大白舰队"返回汉普顿锚地。1909年2月22日,泰迪·罗斯福总统视察"康涅狄格"号战列舰并向全体官兵致以敬意。

歇根"号(BB-27)和"南卡罗来纳"号(BB-26)、20000吨的"特拉华"号(BB-28)和"北达科他"号(BB-29)。虽然这些战列舰的炮数比英国"无畏"号要少2门,但其火力却足以与后者相媲美,因为所有舰炮都以背负式安装在中心线炮塔上。

新型美国战列舰还有另外一个优势,这要追溯到1901年。当时,威廉·S.西姆斯上尉和英国"可怖"号战列舰的舰长珀西·斯科特成为了朋友。斯科特向他演示了自己设计的"连续瞄准"射击系统,此

方法可以将命中率提高到80%。西姆斯断定，"可怖"号的这一成功设计足以在火力上压倒整个美国海军，但是海军部里根本没人接受他引进这一射击系统的建议。因此，西姆斯直接向罗斯福总统提出了建议。同时，他也告诉总统，"大白舰队"的战列舰在设计和建造上有重大缺陷：干舷太低，不适合在高海况中作战；弹药库与炮塔之间距离太近，射击时很容易落下火星，一旦中弹，弹药库很可能被引燃，导致船毁人亡等等。

在罗斯福的坚持下，海军以"连续

左图：布拉德利·艾伦·菲斯克少将（1854—1942年）是最早对飞行器感兴趣的人之一，并在1911年驾驶一架双翼飞机从舰上成功起飞。他相信飞机将大有发展前途，还设计了一套可以让飞机挂载航空鱼雷的装置。

下图："密歇根"号战列舰（BB-27）于1910年1月4日加入现役，是美国第一艘采用了联座式炮塔设计的无畏舰，舰上8门12英寸火炮可以向任意一侧开炮。

右图:现代潜艇之父约翰·P.霍兰(1840—1914年)站在为海军研制的一艘概念性潜艇的指挥塔里。在1888年获得海军部设计潜艇授权之前,他研制了很多实验性潜艇。

下图:约翰·P.霍兰数次试图尝试引起海军对潜艇的兴趣,他"活塞"号于1897年成为美国海军所接受的第一个潜艇原型。但是,霍兰最终放弃了"活塞"号,因为它不符合海军提出的水面航行速度要达到15节的要求。

霍兰的潜艇

约翰·P.霍兰生于爱尔兰。他设计潜艇的想法来源于戴维·布什内尔和贺瑞斯·洛森·汉利的实践:一艘于水下潜行的舰艇可以悄无声息地接近敌舰,并用鱼雷将敌舰击沉。当海军专注于研究从驱逐舰上发射"白头"鱼雷[由怀特怀德(Whitehead)研制成功,故名]技术的时候,霍兰开始动手建造装有2个鱼雷发射管的85英尺长的潜艇。1897年,他研制的"活塞"号潜艇下水。"活塞"号潜入水下时,可以由电池产生动力,但海军要求潜艇水面航行时应达到15节的航速,而这一要求对于1897年的发动机技术来说还是一个不可能完成的任务。受到挫折的爱尔兰人放弃了"活塞"号,1900年研制出了排水量64吨的"霍兰"号潜艇(SS-1)。艇长54英尺,搭载有1个鱼雷发射管和3枚"白头"鱼雷,在水面上航行时由汽油发动机驱动,最大航程1500英里,最大下潜深度75英尺。由于没有潜望镜,指挥员必须经常上浮潜艇通过锥形指挥塔里的小窗确定航向。在泰迪·罗斯福总统的推荐下,海军以15万美元购买了"霍兰"号,成为海军第一艘潜艇。杜威上将视察"霍兰"号后评论道,如果西班牙人"在马尼拉湾拥有2艘这样的东西,我原来的那支舰队将无法打败他们"。直至1906年德国才接收了潜艇,但在1908年陀螺仪导航系统得到完善以后,潜艇很快就变成了第一次世界大战中海上航运的最大威胁。

瞄准"射击系统对战列舰进行了改装。而且，在1910年新的无畏舰加入现役时，采用了较高的舰舷，改进了弹药操作工作流程。

海军的航空化

1903年，当怀特兄弟在北卡罗来纳州小鹰市将他们亲手制造的发动机动力新装置送上天空后，泰迪（罗斯福总统的小名）对这种"会飞的机器"表现出了极大的兴趣。罗斯福找到海军最杰出的改革家布拉德利·艾伦·菲斯克上校，询问飞机是否能够在海军舰艇上起飞。1910年11月14日，菲斯克目睹了飞机第一次从舰艇上起飞的全过程。民间飞行员尤金·B.伊利驾"柯蒂斯"飞机从"伯明翰"号巡洋舰（CL-2）上仓促铺设的舰首倾斜平台上起飞，5分钟后，伊利安全降落在附近海滩上。1911年，已经成为一名少将的菲斯克驾驶一架"柯蒂斯"飞机，从平台上起飞，经过空中盘旋后降落回舰艇。出于对飞机战术的重视，菲斯克开始着手研制第一款可以空投的鱼雷。

至1910年12月23日，格伦·柯蒂斯已经解决了航空设计中的几个主要问题，并邀请海军派员到他在加利福尼亚州圣迭戈的学校进行飞行训练。T.戈登·埃利森上尉加入了柯蒂斯的学校，成为海军第一位飞行员。新生儿一般的航空技术吸引了海军的注意。1911年5月8日，华盛顿·欧文·钱伯斯上校和柯蒂斯正式签署生产飞机的合同，这一天也成为美国海军航空兵的诞生之日。钱伯斯在马里兰州安纳波利斯建立了美国第一个海军航空站，而埃里森则成为他的首位试飞员。

第一次世界大战前夕

欧洲的战争已经不是新鲜事物。当1914年8月美国人听说欧洲又爆发了另一起军事冲突时，他们只是漠不关心地耸了

下图：1910年11月14日，民间飞行员尤金·B.伊利驾机从"伯明翰"号巡洋舰（CL-2）的舰首平台上起飞，向海军证明"柯蒂斯"双翼飞机是可以从舰艇甲板上起飞的。

右图：罗斯福总统（右）和西姆斯上将（中）、伯瑞吉上将（左）合影，背景是名为"五月花回归"的油画，象征性地描绘了美国驱逐舰舰队到达爱尔兰时的情形。

耸肩。"中立主义"者伍德罗·威尔逊总统甚至警告美国不要参与其中，因为他相信这场战争是不会持续多久的。他任命和平主义者约瑟夫斯·丹尼尔为海军部长，而丹尼尔其实对战列舰或飞机知之甚少。海军的高级官员们对威尔逊总统的这一任命极为惊讶，对丹尼尔任前总统的堂侄富兰克林·德拉诺·罗斯福为助理部长更感惊奇。丹尼尔可能从来没听说过于1914年逝世的马汉，但罗斯福却通过拜读马汉的著作了解了他的理论，并成了马汉的忠实信徒。

丹尼尔上任之时，美国海军已经有了8艘无畏舰，还有2艘安装了12门14英寸舰炮的32000吨"新墨西哥"级战列舰正在建造中。尽管这些舰艇让美国领先于日本，但此时英国皇室海军已经建成了29艘"无畏"号舰，德国海军也拥有了20艘战列巡洋舰。既然美国要保持中立，丹尼尔就不希望惹上任何麻烦，虽然此时日本已经开始以极快的速度吞并德国在太平洋上的领地。当罗斯福提出应为美国海军增补

> "我正在进行真正的（海军）工作。"
> ——富兰克林·罗斯福总统和妻子的谈话，1914年8月2日

两万人时，丹尼尔犹豫不决地驳回了这一请求。因此，罗斯福很快就在海军的将军们中建立起了"好伙计"的形象，而丹尼尔则被他们冠以"坏家伙"的名头。

威尔逊总统实际上此时正沉醉在"中立主义"给美国带来的商业利益之中。战争复兴了美国经济，但发展到1915年又出现了新的危险。德国宣布：英国周围的海域均为战争区域，在这个区域内，船只一旦被发现便会被认为是敌方的船只，德国潜艇有权不加警告给予击沉。威尔逊则警告德国，如果美国人员出现伤亡损失，则将必然引发可怕的事件。美国人继续乘坐盟军装载着武器弹药的舰船在战区航行，虽然也有人失去了生命，但威尔逊还是袖手旁观。直到1915年5月7日德国人的U-20号潜艇击沉了丘纳德轮船公司的"卢西塔尼亚"号客轮，船上1198名男女老少全都葬身海底，其中有128名是美国公民。威尔逊向德国提出抗议，但仅得到了极少的让步。德国皇帝威廉命令潜艇指挥官将客运邮船排除在攻击目标范围之外。

国会开始对威尔逊的姑息政策提出质疑，要求他做好战争准备。威尔逊要求丹尼尔准备一个"五年计划"，丹尼尔则

下图：第一次世界大战期间，美国海军舰队担负起了至北大西洋的远程护航任务。"乔治·华盛顿"号战列舰（右）的后面是"美利坚"号和"迪卡尔布"号，另有一艘驱逐舰伴随护航（右二）。

对页上图:一位军官在驱逐舰舰桥上用望远镜观察英国港口,搜索德国潜艇的潜望镜。

对页下图:SC405号猎潜艇执行完巡逻任务归来,绕过一艘货轮后进入法国布雷斯特港。

下图:满载着1198名男女老少的"卢西塔尼亚"号客轮由纽约出发航向英国。1915年5月17日,该船在英格兰海岸附近被德国潜艇U-20号击沉,所有乘客无一生还,其中包括128名美国人。

把这一任务推给了海军第一任作战部长威廉·S.本森。本森是一个墨守成规、缺乏想象力的人,他又将这一任务下达给了由杜威上将领衔的海军委员会。杜威等待这样的机会已经很久了,不久就提交了一份建造156艘舰艇的计划,其中包括10艘战列舰、6艘战列巡洋舰、10艘侦察巡洋舰、50艘驱逐舰和67艘潜艇及一些辅助舰艇。高达50亿美元的计划造舰总成本差点把本森吓晕过去,国会陷入了一片迷茫。1916年5月31日,当国会还在为海军的预算争吵不休时,英国和德国海军之间的日德兰大海战拉开了序幕,而美国海军还在为是否参战犹疑不决。考虑到英国皇家海军在此次海战中的重大损失,国会终于在1916年8月29日通过了《海军法案》。海军开始建造32600吨级的战列舰"科罗拉多"号(BB-45)、"马里兰"号(BB-46)、"华盛顿"号(BB-45)和"西弗吉尼亚"号(BB-48),均装备以最先进的16英寸舰炮。

U艇战争

美国在北大西洋上的护航任务包括以巡洋舰护送20~30艘货船海上航行。巡洋

舰必须和货船一起在海上以"Z"字形航线航行，漂洋过海进入危险海域。而此时的危险海域范围很大，在离大不列颠群岛以西200英里的地方就不再安全。自爱尔兰的昆斯敦出发，由约瑟夫·K.陶西格海军中校指挥的第8驱逐舰分队在加装了反潜设备后担负起了首批护航任务。这些驱逐舰上带有深水炸弹，这种被称为"垃圾箱"的铁罐子内装有多达300磅的TNT炸药，可在预定水深爆炸。战争期间，美国在欧洲作战的护航舰艇参与了超过200次对潜攻击作战，至少击沉23艘潜艇。曾经有5~6艘德军潜艇接近美国东海岸，但其

右图:一艘护航驱逐舰上的舰员正将深水炸弹安装在发射架上,并设置引信,使其在到达指定深度时自动爆炸。

下图:1917年11月17日,美国驱逐舰"范宁"号在阿瑟·S.卡朋德上尉的指挥下以深水炸弹迫使德国潜艇U-58号浮出水面,并在其沉没到海底前挽救了40名幸存者的生命。

任务主要是牵制美国。

为了加强驱逐舰舰队的实力,海军还建造了400艘猎潜艇。猎潜艇艇长100英尺,排水量60吨,主机为汽油机,航速15节,艇首装有3英寸炮和发射深水炸弹的"Y"形深弹发射炮,通常由一名少尉当艇长,全艇官兵25人,几乎全是预备役军人和寻找刺激的大学生。他们配属于第三支队,通过水声器探测潜艇的活动,在发现猎物后立即在潜艇位置上方以三角形队形投下深水炸弹。1918年间,共有36艘猎潜艇在阿尔巴尼亚海岸外爱奥尼亚海的科

3 变革中的海军（1889—1939年） 103

> 如果没有美国海军的协助，协约将不可能取得战争的胜利。
> ——威廉·S.西姆斯上将

弗岛周围活动，通过24小时不间断的海上巡逻封锁了奥特朗托海峡，遏制了德国和意大利潜艇的活动。

穿越大西洋

整个第一次世界大战期间，美国海军没有进行大规模海上作战。1917年12月17日，休·罗德曼少将率"特拉华"号、"佛罗里达"号、"得克萨斯"号、"怀俄明"号和"纽约"号战列舰加入英国"大舰队"，但他们能做的也仅仅是在北大西洋巡逻，保护商业航运。护航舰队和跨北大西洋运兵舰的官兵们进行着单调、枯燥而艰苦的工作。

1917年4月26日，即威尔逊对德宣战20天后，国会成立了一个"紧急舰队集团"，以补足被潜艇破坏的超过700万吨海运能力。在接下来的18个月里，"紧急

下图：1918年6月30日，"水星"号运兵船准备起航前往法国，第105炮兵团的官兵们聚集在甲板上。当"水星"号抵达欧洲时，战争已经到了最后几周。

> 1917年3月17日,海军批准招募妇女担任文书,从而解决了部分人力短缺的问题,后来发展成为志愿紧急服役妇女队。第一次世界大战期间,约有11275名妇女进入军队从事文书工作。

舰队集团"取得了非凡的成绩,他们通过新建或者购买船舶提供了900万吨海运能力。第一次世界大战末期,阿尔伯特·格利夫斯少将集中了45艘运兵船和一支由24艘巡洋舰及其他护航舰组成的支队,将200万名美国远征部队士兵送往法国。同一时期,专门成立的"海军海外运输服务队"的舰船数量由1917年的72艘增加至453艘,拥有海军军官5000名,水手45000名。这已经用尽了海军的4个分别位于诺福克、大湖、纽波特和旧金山的新兵训练营的容纳能力。

战列舰的建造工作迅速让位于273艘驱逐舰,以适应护航和反潜作战任务要求。这些驱逐舰均为1200吨级,航速35节,装有4门4英寸舰炮、1门3英寸高射炮、12具21英寸鱼雷发射管和2个深水炸弹发射架,构成了当时海军的骨干力量。虽然其中部分战舰一直到战争结束后还未建成,但它们将是22年后第二次世界大战中支援英国的重要力量。

海军航空兵

海军航空兵从第一次世界大战的硝烟中走来。在尤金·伊利证明飞机可以从舰艇甲板上起飞后,飞机设计发生了极大变化。1916年马克·安德鲁·米彻尔在"北卡罗来纳"号装甲巡洋舰上接受了水上飞机的飞行训练。6月2日,米彻尔获得了飞翼徽章,成为海军第33号合格飞行员。1917年4月美国加入战争伊始,海军拥有39名合格飞行员,海军陆战队有5名,有可用于训练的飞机54架。经过第一次世界大战,美国海军航空兵部队军官总人数已经增长至2500人,其中1656人为飞行员,还有22000名士兵。他们并没有在欧洲27

下图:一些妇女加入海军预备队和海岸警卫队中,从事文书等行政工作,被称为文书军士。她们的加入使得美国拥有了更多可用于作战的现役兵力,从而帮助国家赢得了战争。

上图：1916年，美国海军第一批18名飞行员从佛罗里达州彭萨科拉海军航空站毕业。中间为他们用于单飞训练的柯蒂斯—怀特公司研制的水上飞机。

个基地的舰艇上服役，因为第一次世界大战期间美国能够让飞机起飞执行作战任务的舰艇还不足以搭载飞机进行实战部署。

1917年6月7日，第一支美国部队到达法国，除医疗队人员以外，还包括7名军官和122名美国飞行部队军人。这些飞行员驾驶的是水上飞机，这种飞机在第一次世界大战期间由单座侦察机发展成为大型

左图：1916年，马克·安德鲁·米彻尔驾柯蒂斯—怀特公司研制的水上飞机学习飞行，成为海军第33名飞行员，他在第二次世界大战期间成长为优秀的航空母舰指挥官。

上图：法国北部上空，戴维·S.英格斯上尉在一次空中作战时击落德军的侦察氢气球。

右图：时年仅19岁的戴维·S.英格斯上尉曾短暂被派驻到英国皇家空军第213中队，在法国北部驾驶一架索普维斯"骆驼"战斗机执行任务期间收获了他的第5次胜利，从而成为美国海军第一位、也是唯一一位一战王牌飞行员。

船身式水上飞机。超过500架柯蒂斯水上飞机参加了欧洲作战。海军的飞机担负着至北欧诸国的海上航运护航、飞行侦察和攻击德国潜艇等任务。从法国敦刻尔克港出发，北方轰炸机大队攻击了位于比利时泽布勒赫港和奥斯坦德港的德国潜艇基地。

第一次世界大战期间，海军飞行员也获得了为数不多的几项荣誉。1918年8月21日，刚从对意大利作战中返回的海军预备役飞行部队的查尔斯·H.哈曼少尉把他的飞艇降落在亚得里亚海面上，冒着敌人的攻击救援落水飞行员，因而获得了"荣誉勋章"。同年9月24日，英国皇家空军在法国北部执行临时任务时年仅19岁的戴维·S.英格斯上尉驾驶一架索普维斯"骆驼"战斗机，收获了他的第5次胜利，从而成为美国海军第一位、也是唯一一位一战王牌飞行员。

德国舰队投降

1918年11月11日上午11时，第一次世界大战停火协议正式生效。10天后，根据停战协议的规定，包括9艘战列舰和5艘战列巡洋舰在内14艘德国主力舰艇要被扣留在苏格兰奥克尼群岛斯卡珀湾内的英国海军基地。34艘协约国"无畏"舰分列海上，形成了一条6英里宽的进港航道。美国海军第6战列舰中队的战舰位列其中，他们曾经差一点就要参加第一次世界大战最后的也是最激烈的决战,但是现在德国的舰队安全地驶进了斯卡珀湾。当盟军还在讨论如何处理德国军舰时,德军路德维格·范·路特中将已经指挥着这些战舰自沉。几个小时后,海面上仅剩下几根烟囱和桅杆,它们标志着这里是曾经强大的德国海军的葬身之地。

航空母舰出现

第一次世界大战期间,英国在能够搭载水上飞机的舰艇的设计方面发挥了带头作用。1917年,英国战列巡洋舰"暴怒"号带着固定在滑跑甲板上的索普维斯"幼犬"战斗机,这也是现代航空母舰的雏形。1918年,由客轮改造而成的第一艘全通飞行甲板航空母舰"百眼巨人"号加入英国皇家空军服役,飞行甲板长550英尺,能够起降采用轮式起落架的飞机。日本迅速作出反应,1919年下水了排水量7500吨、飞行甲板519英尺长的"凤翔"号航空母舰。

1920年,美国海军委员会决定踏入

下图:"新墨西哥"号战列舰上的水兵和陆战队员兴致勃勃地观看德国主战舰驶向苏格兰斯卡珀湾,那是他们向协约国军队投降的地方。

海军勋章

1908年以前,海军还没有形成独立的表彰系统,因为人们认为佩戴奖章是历史的倒退,是大英帝国自1776年以来殖民主义旧习的延续。1905年,泰迪·罗斯福总统为陆军设立了一系列嘉奖徽章,海军随之模仿,并逐渐形成表彰系统,对自美国内战起立下战功的海军官兵进行奖励。

用于表彰水兵的奖章主要有3种,均于第一次世界大战后以法案的形式确定下来。

(一)海军荣誉勋章:由海军部长吉迪恩·威尔斯在美国内战期间确定为海军最高表彰勋章,仅授予"那些在实际对敌作战时,超越本职、甘冒生命危险、具有大无畏牺牲精神的士兵"。1915年,国会决定让军官也具备获得荣誉勋章的资格,1919年海军创造了"提芙尼十字"版的新荣誉勋章,表彰非战斗性的英勇行为。自内战后,共有超过750名水兵获得过此项代表着最高荣誉的勋章。

(二)海军十字勋章:是海军第二勋章,用于表彰那些在巨大危险前表现出英雄主义的、但尚不足以获得荣誉勋章的英勇行为。设立于1919年,自第一次世界大战后,超过4200名海军官兵获得过此勋章。

(三)海军优异服务勋章:曾经是海军第二勋章,现在是海军第三勋章,用于表彰那些"以极大的责任心为政府提供特别优异的服务"的水兵和海军陆战队员,至今已有数千人获得过此勋章。

左图:第一次世界大战期间,一些水兵和飞行员获得了海军荣誉勋章(如图)。随着战争的发展,海军有了对其他表彰勋章的需要,并从1919年开始颁发海军优异服务勋章和海军十字勋章。

上图:"木星"号运煤船改造成"兰利"号航空母舰(CV-1)后,海军把飞机装满了甲板,并驶入海军,证明了建造航空母舰的必要性,并于1922年获批准建造"列克星敦"号和"萨拉托加"号航空母舰。

航空母舰领域。在海军航空兵肯尼斯·怀汀中校的建议下,美国决定将"木星"号煤船改造成全通飞行甲板的航空母舰。1920年4月21日改造成功,海军将其重命名为"兰利"号(CV-1),以纪念曾于1898年造出了飞行器实验模型的史密森尼研究院的塞缪尔·兰利教授。1922年3月20日,"兰利"号作为航空母舰加入海军现役,523英尺长的全通式飞行甲板由舰首直通舰尾,舰体右舷后方伸出一个大烟囱。由于外观奇特,水手们将其称之为"大篷车"。"兰利"号实际上仅是

左图:在英国于第一次世界大战期间建造出2艘实验性航母之后,美国国会勉强同意把"木星"号运煤船改装成"兰利"号航空母舰的计划,而且要求海军证明"建造4艘攻击航母"的必要性。

上图:"列克星敦"号航空母舰(CV-2)于1927年12月14日加入现役,被舰员们称为"列克夫人"。图为该舰正在试航。

右图:威廉·米切尔准将是最早倡导发展航空兵部队的人之一,他以自己的军旅生涯为代价,证明军舰甚至是战列舰都可能会被携带炸弹的飞机炸沉。

一艘实验性质的航母,同年7月1日,国会批准将两艘尚未完工的战列巡洋舰"萨拉托加"号(CV-3)和"列克星敦"号(CV-2)改造成海军最早的两艘专用航空母舰,而"兰利"号则变成了进行弹射起飞实验、拦阻索实验、飞机操纵训练和舰载机设计的工作平台。

间战年代

同以往每次战争一样,第一次世界大战结束后,国会又不知该如何处置美国庞大的作战舰队了,大多数军舰再次被封存起来。1922年2月6日,美、英、日、法、意五国在华盛顿签署了《五国海军条约》，对各国主力舰的数量和性能比例进行了限制，对战列舰和航空母舰的总吨位作了笼统规定，其中美国和英国各为50万吨，日本为30万吨，法国和意大利各为17.5万吨。各签约国的造舰工业将暂停10年（"海军假期"），10年后才能进行新的舰只替换。限定每艘战列舰吨位不得超过3.5万吨，主炮口径不得超过16英寸。尽管美国和英国履行了条约，所建造的舰艇数量也低于条约规定，最终日本却拒绝执行规定，并于20世纪30年代开始了战争的准备工作。

1921年，当美国人民正在期待着一个世纪的和平时，海军陆战队的厄尔·H. 埃利斯中校提交了著名的《密克罗尼西亚前沿基地作战》计划，最终发展成为海军用于准备对日本作战的"橙色计划"。当海军派埃利斯到太平洋日占岛屿对他的提案进行考察修改时，他离奇地死于中毒。1921年，美国陆军航空兵司令比利·米切尔准将以实践证明战列舰是可以被飞机炸沉的。在这一事实面前，海军没有将注意力集中于提高和完善航空母舰作战战术

> 空中力量已经完全取代了海上力量或者陆上力量，成为我们的第一道防线。
> ——比利·米切尔准将，1921年

下图：第一次世界大战期间，海军建造了"K""L""R"和"O"级一系列潜艇。同其他潜艇一样，K-8潜艇同样存在航程不够的缺点，无法跟上舰队的航行速度。在接收了德军6艘潜艇后，海军开始建造"S"级潜艇。

上,却指责米切尔违反了规则,使用的炸弹是2000磅级的而不是之前所同意使用的500磅级。而这一以飞机炸沉军舰的实验却引起了日本人的注意,20年后他们在珍珠港证明了飞机轰炸作战的效能。

在赫伯特·胡佛总统大幅削减造舰计划之后,富兰克林·德拉诺·罗斯福于1933年6月16日成为第32任美国总统。虽然当时处于美国经济大萧条时期,作为一名坚定的海军拥护者,罗斯福通过《全国工业复兴法》获得23.8亿美元预算,用于在接下来的3年内建造32艘军舰,其中也包括"约克城"号（CV-5）和"企业"号（CV-6）航空母舰。在1939年欧洲战事爆发前的6年时间内,海军已经新建了2艘航空母舰、6艘战列舰、3艘重型巡洋舰、13艘轻型巡洋舰、83艘驱逐舰以及38艘潜艇。没有这些战舰,美国就不可能在1942年最初的几个月内维持太平洋上的防线。如果海军有先见之明,能够认识到即将发生的战争的本质,他们将会建造更多的航空母舰,只有提高航空母舰的作战能力,才有可能避免出现航母的速度和机动性远远落后于日本飞机的情况。

如果没有罗斯福总统对海军所付出的努力,日本现在也许已经控制了远东、荷兰、东印度群岛,甚至整个太平洋。

左图:1933年,军备竞赛急剧升温,国会批准建造2艘19800吨级的航空母舰"约克城"号（如图）和"企业"号。四年后,两舰开始在太平洋上服役。

4

第二次世界大战：
太平洋战场
（1941—1945年）

1940年6月，德国"闪电战"已经将战火延伸到了法国，并在6周之内使其臣服，这也为美国带来了一系列新的问题。早在20世纪20年代，英国皇家海军已经彻底取得了大西洋制海权，使美国海军得以严密监视日本在远东的动向。事实上，英国政府已经站在轴心国的对立面上。如果英国失败了，美国将不得不面临着两洋作战的困难境地，其经济利益也不得不屈服于德国和日本，而战备代价高昂，罗斯福总统进退两难，但是放弃英国并不是一个可以接受的选择。

1940年6月17日，海军作战部长哈罗德·R.斯塔克上将向国会提出建议，要求以40亿美元增建257艘军舰和15000架海军作战飞机，这足以将海军战斗舰队的规模提高一倍。这个"两洋海军"建设计划中，包括快速战列舰、重巡洋舰以及27艘"埃塞克斯"级航空母舰中的第一批10艘。7月19日，罗斯福总统同意了这一计

> "打完这一仗，只有在地狱才能听到日本话！"
> ——美国海军威廉·F.哈尔西上将

划。6周后，罗斯福总统下令将50艘一战时期的驱逐舰送往英国，作为取得英国海军基地使用权的交换条件。同时，来自日本的威胁也在进一步加大。

日本帝国主义

1931年，日本入侵中国东北，迈出了世界大战的第一步。六年后，日本抛开了军备限制条约，开始建设太平洋上最强大最先进的海军，其中包括10艘航空母舰和68000吨级战列舰"大和"号和"武藏"号，此两舰都装备了18.1英寸舰炮。同时，日本还建设了一支大规模的陆军，并于1937年入侵中国。经过4年的战争消

4 第二次世界大战：太平洋战场（1941—1945年） | 117

耗，日本出现了对油料、矿产等资源的新需求。1941年日本帝国陆军占领了印度支那，建立了军事基地，从而使其作战部队可以以此为根据地进入马来西亚的产油岛屿和荷属东印度群岛。

1941年3月27日，即日本和德国、意大利签订《德意日三国同盟条约》后6个月，美国和英国签署了"ABC-1"参谋部协定。协定中约定，如果美国卷入战争，其首要任务应该是打败德国。在此情况下，美国大西洋舰队应立即向英国皇家海军提供护航援助。通过日本在美国国内的间谍网，日本帝国海军的最高指挥官、军令部总长永野修身大将得知美国一旦卷入战争将首先攻击德国，因此决定在罗斯福还没改变主意之前进攻菲律宾。在军令部的讨

下图：珍珠港事件前两个月，5艘驱逐舰平静地驻泊在加利福尼亚圣迭戈海军基地码头。

论中,日本海军联合舰队兼第一舰队司令官山本五十六上将建议,应派遣一支航空母舰部队对驻珍珠港的美国太平洋舰队先行打击,从而消除日本在太平洋上的唯一威胁。"如果我们必须同美国作战",他警告说,"如果不能首先击败美军在夏威夷的舰队,我们将没有取胜的希望。"

山本认为,随着太平洋舰队的覆灭,太平洋上至少在6个月内将没有可以和日本对抗的对手,从而可以放手占领远东和太平洋的大范围地区。虽然他对攻击美国的方式提出了疑问,但他也认为美国将无法维持两洋作战。

勿忘珍珠港

1941年11月26日,一支由2艘战列舰,3艘巡洋舰,6艘驱逐舰,6艘满载420

下图:珍珠港事件中,一枚日本炸弹击中"肖"号驱逐舰(DD-373),引爆弹药库后将军舰炸成了碎片。

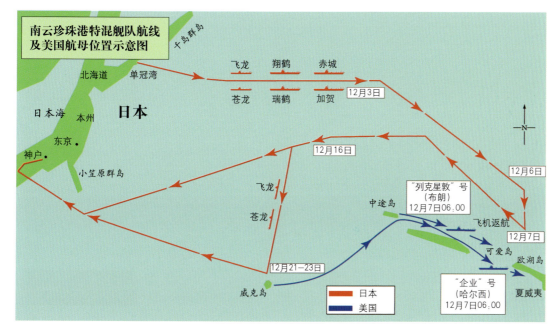

左图：尽管对日本偷袭珍珠港的行动毫无防备，美国海军还是因为一点点小运气保留下了两艘航空母舰。如果没有这两艘航母，就不会有后来的珊瑚海战役和中途岛战役。

架战斗机、轰炸机和鱼雷攻击机的航空母舰组成的帝国海军攻击部队，在日本海军中将南云忠一的率领下驶离千岛群岛驻泊地。日本制订了周密的作战计划，南云舰队将于12月7日日出前抵达距夏威夷瓦胡岛北端250英里处的攻击出发点。

11月26日，美国太平洋舰队司令赫斯本德·E.金梅尔上将收到了来自斯塔克上将的消息："日本在几天内将采取进攻性行动。"这一警告中提到了菲律宾和荷属东印度群岛，但忽略了夏威夷，因此金梅尔没有让珍珠港保持战备。幸运的是，当时金梅尔舰队的航空母舰"列克星敦"号（CV-2）和"企业"号（CV-6）正在把战斗机运往威克岛和中途岛，另一艘航空母舰"萨拉托加"号（CV-3）正在本土西海岸进行维护，因此幸免于难。太平洋舰队的其他军舰包括86艘战斗和辅助舰，都井然有序地锚泊在珍珠港内。

1941年12月晨7点40分，日军第一波攻击开始了，45架"零"式战斗机、104架"瓦尔"俯冲轰炸机和40架"凯特"鱼雷攻击机轰鸣着从瓦胡岛上空呼啸而过。7点55分，在日军以战斗机低空扫荡了威勒、爱华和希卡姆机场后，成群的鱼雷攻击机绕过珍珠港东端，以离水面45英尺的低高度扑向金梅尔毫无反抗能力的战列舰。俯冲轰炸机紧跟其后，从2000英尺的高度俯冲投下炸弹。1小时后，由36架战斗机、135架俯冲轰炸机组成的第二波攻

右图:在日军飞机轰炸珍珠港期间,"内华达"号战列舰顽强地从驻泊点驶出,最终冲滩搁浅,不仅避免了沉没,也防止了港口被阻塞。

右图:在滚滚浓烟中,甲板上堆满了碎片残骸的"西弗吉尼亚"号战列舰缓慢地下沉。一艘救援艇接近战舰,搜索这次屠杀中的罹难者和幸存者。

击又开始了,进一步加剧了轰炸破坏。至上午9点,曾经为太平洋舰队引以为自豪的战列舰都被熊熊大火吞没。

当时珍珠港内共停泊战列舰8艘,其中5艘沉没或坐沉。只有"宾夕法尼亚"号(BB-38)、"马里兰"号(BB-46)和"田纳西"号(BB-43)等3艘战列舰还能靠本舰动力艰难地返回西海岸。由于弹药库被炸弹击中,"亚利桑那"号(BB-33)发生爆炸,造成舰上1400人中的1103人牺牲。"俄

左图:受到日本飞机的猛烈攻击后,"亚利桑那"号战列舰被大火吞没,向右舷倾倒,在弹药库爆炸后最终沉入海底。

下图:由于日本飞机把首要攻击目标定为战列舰,"凤凰城"号轻型巡洋舰才得以驶出港口,得到了足够的机动空间,避免遭受重创。

克拉荷马"号（BB-37）发生倾覆，1354名官兵中的415人葬身海底。"加利福尼亚"号（BB-44）、"西弗吉尼亚"号（BB-48）和唯一一艘当时成功启航的"内华达"号（BB-36）的上层建筑被毁。在瓦胡岛上所有202架可用海军飞机中，仅有52架幸存。珍珠港事件共造成美军2403人牺牲、1178人受伤。海军遭受了有史以来最沉痛的打击。

日本人严重低估了此次偷袭攻击对美国人所造成的精神影响。罗斯福总统将12月7号这一天称为"耻辱的一天"，这样说的部分原因是因为南云的攻击在日本宣布和美国断绝外交关系前一小时就开始了。美国人并没有像日本所希望的那样因此而斗志消沉、一蹶不振，相反，这场让美国蒙受了耻辱的战争使"勿忘珍珠港！"变成了复仇的口号。

> "我任职五十年来，从未见过如此卑鄙的政府和如此虚伪歪曲的文件！连做梦都不能想象地球上竟有这样牵强附会、能说出这么多谎言的国家。"
>
> ——国务卿卡德尔·赫尔对日本驻美大使野村吉三郎的怒斥，1941年12月7日

重建海军

日本的图谋得逞了，美国的战备工作遭到了重创。偷袭珍珠港几天后，日军部队登陆菲律宾群岛和关岛，但在威克岛上曾一度被击退。关岛于12月10日失陷，威克岛也在13天后被占领。道格拉斯·麦克阿瑟将军在菲律宾群岛上的部队撤退至巴丹半岛，持续进行了几天抵抗。

罗斯福总统意识到，应该做点什么来复兴海军、重建信心了。12月17日，在对珍珠港事件中的失误稍作检讨之后，海军作战部长根据罗斯福总统的要求解职了金梅尔，并将其召回华盛顿。金梅尔在此次攻击中被一发子弹击中，却因子弹已处于射程末端而逃过死劫，但这并没有让他感到幸运。万念俱灰的金梅尔在后来叹息道，"它没有杀死我真是太遗憾了"。

3天后，海军作战部长斯塔克上将根据罗斯福总统的要求，任命63岁的欧内斯特·金上将为美国海军舰队总司令。3月，金还接手了斯塔克的工作，得到第二个职务——海军作战部长，成为海军最高统帅。几乎没人有过像金这样的服役经历，他曾经先后担任过飞行员、潜艇艇员、航母编队指挥官、航空局局长和大西洋舰队司令。

金上台后所作的决定之一是选择取代金梅尔的人选。12月31日，在金的任命

下，56岁的切斯特·尼米兹上将从28名候选海军高级军官中脱颖而出，成为美国太平洋舰队司令。海军历史学家塞缪尔·埃利奥特·莫里森对金和尼米兹进行了研究并作出以下形容：金是"一个缺乏幽默感的、作风强硬的人……在海军官兵中所得到的更多的是尊敬而不是喜欢"，而尼米兹则是一个"最平易近人、通情达理的为舰艇指挥官们所爱戴"的人。尽管这两个人之间在个性和距离上相距很远——金在华盛顿而尼米兹在珍珠港，但他们在战略相关事务上却实现了最为有效的互补。

左图：1940年6月17日，即法国沦陷三天后，海军作战部长哈罗德·R.斯塔克上将要求国会拨款40亿美元用于将作战舰队的规模提高至原来的三倍。珍珠港事件后，他取代了金梅尔上将的位置，因为后者曾经事先得到过日本将攻击珍珠港的警告。

左图：日本偷袭珍珠港，对于美国太平洋舰队司令赫斯本德·E.金梅尔上将（中）来说是糟糕透顶的一天。

> 胜利之路漫长遥远，而且也将是艰难的。我们必须利用我们所能得到的一切做到最好；我们必须马上获得更多的飞机和军舰。然后就该轮到我们攻击他们了。最后的胜利属于我们。
>
> ——金上将任海军舰队总司令时的发言

反击

尼米兹发现珍珠港内的受损战列舰中有6艘还可以修复，分别是"加利福尼亚"号、"马里兰"号、"内华达"号、"宾夕法尼亚"号、"田纳西"号和"西弗吉尼亚"号，但在修复之前还需要依靠航空母舰和巡洋舰。金上将在太平洋地图上画了一条线，由中途岛开始向南经由马绍尔群岛、吉尔伯特群岛直达澳大利亚。他指着这条线的包括萨摩亚群岛在内的东半部分对尼米兹说，守住已有的岛礁，同时抓住一切机会打击敌人。围绕着"企业"号和"约克城"号航空母舰，尼米兹对威廉·哈尔西中将的特混舰队进行了分散调整。1942年2月1日，"企业"号上的飞机攻击了马绍尔群岛夸贾林环礁上的日本航空基地，同时"约克城"号航母攻击了吉尔伯特群岛，"企业"号的飞机在返回珍珠港的途中又对威克岛和马库斯岛上的日军进行了轰炸。威尔逊·布朗中将的特混舰队包括"列克星敦"号航空母舰、12艘盟军巡洋舰和16艘美国驱逐舰，"约克城"号航空母舰加入其中。布朗试图攻击所罗门群岛腊包尔港的日本基地，但因被敌机发现不得不返回。在随后而至的空中对抗中，爱德华·H.奥黑尔驾德制F4F"野猫"战斗机击落日军5架鱼雷攻击机，成为海军第一位二战王牌飞行员和第一位"荣誉勋章"获得者。

航空母舰的攻击在太平洋仅是小事件而已，然而在国内却收到了良好的公众反响。而在荷属东印度群岛，事情却要糟糕得多。1941年12月，亚洲支队指挥官托马斯·哈特上将的基地在日本入侵菲律宾时失陷。不得已，哈特只好率部撤至东印度群岛，并于1月15日加入防御太平洋西南部的美英荷澳联合舰队（ABDA舰队）。此舰队中有9艘巡洋舰、26艘驱逐舰和39艘潜艇，均为老旧军舰，在联合舰队将这些军舰联结成战斗整体之前，两支强大的日本舰队支队进入了这一海区，并开始在婆罗洲登陆。

1942年1月24日夜，海军中校保罗·塔尔博特和"约翰·D.福特"号、"鹦鹉"号、"保罗·琼斯"号和"教皇"号4艘美国老旧驱逐舰发现日军运输舰正将地面部队送往巴厘岛海岸。在海

切斯特·威廉·尼米兹上将

切斯特·威廉·尼米兹出生于得克萨斯州弗雷德里克斯堡，1905年毕业于美国海军学院。服役早期曾指挥过潜艇，研究过柴油发动机技术，第一次世界大战期间晋升为大西洋舰队潜艇支队指挥官。1938年任巡洋舰支队指挥官，晋升为海军少将。1939年任战列舰支队指挥官。在其军旅生涯中，尼米兹从事时间最短的工作是航母指挥官，而第二次世界大战太平洋战场将是航空母舰的战争。

1941年12月17日，金上将任命尼米兹取代因在珍珠港事件负有疏忽大意责任的金梅尔上将，继任太平洋舰队司令。尽管尼米兹缺少指挥航空母舰的经验，金上将的这一选择还是最正确的。尼米兹也是金上将的前任斯塔克上将的拟定人选。尽管性格上各有千秋，金和尼米兹还是有着很多共同点，他们都称得上是最为杰出的战略家和战术家。尼米兹出身于战列舰，性格和蔼，善于交际；而来自航空母舰的金则恰恰相反，作风强硬，为人直率。曾经有军官回忆称，"欧内斯特·金总是以为他是万能的上帝"。然而这两位风格截然不同的上将，却构成了海军历史上最出色的团队。

当尼米兹抵达到处是军舰残骸碎片的珍珠港时，他为看到的一切所震惊，"真是太可怕了。"尼米兹的任务极其艰巨，他必须尽快重建夏威夷群岛上薄弱的防御工事，补充并重整太平洋舰队，还要找出对付日军的办法。而此时，日本军队已经入侵菲律宾群岛、占领关岛和威克岛，正在向马来西亚逼近，即将威胁荷属东印度群岛、新几内亚和所罗门群岛。

1942年3月30日，金上将进一步提高了尼米兹的权限，使他能够指挥太平洋上的所有海陆空部队。历史学家塞缪尔·埃里奥特·莫里森这样评价尼米兹："他是一个有着准确判断力的人，一个能够作出迅速、坚定的决策的天才。"通过加强珍珠港上的情报密码分析队伍力量，尼米兹最终凭借正确的战略和正确的团队打败了日本。

下图：切斯特·威廉·尼米兹上将（中）不是一个喜欢坐在珍珠港办公室里的官僚。他经常深入基层，从一艘航母飞到另一艘航母，亲自到海上激励舰载机飞行员的士气。

美国海军舰艇缩写

缩写	舰种
AO	油船
BB	战列舰
C	巡洋舰
CA	重型巡洋舰
CL	轻型巡洋舰
CV	舰队航空母舰
CVA	攻击型航空母舰
CVE	护航型航空母舰
CVL	轻型航空母舰
DD	驱逐舰
DE	护航型驱逐舰
PT	鱼雷艇
SS	潜艇

岸上燃烧的油罐的照明下,日本舰船变成了良好的攻击目标。在哈特的许可下,4艘驱逐舰迅速出击,冲入望加锡海峡,发射了鱼雷和4英寸炮弹,在击沉4艘日本运输舰和1艘巡逻艇后快速退出战场。2月4日,日军出动飞机发起报复,荷兰卡雷尔·多尔曼准将指挥下的美英荷澳联合舰队损失惨重。至3月1日,日本通过空中和海上作战基本击溃了联合舰队。美国第一艘航空母舰"兰利"号此时被用于运送飞机,也在混乱中变成了日本的战利品,并被击沉于爪哇岛附近。

下图:哈尔西上将的第16特混舰队中的"范宁"号驱逐舰(DD-385)正在为运送B-25轰炸机的航母警戒护航。

奇袭东京

1942年4月18日,航空队长詹姆斯·杜立特上校和他的飞行员们驾驶着16架双发B-25轰炸机,从由马克·米彻尔任舰长的"大黄蜂"号航空母舰(CV-8)上起飞,直扑日本东京,拉开了美国早期突袭作战中最为壮观的一幕。美国选择以陆军的轰炸机完成此次突袭作战主要是因为当时海军的轰炸机航程不够。在海军飞行军官的指导下,杜立特的飞行员进行了短距起飞训练,但没有进行着舰训练,因此担负作战任务的B-25轰炸机必须轰炸完东京后再继续向前飞行1100英里,在中国降落。哈尔西以"企业"号为特混舰队(TF-16)提供防御掩护,因为"大黄蜂"号上已经没有可以容纳空中巡逻战斗机的空间了。哈尔西的任务是在杜立特的轰炸机起飞前,保证"大黄蜂"号进至距东京500英里的海区。但日本的警戒哨舰发现了这支特混舰队。为避免航母受到攻击,杜立特的轰炸机在距日本还有668海里的地方就起飞了。这一作战航程的增加,大大降低了轰炸机完成任务后安全降落到中国的概率。

上午8点24分,在高度紧张的观察员的注视下,第一架B-25轰炸机摇晃着从"大黄蜂"号的飞行甲板上起飞。轰炸机编队低空掠过日本东京、横滨、神户、

上图:在"大黄蜂"号航空母舰(CV-8)的飞行甲板上,杜立特上校(左站立者)和马克·A.米彻尔少将(右站立者)同将对东京进行首次空袭的B-25轰炸机机组人员合影。

下图:1942年4月18日,第一架陆军航空队B-25轰炸机从"大黄蜂"号航空母舰上起飞,对日本进行首轮轰炸。15架B-25在完成空袭任务后降落或坠落于中国,另一架在苏联的符拉迪沃斯托克降落。

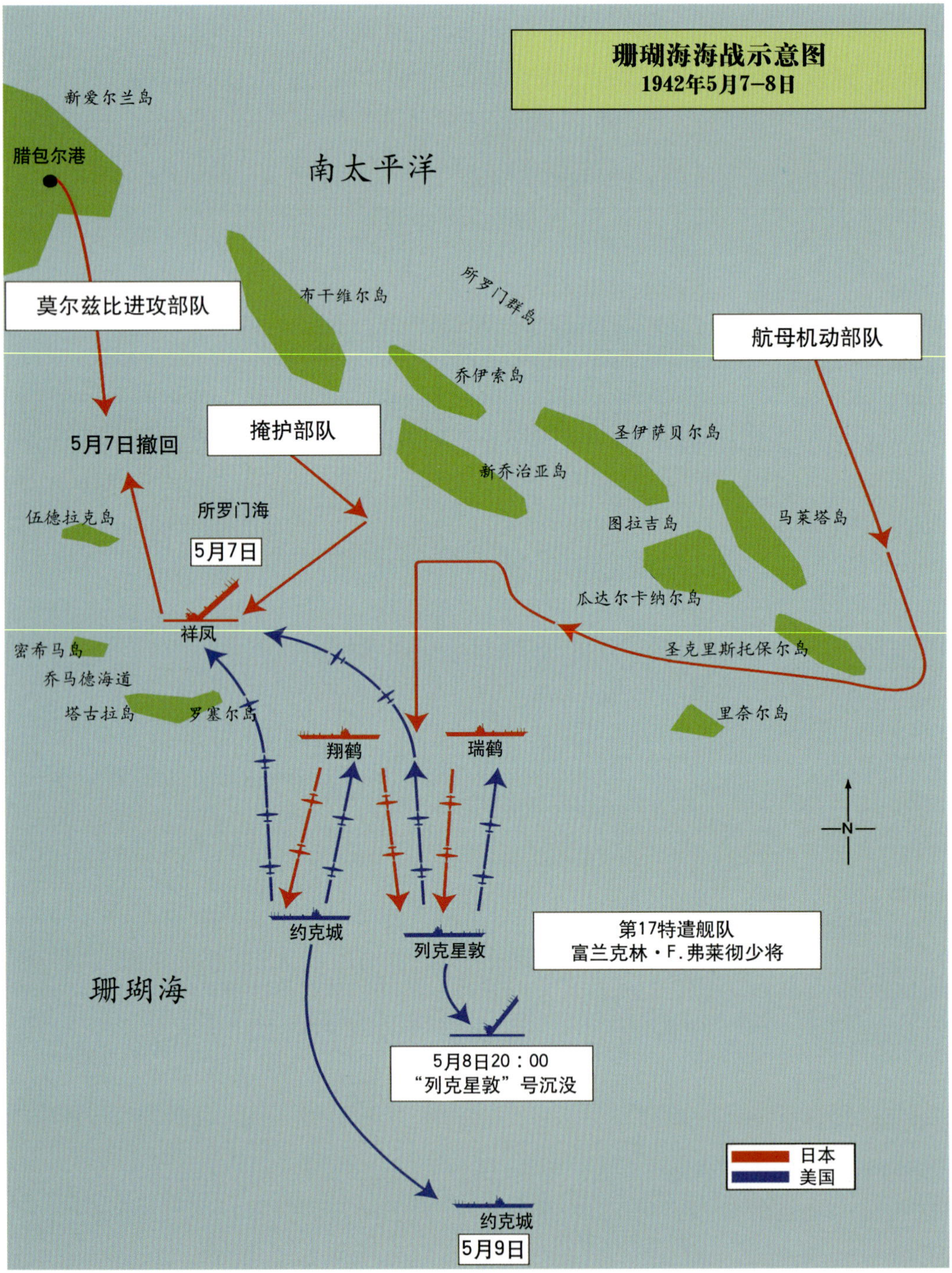

珊瑚海海战示意图
1942年5月7—8日

名古屋等城市，每架飞机都投下了2000磅炸弹，杜立特的奇袭作战圆满完成。此次突袭作战中造成的心理影响远远要大于实际战果，极大地激发了美国人的斗志，也使得日军大本营面临难堪的处境。他们曾经许诺过保护日本国土不受攻击，但事实证明他们无法兑现诺言。日本到处搜寻B-25轰炸机的基地，但一切都是徒劳的。在无线电广播中，罗斯福戏称轰炸机是从"香格里拉"飞来的，而那只是詹姆斯·希尔顿在他的小说《消失的地平线》中所虚构出来的一个藏族圣地。

增加赌注

日本人被荷属东印度群岛的胜利冲

昏了头脑,他们的战略家开始将注意力转向扩大外防御圈,决定继续向西南太平洋推进,夺取新几内亚东南海岸的重要港口莫尔兹比以及中所罗门群岛的图拉吉岛,扩大以腊包尔为中心的防御体系的前哨阵地,取得澳大利亚和新几内亚地区的海空控制权,为下一步向南太平洋实行遮断作战打下根基。实际上,此时驻珍珠港的美国密码专家已经破译了日本海军的密码,掌握了日本以两栖部队进攻莫尔兹比湾的图谋。

尼米兹迅速作出了反应,他将太平洋舰队中所有可以支配的舰艇集中到一起,并于5月初派至弗兰克·J.弗莱彻少将的"约克城"号航母战斗群和奥布里·W.菲奇少将的"列克星敦"号航母战斗群。而后,弗莱彻少将以这两艘航空母舰为中心组建了第17特混舰队(TF-17),在两天时间内对驻瓜达尔卡纳尔岛西南珊瑚海日军两栖作战部队进行了搜索。5月7日,搜索飞机发现,在所罗门海区有一支日军分舰队正在执行两栖编队护航任务。几小时后,来自"列克星敦"号和"约克城"号的俯冲轰炸机炸沉了日军轻型航母"祥凤"号。

次日早晨,第17特混舰队的飞机在珊瑚海发现了第二支日军舰队,其中包括两艘重型航空母舰"翔鹤"号和"瑞鹤"号。同时,日本飞机也发现了弗莱彻的航

> "击沉一艘航母!狄克逊向母舰报告,击沉一艘航母!"
> ——罗伯特·E.狄克逊少校在攻击"祥凤"号时报告

母。双方共4艘航母同时展开了攻击,仅留几架飞机进行战斗巡逻。美国海军的俯冲轰炸机炸毁了"翔鹤"号的飞行甲板,使其返航飞机无法降落而坠入大海,而日本的俯冲轰炸机也重创了"列克星敦"号和"约克城"号。由于4艘航母均受损,双方都选择了撤退,但随后日本潜艇发射的鱼雷击沉了"列克星敦"号。无奈之下,舰长弗雷德里克·C.谢尔曼下令离舰,从而挽救了舰上3000名官兵的生命。

虽然日军击沉了比"祥凤"号吨位

对页图:由于双方都在作战中犯了很多错误,珊瑚海海战经常被称为"错误的战役"。美军击退了日军入侵莫尔兹比港部队,沉重打击了日本航母,使其两艘航母无法参加后来的中途岛战役。

下图:1942年5月8日珊瑚海海战中,"翔鹤"号和"瑞鹤"号航母上的舰载轰炸机和鱼雷攻击机对"列克星敦"号进行了攻击。在熊熊大火和滚滚浓烟中,"列克星敦"号最终沉没于海底。

上图：1942年5月8日珊瑚海海战中，"列克星敦"号被击中起火，一艘驱逐舰冲到附近，搭救落水舰员。当日下午，共有2735名"列克星敦"号舰员获救。

更大的"列克星敦"号，但珊瑚海之战的胜利还是属于美国，因为这场血战使日本人无法实现入侵莫尔兹比港的目标。日军"祥凤"号航母被击沉、"翔鹤"号和"瑞鹤"号均遭重创。大惊之下，日军指挥官高木武雄中将只好带着元气大伤的舰队返回特鲁克岛进行休整。珊瑚海之战是历史上首次双方水面舰艇未发一炮的海军作战。这一战也削弱了日本的军事力量，使得山本五十六无法将"翔鹤"号和"瑞鹤"号航空母舰用于后来的中途岛战役。

中途岛海战

日本海军在珊瑚海的溃败打乱了山本五十六的计划。他曾经希望以一场较大规模的海上战役消除美国太平洋舰队的威胁，最终取得第二次世界大战的胜利。

不瓦解美国航母部队,就无法实现这一目标。美军的新式战列舰已经开始逐步加入现役,如3月份服役的"南达科他"号(BB-57)、4月份服役的"印第安纳"号(BB-58)和5月份服役的"马萨诸塞"号(BB-59),但是最让日本忧虑的倒不是这些,而是正在建造中的"埃塞克斯"级航空母舰。5月初,山本五十六构想出了一个复杂的计划,妄图通过夺占檀香山以西1150英里之外的中途岛扩大日本防御范围,从而牵制和击败太平洋舰队的剩余兵力。

珍珠港上,约瑟夫·J.罗彻福特中校的密码破译人员再次通过艰苦的工作破获了山本的计划。尼米兹迅速作出反应,将弗莱彻指挥的以"约克城"号为主力的第17特混舰队和哈尔西麾下的"企业"号及"大黄蜂"号航母(CV-8)组成的第16特混舰队派往中途岛海域待机。

在进攻中途岛之前,山本先派出一支牵制部队攻击阿留申群岛,企图迫使尼米兹分散兵力,甚至可能将整个太平洋舰队引出中途岛。尼米兹机智应变,以少量巡洋舰

中途岛海战力量对比

	美国	日本
航空母舰	3	6
舰载机	233	303
战列舰	0	11
巡洋舰	8	12
驱逐舰	14	46
水上飞机航母	0	2

下图:1942年6月4日中途岛海战中,"企业"号高速驶向返航飞机回收地点。

雷蒙德·A.斯普鲁恩斯上将（1886—1969年）

斯普鲁恩斯出生于马里兰州巴尔的摩，1906年毕业于海军学院后跟随乔治·杜威上将的"大白舰队"全球巡航。他在1939年晋升为海军少将，第二次世界大战爆发时任太平洋舰队第5驱逐舰支队指挥官。虽然斯普鲁恩斯缺乏航空母舰指挥以及航空战术经验，尼米兹上将还是任命他接替病重的哈尔西上将担任第16特混舰队司令职务。

由于在中途岛海战中表现突出、战功显赫，斯普鲁恩斯获授海军中将军衔，成为太平洋上最杰出的舰队指挥官之一。部分人质疑斯普鲁恩斯是否完全理解美国快速攻击航母的战术特征，但是在跳岛战役中的优异表现和巨大成功证明，斯普鲁恩斯具备超群的管理、组织和战略能力。那些最了解斯普鲁恩斯的人认为，他是一个淡泊谦虚的、具有极高工作效率的舰队指挥官，在重大形势面前总能保持一种泰然自若的心态。

1944年，斯普鲁恩斯晋升为海军上将，后指挥了硫磺岛战役和冲绳战役。战后一直在海军战争学院担任院长一职，直至1948年退休。

下图：切斯特·W.尼米兹上将（中）和雷蒙德·A.斯鲁恩斯上将（左）、福雷斯特·P.谢尔曼少将（右）在"新泽西"号战列舰（BB-62）上讨论未来太平洋作战相关问题。

应对,山本误以为他的诡计已经得逞了。

此时,南云将军的航母舰队已经从6艘减少到4艘,即"赤城"号、"加贺"号、"飞龙"号和"苍龙"号,"翔鹤"号和"瑞鹤"号已经在珊瑚海战役中失去了战斗力。尼米兹一开始想让哈尔西统领特混舰队,但是哈尔西却因感染疱疹不得不进行治疗。尼米兹只好有些不情愿地任命55岁的雷蒙德·A.斯普鲁恩斯接手哈尔西的第16特混舰队。1942年6月4日清晨,当美国在太平洋仅剩的3艘可战航母正在搜索南云航母舰队时,中途岛方面接到报告,日本第一波进攻飞机正在接近中。

日出时分,搜索飞机发现南云的航母编队正位于中途岛西北200英里外。南云也曾计划派出飞机向东搜索太平洋舰队,但由于飞机的机械故障导致延误。南云将军认为形势还是相对安全的,因此启动了攻击中途岛的作战计划。当中途岛以陈旧的海军和海军陆战队飞机应战时,"约克城"号航母的搜索飞机锁定了南云的航母部队,而此时日本飞机也开始从中途岛返回母舰。在南云正准备发动第二波空袭的时候,一架日军侦察机报告弗莱彻的"约克镇"号正独自在东部航行。南云又左右为难了,在攻击中途岛的飞机正在返航途中时,他开始考虑是否应该暂停攻击中途岛,转而将枪口对准"约克城"号。当南云刚刚开始下定决心时,"企业"号和"约克城"号的飞机已经飞临日本航母上空。在接下来几个小时内,斯普鲁恩斯—弗莱彻的攻击部队炸沉了南云的4艘航母。最后沉没的"飞龙"号航母以大量飞机重创了"约克城"号,斯普鲁恩斯立即实施救援,但"约克城"号还是被尾随而至的日本潜艇"伊—168"号击中而沉没。

在损失了4艘航空母舰、所有飞机和大量其他舰艇后,山本万念俱灰,怀着绝望的心情撤回到日本本土,举世瞩目的中途岛大海战至此结束。帝国海军自1592年以来从未打过败仗,山本也很清楚输掉中途岛战役的后果。美国海军赢了。

下图:"约克城"号航母(CV-5)在扑灭大部分火势之后,水手们试图让它保持漂浮状态,但最后还是被日本潜艇发射的两枚鱼雷击中而沉没。

上图:"约克城"号航母被击中开始下沉时,驱逐舰集中了所有灭火设备进行救援。

早在1940年山本就曾预想过,如果不能在6~12个月内将美国赶出太平洋,日本的战争就必将以失败而告终。现在,自珍珠港事件后正好6个月的时间,胜利的天平已经不再向日本倾斜。

瓜达尔卡纳尔岛

1942年7月2日,金上将令尼米兹继续进行在太平洋上的进攻。作出此决定3周后,日本登陆新几内亚岛东北海岸,妄图以此为根据地翻越欧文·斯坦利山脉,攻击莫尔兹比港。金上将希望夺取一些日占地区,在日军的所罗门群岛控制范围外缘建设机场。美国参谋长联席会议批准了金的计划,任命亚历山大·范德格里夫特少将为海军陆战队第1师师长,其实该部队已经进入南太平洋,对瓜岛以及西拉克海峡图拉吉岛、吉沃图岛、塔纳姆博格岛上的小型水上飞机基地进行两栖攻击。尼米兹任命第51特混舰队司令理奇蒙德·凯利·特纳少将为登陆部队总指挥,弗莱彻上将则负责指挥攻击舰队。

8月7日,在"企业"号、"萨拉托加"号、"黄蜂"号(CV-7)航母的飞机以及新型战列舰"北卡罗来纳"号(BB-55)、6艘巡洋舰和16艘驱逐舰的支援下,海军陆战队第1师的19000名官兵分乘75艘登陆舰踏上了瓜岛以及其他三个小岛。这是美国海军自1898年以来首次两栖作战,而且进展也很顺利,因为日军完

右图:理奇蒙德·凯利·特纳因其脾气暴躁,外号"可怕的特纳",1942年8月统帅两栖作战部队,指挥了海军陆战队瓜达尔卡纳尔岛登陆及后续作战行动。

全处于措手不及的状态。驻瓜岛日军不超过2000人,战斗开始时即作鸟兽散,扔下了一条已经部分完工的飞机跑道。第二天,海军陆战队夺取了图拉吉、吉沃图、塔纳姆博格三岛上的水上飞机基地。10天后,第一架海军陆战队F4F"野猫"战斗机降落在瓜岛被重命名为"亨德森"机场的跑道上。接下来的6个月内,日本将运用所有军事和海军资源,准备重返瓜达尔卡纳尔岛。

在瓜达尔卡纳尔岛,弗莱彻上将犯了一个战术错误,而这一失误所造成的后果将令他抱憾终生。在海军陆战队成功登陆瓜岛后,由于担心会遭到日本飞机的轰炸,弗莱彻撤离了他的航母舰队。在山本的命令下,日本三川军一中将率部穿过所罗门海上萨沃岛和埃斯帕恩斯角之间的狭长地带,于8月8日夜间对瓜岛进行了突袭,共击沉弗莱彻4艘巡洋舰、重伤1艘,而日军却毫发无损。这次突袭中,特纳少将的两栖部队毫无防御能力,还没来得及转移海岸上的补给物资和军火弹药就被迫撤退。接下来的几周内,海军陆战队缺少补给,没有海军的保护,处境极为艰难。

三川军一的舰队并没有完全撤退,尚有余部留在该海域。8月,约翰·R.莫尔中校指挥1925年就加入现役的老潜艇"S-44"号(SS-155),向日本重型巡洋舰"加

下图:"北卡罗来纳"号是自1923年以来第一艘加入海军现役的战列舰,也是珍珠港事件后第一艘驶入南太平洋的战列舰。

上图：瓜达尔卡纳尔岛护航作战中，"黄蜂"号航母被日军潜艇发射的数枚鱼雷击中，舰长福雷斯特·P.谢尔曼被迫下令弃舰。

所罗门群岛海战

海军陆战队登陆瓜达尔卡纳尔岛后，恶魔一样的日军对所罗门群岛展开了疯狂的反扑。日本人发誓要收复失地，并从其他地区集中了军事力量进行增援。为将美国海军陆战队赶出瓜岛、将美国战舰驱离所罗门群岛，山本制定了两项战略。以南云上将的3艘航空母舰和3艘战列舰直扑所罗门群岛东部，以巡洋舰和驱逐舰舰队进攻瓜岛。8月24日，包括"企业"号、"萨拉托加"号、"黄蜂"号航母和"北卡罗来纳"号战列舰在内的弗莱彻特混舰队与南云攻击舰队在所罗门群岛东部海域展开了对抗。虽然"企业"号航母的飞机炸沉了日本轻型航母"龙骧"号，但弗莱彻再次出现了战术失误。激战之中，他令"黄蜂"号到别处添加油料，从而使战场失去了防空掩护，导致日本飞机大肆攻击"企业"号。弗莱彻成功击退了日本的进攻，但失去了将其彻底消灭的机会。

1942年10月18日，尼米兹任命哈尔西中将统领南太平洋战事，召回了战区指挥官罗伯特·L.戈姆利上将和舰队指挥官弗莱彻上将。同一时期，山本亲自率领由4艘航空母舰、4艘战列舰、14艘巡洋舰和40艘驱逐舰组成的联合舰队，奔赴所罗门群岛展开反攻。其时，"黄蜂"号航母已经于9月15日被鱼雷击伤，导致哈尔西手中只有两艘航母可以动用。在珍珠港情报人员的再次努力下，哈尔西掌握了山本的计划。10月26—27日，哈尔西率"企业"

古"号发射了鱼雷并将其击沉，这是美国潜艇第一次击沉日本主战舰艇。

> 我从未忘记当时的景象：在接到消息的前一分钟我们还因为疟疾虚弱得连爬出散兵坑的力气都没有；但到了下一分钟，接到消息的我们就像兴奋的孩子一样欢呼着奔走相告。
>
> 一名军官对于哈尔西接手南太平洋舰队时的回忆，摘自E.b.波特的《尼米兹》，第198页。

号和"大黄蜂"号两艘航母、新锐战列舰"南达科他"号（BB-57）、6艘巡洋舰和14艘驱逐舰，和南云舰队在圣克鲁兹群岛展开了会战。圣克鲁兹群岛一役，哈尔西损失了"大黄蜂"号航空母舰，但也重创了日本"瑞凤"号、"翔鹤"号航空母舰和"筑摩"号重型巡洋舰，击落敌机百余架。南云获得了战术上的胜利，却不得不承受战略上的失败，率部撤回本土，任由哈尔西占据着南太平洋和瓜达尔卡纳尔岛。

11月12日，山本再次试图增援瓜岛。在黎明前的黑暗之中，日本发起了名为"东京快车"的反攻行动。阿部少将率包括"比睿"号和"雾岛"号战列舰在内的一支舰队，沿狭窄的水道驶往瓜岛，以一万兵力在亨德森机场附近登陆。当时哈尔西舰队在此海域仅有丹尼尔·J.卡拉汉少将的2艘重型巡洋舰、3艘轻型巡洋舰和8艘驱逐舰。卡拉汉发现了位于隆加角附近的日本舰队，立即英勇地投入了作战行动，并通知他的部下："专打最大的那一个"。在试图击沉日军旗舰"比睿"号的过程中，卡拉汉献出了自己的生命，其旗舰"旧金山"号巡洋舰（CA-38）也被击沉。对这次作战，金上将称之为"最激烈的海战之一"。在这场仅持续了24分钟的海战中，卡拉汉的舰队成功切入了敌人的楔形编队，迫使具有压倒性优势的日本舰队没有攻击瓜岛就退却。卡拉汉失去了2艘巡洋舰、3艘驱逐舰以及他的生命。清晨，"企业"号航母的飞机发现了已被重创的"比睿"号战列舰，并将之击沉。

两天后，穷凶极恶的山本卷土重来，以一万登陆部队分乘11艘高速运输船通过狭水道。美军飞机炸沉了其中6艘，重创1艘。在另一个战场上，威利斯·A.李少将率领第64特混舰队的"南达科他"号和"华盛顿"号巡洋舰、4艘驱逐舰，在午夜时分与日本的作战部队展开了对攻，并击沉日本战列舰"雾岛"号。12月31日，日本帝国大本营承认战役失败，并计划将瓜岛上的日军余部撤回，但有成千上万日本军人或是失散于岛上，或是病死于雨林之中。

上图：1942年11月14—15日的瓜达尔卡纳尔岛海上作战中，来自亨德森机场的舰载机粉碎了日军企图收复瓜岛的"东京快车"行动。

美国海军舰载机

舰队航母舰载机中队包括战斗机中队、俯冲轰炸机中队、鱼雷攻击机中队和侦察机中队。第二次世界大战爆发初期,舰载战斗机主要机型为格鲁曼公司的F4F-3和F4F-4"野猫"战斗机,安装1100马力发动机,最高时速298英里。"野猫"战斗机上安装了6挺0.5英寸口径机枪、可挂载200磅炸弹的挂架。1942年中期,"野猫"战斗机逐渐被F6F"地狱猫"战斗机取代,后者成为舰载飞行员的更佳选择。F6F"地狱猫"战斗机最高时速可达380英里,安装10挺0.5英寸口径机枪,以及可挂载1000磅炸弹或6发5英寸火箭弹的挂架。

二战开始后,道格拉斯公司的双座"无畏"SBD俯冲轰炸机成为海军最重要的海战利器。每艘舰队航空母舰上都有一个侦察机中队,用于敌情侦察和轰炸,而俯冲轰炸机中队则是专门用于进行轰炸的战斗单位。战争初期,海军俯冲轰炸机主要机型为道格拉斯公司的SBD-3,至1944年逐步为SBD-6所取代。SBD的飞行速度保持在250英里/小时的水平,但挂载炸弹或深水

下图:1943年6月17日开始服役的"蒙特利"号航母,在准备加入太平洋第5舰队时开始进行舰载机中队训练。

炸弹的能力由原来的1000磅提高到2250磅。1943年，柯蒂斯公司的SB-2C"地狱俯冲者"轰炸机出现，但很多海军飞行员还是更喜欢道格拉斯公司的飞机。

二战开始的最初几个月中，最差的飞机当属道格拉斯公司的TBD-1"蹂躏者"鱼雷攻击机，时速较低，仅为221英里，只能挂载1枚鱼雷或1200磅炸弹。1943年，通用汽车公司开始以三座TBM-3"复仇者"鱼雷攻击机取代"掠夺者"，此机型飞行速度可达272英里/小时，可携带1枚鱼雷或2000磅炸弹。很多TBM-3鱼雷攻击机后来都安装了搜索雷达，从而更适于夜间作战。

尽管当时美国舰载机无论在航程上还是在速度上都要逊于日本战机，但是由于其在座舱、燃油和输油管线等方面都加装了防护装甲，因此生存能力更强，而日本飞机经常会在被击中后发生爆炸。

下图：鸥型翼F4U"海盗"是二战中最杰出的舰载战斗机。由于其速度过快，F4U"海盗"在航空母舰上操作时有很大困难，因此此机型最后划归海军陆战队所用，海军则继续使用"地狱猫"战斗机。

山本五十六大将（1884—1943年）

下图：山本五十六是日本海军战略的主要制定者。他曾经提出过警告：不打败美国太平洋舰队，日本就不可能取得战争的胜利。他是"珍珠港偷袭"的策划者。

1941年的日本，很少有人比山本五十六更了解美国文化。在1904年毕业于日本海军学院并于1905年经历了日俄战争的洗礼后，山本进入美国海军战争学院深造，还在哈佛大学学习并成为日本在华盛顿的海军随员。这给了他学习美国思想的机会。同时，他也对美国尚未挖掘出的工业潜力了解颇深，1941年他告诫日本当局："如果允许我在不考虑后果的情况下放手作战，我将在六个月或一年时间内取得巨大胜果，但是对于接下来第二年或者第三年的战争不抱任何希望。"1942年12月7日即日本放弃瓜达尔卡纳尔岛的前夜，太平洋战争的第二个年头开始了。对于山本来说，落幕来得太快了。

1943年4月，珍珠港的情报密码分析人员破解了一份极其重要的电报，内容为山本视察日本海军部队的行程安排。当尼米兹上将得知这一信息时说道："这在哈尔西的辖区内。如果山本经过，哈尔西将发现他。"所罗门群岛航空队指挥官米彻尔上将为山本安排好了"接待"事宜。4月18日，16架洛克希德公司的P-38"闪电"战斗机从亨德森机场起飞，拦截了将山本及其随从飞往布因岛的两架日本轰炸机，并将其击落，机上人员无一生还。山本死后，日本过了6个多月才选出了继任者。山本之死对于日本海军是一个沉重的打击。奇怪的是，山本的继任者联合舰队总司令古贺峰一上将认为美国人肯定破译了日本的电报密码，但日军大本营却坚决不相信，他们认为日本密码是无法破解的。山本曾经预言日本在战争中的结局，但没有亲眼看到日本的彻底崩溃。

扩张中的海军

1942年12月31日,"埃塞克斯"号航空母舰(CV-9)加入现役,这是海军第一艘排水量27100吨、舰载机100架的"埃塞克斯"级航母。随后,1943年1月,"独立"号轻型航母(CVL-22)、2月,新"列克星敦"号(CV-16)航母和"普林斯顿"号(CVL-23)轻型航母、3月,"贝劳伍德"号轻型航母(CVL-24)、4月,新"约克城"号航母(CV-10)、5月和6月,"邦克山"号(CV-17)航母以及"考彭斯"号(CVL-25)和"蒙特利"号轻型航母(CVL-26)相继建成并开始服役。除航空母舰之外,新的战列舰也粉墨登场了,"衣阿华"号(BB-61)和"新泽西"号(BB-62)分别于2月和5月加入太平洋舰队。至1943年中期,海军已经拥有18000架飞机,其中大部分都部署于太平洋战场。

下图:1944年,海军进军帕劳群岛,并在乌利西岛上建成了海军基地。在向菲律宾群岛进发之前,"提康德罗加"号航母(CV-14)加入了快速攻击型航母行列。

海军兵员也得到了扩充，官兵总人数由1941年的32.5万人增加到340万人，其中包括10万志愿紧急服役妇女队（WAVES）成员。新兵训练营由原来的4个增加到7个，1000所学校每天都在训练着30万名人员。

跳岛登陆作战

1943年，哈尔西开始清理所罗门群岛，麦克阿瑟则在新几内亚开始了同日军队的作战行动。与此同时，金上将获得了总统的批准，准备实施跳岛登陆作战行动，以夺取中太平洋的航空基地。这一"步步深入"的战略，体现出了由海军陆战队厄尔·H.埃利斯中校于1921年提出的"橙色计划"的特征。

实施此战略的第一步，是对吉尔伯特群岛塔拉瓦环礁的贝蒂奥岛、马金岛和阿贝马马岛实施登陆作战。尼米兹令斯普鲁恩斯中将以米彻尔上将的航母舰队组成第5舰队，特纳中将指挥海军两栖攻击部队，

下图："衣阿华"号战列舰（BB-61）于1943年2月22日开始服役，成为威利斯·A.李中将所指挥的太平洋舰队战列舰部队的成员。第二次世界大战期间，战列舰成为仅次于航空母舰的第二主力。

霍兰·史密斯则指挥两栖作战部队。1943年11月20日,为期4天的跳岛登陆作战行动正式开始。事实证明,这一个战役对每一名参战美军都是一个教训。在76小时的贝蒂奥岛登陆作战行动中,朱利安·史密斯的海军陆战队第2师阵亡990人、负伤2391人,日军4836人中除17人投降外全部战死。斯普鲁恩夫承认此次登岛作战相当混乱,也指出应先施加强度更大的对岸火力准备、增强通信联络的空中支援,以及采用性能更好的登陆舰。

左图:1944年,在麦克阿瑟将军指挥的作战中,澳大利亚士兵由LST-560号登陆舰登陆文莱湾纳闽岛。

下图:继新"衣阿华"级战列舰之后,"新泽西"号战列舰(BB-62)加入现役,随后"密苏里"号(BB-63)和"威斯康星"号(BB-64)也开始服役。

塔拉瓦岛一役后直至1944年1月31日，尼米兹才开始实施跳岛登陆作战战略的第二步。1月29日，米彻尔舰队司令的第58特混舰队开始轰击日本在马绍尔群岛埃尼威托克岛和夸贾林环礁上的机场。斯普鲁恩斯再次统领了第5舰队，其中包括特纳的攻击舰队、史密斯的两栖部队、哈利·施密特少将的海军陆战队第4师，以及查尔斯·H.科莱特少将的第7步兵师。夸贾林环礁一战中，日本守军拼死作战，但美国海军陆战队由于吸取了塔拉瓦岛作战的教训，采取了更为先进的登岛技战术，从而避免了过大的伤亡。

由于日本人的防御范围包括了马绍尔群岛和吉尔伯特群岛，尼米兹决定进军马里亚纳群岛，攻击塞班岛、天宁岛和关岛。如此，尼米兹就可以绕过特鲁克岛上日军强大的海军基地，就像哈尔西在所罗门群岛作战中避开腊包尔群岛一样，从而使敌人的岛上堡垒无法发挥出应有的作用。马里亚纳群岛具有重要的战略价值，一旦夺取此地，美国的B-29"超级堡垒"轰炸机就可以将日本纳入攻击范围之内，而且还可以建立安全的潜艇基地。尼

下图：1944年2月夺取马绍尔群岛夸贾林岛后不久，海军陆战队带着成千上万吨补给物资登岸，准备进攻尼威托克岛。

米兹同时也没有忽略特鲁克岛。2月17—18日，米彻尔第58特混舰队出动200多架次的舰载机，击沉了日军"那珂"号巡洋舰、3艘驱逐舰，击落日本飞机265架。2月23日，第58特混舰队返回马里亚纳群岛，对塞班岛、罗塔岛、提尼安岛和关岛上的日军机场进行了空袭轰炸，同时李上将的战列舰轰炸了岸上防御工事。

马里亚纳"射火鸡大赛"

失去马里亚纳群岛对日本来说是无法接受的损失。在绝望之中，日本海军召集了9艘航空母舰、5艘战列舰、7艘巡洋舰、34艘驱逐舰以及超过1600架飞机组成联合舰队，妄图阻止美军前进的步伐。由于用于军舰的精炼燃油不足，日本小泽治三郎上将不得不推迟了舰队出发时间，先以婆罗洲储备的挥发性原油进行补充。

6月15日，已晋升为中将的霍兰·史密斯令海军陆战队第2师和第4师登陆塞班岛，与岛上29662名日本守军展开了激战。作战中，米彻尔第58特混舰队的飞行员们为登陆部队提供了强有力的空中支援，并轰炸了塞班岛、关岛和天宁岛上的日军机场。作战开始4天后，小泽舰队才赶到事发海域，进入了米彻尔舰队的攻击范围。实际上，美国的潜艇部队自小泽舰队到达菲律宾就开始了监视跟踪。

登陆舰船编号	
LCI	步兵登陆艇
LCM	机械化登陆艇
LCP	人员登陆艇
LCR	气垫登陆艇
LCS	支援登陆艇
LCT	坦克登陆艇
LCV	车辆登陆艇
LSD	船坞登陆舰
LSM	中型登陆舰
LST	坦克登陆舰
LSV	车辆登陆舰
LVT	履带式登陆车辆
DUKW	水陆两栖车

下图：参加硫磺岛进攻作战的三名指挥官都是两栖作战"老手"，分别是理奇蒙德·凯利·特纳中将（左）、哈利·施密特少将（中）和霍兰·史密斯中将。

小泽舰队迫近马里亚纳群岛之时，在艇长詹姆斯·W.布兰查德中校的指挥下，"大青花鱼"号潜艇（SS-218）对小泽舰队的旗舰"大凤"号航母发射鱼雷，并命中数发。爆炸起火后，"大凤"号上的挥发油被引燃，最终将整艘航母炸成碎片。随后，赫伯特·J.科斯勒少校的"卡瓦拉"号潜艇（SS-244）击沉了"翔鹤"号航母，小泽舰队的航母数量减少到7艘。

小泽在美国战斗机的作战航程之外就放出了他的飞机，

上图：马里亚纳"射火鸡大赛"中，空中指挥官大卫·麦坎贝尔中校驾格鲁曼F6F"地狱猫"战斗机击落了7架日本战机，在后来的莱特湾作战中又创造了单日击落9架敌机的战绩。

右图：马里亚纳海战中，绝望的日本人再一次对美国舰队进行了攻击，试图阻止美国前进的脚步。米彻尔上将率领的航母编队英勇作战，给予日本舰队沉重打击。如果不是因为斯普鲁恩斯的拖延，米彻尔可能已经彻底歼灭了日本舰队。

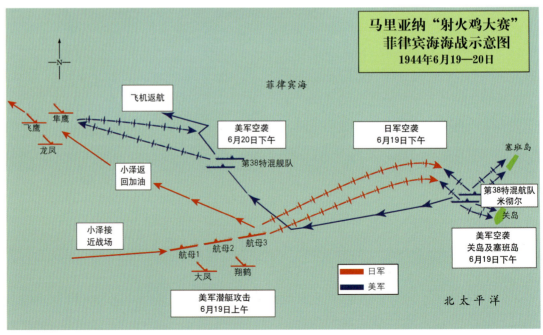

马克·A.米彻尔中将（1887—1947年）

迈克·A.米彻尔出生于威斯康星州希尔斯伯勒，1910年毕业于美国海军学院。虽然其军旅生涯开始于装甲巡洋舰，但米彻尔很早就对飞行表现出了极大的兴趣，并于1915年在彭萨科拉海军航空站获得飞行员资格，从此后开始参与了飞机弹射器的研究。1919年5月，米彻尔尝试单机飞越大西洋，虽然仅到达亚速尔群岛，但还是因此举动获得了第一枚海军十字勋章。

1926年，米彻尔在"兰利"号航母（CV-1）上服役，1934年成为"萨拉托加"号航母的副舰长，1941年7月任"大黄蜂"号航母舰长。9个月后，吉米·杜立特的B-25轰炸机由米彻尔的航母出发攻击了东京，1942年6月率"大黄蜂"号航母参加中途岛海战。在晋升为海军少将并成为南太平洋陆基舰队航空兵司令时，米彻尔渴望着重返航空母舰。后来，在尼米兹上将开始寻找担任快速航母特混舰队司令的合适人选时，米彻尔进入了他的视野，并很快成长为一名杰出的航母指挥官。

作为一名海军中将，米彻尔曾跟随炮舰出身的斯普鲁恩斯上将和航母出身的哈尔西上将，但他经常会对二人的决策提出不同见解。斯普鲁恩斯虽然称得上是一名优秀的战术家，但公平而论他对航母的快速攻击战术的理解并不到位，如在马里亚纳海战中，他将航母置于并不必要的对地面部队攻击位置，却丢掉了全歼小泽舰队的大好机会。由于得到了哈尔西上将的常识，斯普鲁恩斯成为舰队司令，使米彻尔受到了压制，导致在1944年菲律宾群岛海战中由于没有采纳米彻尔的建议而出现失误。

1945年，米彻尔任海军作战部副部长，晋升为海军上将。1946年3月任第3舰队司令，同年9月任大西洋舰队司令。由于身体状况欠佳，因心脏病突发于1947年2月去世。

左图：虽然一提到二战航母指挥官，人们就会想起外号"公牛"的哈尔西上将，但其实没有人比实际指挥了航母作战的迈克·A.米彻尔中将更精通航母战术。

企图攻击米彻尔的航空母舰,尔后降落于塞班岛和关岛机场,经过加油和重新挂弹后再进行第二次攻击,最后返回舰队。但是6月19日他的飞机起飞时,小泽还不知道这些机场已经受到了打击,机场内的飞机也已经全部被炸毁。米彻尔的"地狱猫"战斗机对小泽的空袭实施了拦截,打散了日军机群。空战中,无线电中传过一名来自"列克星敦"号航母的战斗机飞行员的欢叫声:"妈的,怎么就跟以前射火鸡大赛一样"。指挥着从"埃塞克斯"号上起飞的9架VF-15中队的F-6F"地狱猫"的大卫·麦坎贝尔中校在无线电中抱怨道:"敌人的飞机把天空变短了"。在这次马里亚纳"射火鸡大赛"中,麦坎贝尔一共射落7只日本"火鸡"。战争结束后,他以击落34架飞机的战绩成为海军头号王牌飞行员,获得了荣誉勋章。

这一次空中激战最终以小泽机群的完全溃败结束。但是,就在空战进行之时,米彻尔请求斯普鲁恩斯准许他追击日本舰队,但斯普鲁恩斯犹豫不决,因此浪费了宝贵的几个小时。正是由于这一迟缓,菲律宾海之战就变成了整个第二次世界大战中所贻误的重要战机之一。至6月20日日暮时分,当发现日本舰队时,美国战斗机的燃油都即将耗尽,只有日本轻型航母"飞鹰"号被"贝劳伍德"号航母的飞行员沃伦·R.奥马克中尉击沉,其余日本航母都消失在黑夜之中。日军在这次"射火鸡大赛"中损失了超过500架飞机,以及3艘航空母舰。米彻尔仅在空中混战中损失两架飞机,但有80架飞机在退出空战返回舰队的过程中因油料耗尽而不得不在菲律

下图:麦克阿瑟将军进攻菲律宾前,第7舰队的战舰齐聚马努力斯岛希亚德勒港。

宾海中迫降。米彻尔的驱逐舰救回了大部分飞行员。

菲律宾风云

在1944年7月和8月斯普鲁恩斯上将集中精力于塞班岛、关岛和天宁岛作战时，麦克阿瑟将军也完全控制了新几内亚，哈尔西上将则准备接手第3舰队。斯普鲁恩斯的第5舰队并入第3舰队，均由米彻尔直接指挥，其中也包括李舰队司令的作战舰队。

麦克阿瑟也有自己的海军，即托马斯·C.金凯德中将的第7舰队，由战列舰、巡洋舰、驱逐舰、护航航空母舰、潜艇、鱼雷舰以及大量运输船和其他舰艇组成。

8月哈尔西正式接管第3舰队，米彻尔的第58特混舰队也自然变成第38特遣队。哈尔西一直想加速太平洋战争，现在实现他理想的机会来了。米彻尔的航母勇往直前，轰炸了加罗林群岛和菲律宾群岛的机场。米彻尔的任务完成之后，在哈尔西的建议下，麦克阿瑟继续进军棉兰老岛，同时，中太平洋的美军还没等到11月就于10月20日对莱特岛展开了进攻。另一场作战发生于帕劳群岛，对于帕劳群岛，哈尔西曾经想要绕过它，但尼米兹希望夺取此地，以建立靠近菲律宾群岛的航空基地和海军基地。9月15日，海军陆战队登陆贝里琉岛时遭到了日军的顽强抵抗，但8天后第38特混舰队的布朗迪少将率领的特遣编队成功登陆乌利西岛，为太平洋舰队建立了前方基地。这些任务全部完成后，哈尔西开始计划对日本驻菲律宾群岛、中国台湾岛的所有机场实施全面打击，掌握制空权，为麦克阿瑟计划于10月份开始的莱特岛登陆作战行动打开通道。

上图：罗斯福总统（中）与麦克阿瑟将军（左）、尼米兹上将（右）在驻檀香山的"巴尔的摩"号巡洋舰（CA-68）上合影，正是这两位将军对太平洋战争的胜利起到了决定作用。

莱特湾海战

日军帝国大本营预料到麦克阿瑟将进军菲律宾群岛或中国台湾岛，随即开始加强两地的航空力量。他们同时还制订了"捷一号"作战计划，企图排除美国海军的威胁,阻止麦克阿瑟的登陆。为实现这一目标,在对美国海军实力估计不足的情况下,帝国海军将赌注押在一场大规模战役上。实际上,此时日军也没有其他的选择了。菲律宾群岛和中国台湾岛,失去这两个要地中的任何一个,都等于是堵住了从荷属东印度群岛运输石油的通道。1944年10月10日,米彻尔的航母舰载机对冲绳、中国台湾和吕宋岛进行了为期6天的轰炸,摧毁日军飞机数百架。这一行动使日本人迷惑不解,他们搞不清楚麦克阿瑟的主攻方向到底在哪里,因此"捷一号"作战计划被暂缓执行。

根据"捷一号"作战计划,日军组建了3支舰队。小泽上将任"北路舰队"司令,编制4艘航空母舰、2艘混合型航空战列舰、3艘轻型巡洋舰和8艘驱逐舰,主要任务是充当诱饵吸引哈尔西第3舰队的主要兵力。"栗田健男"中将任"中路舰队"司令,编制5艘战列舰、12艘巡洋舰、15艘驱逐舰,主要任务是攻击圣贝纳迪诺海峡。"南路舰队"由西村祥治中将

下图:所罗门群岛伦多瓦港,鱼雷艇在干船坞上进行维护。由于参加热带战区作战,此鱼雷艇的木制船体很容易受到严重腐蚀。

左图：莱特岛海战中，哈尔西上将率部追逐小泽的"诱饵"舰队，中了日本人的诡计。1944年10月25日，"企业号"航母的舰载机在恩加诺角附近拍摄到了日舰"瑞凤"号的伪装甲板，随后将其击沉。

和志摩清英中将的两支分舰队组成，包括2艘战列舰、4艘巡洋舰和11艘驱逐舰，主要任务是在苏里高海峡对麦克阿瑟的莱特岛登陆部队进行阻击。实践证明"捷一号"作战计划是不切实际的。在日本启动此计划之前，麦克阿瑟部队在第7舰队的支援下成功登陆莱特岛。金凯德那支从珍珠港事件中抢救出来的舰队，在杰西·B.奥尔登多夫少将的指挥下大胜西村舰队；而托马斯·L.斯普拉格少将的护航航母舰队，在2艘航母和2艘驱逐舰被击沉的情况下，仍然将栗田舰队击退。

莱特岛一战中也出现了失误。哈尔西曾经击退栗田舰队，并错误地认为他们不会卷土重来，因此就率部对小泽的"诱饵"舰队展开了追击，却放弃了防止栗田舰队卷土重来的圣贝纳迪诺海峡警戒任务，此举正中日本人下怀。

米彻尔上将和李上将都提出了警告，他们判断出小泽舰队不过是一个诱饵而已，但这并没有引起哈尔西的重视。此时，小泽舰队已经逃出很远距

太平洋上的海军潜艇

日本偷袭珍珠港时,美国海军共有22艘老旧潜艇停泊于夏威夷附近,另有29艘潜艇驻于苏比克湾。对菲律宾进攻作战中,后29艘潜艇攻击了日本舰队,但使用的鱼雷性能较差。很多鱼雷爆炸过早,有的根本就没有爆炸,还有的因为陀螺仪出现故障而原地打转。1942年1月27日,美国海军终于收获了首次潜艇作战的胜利,"白杨鱼"号潜艇(SS-211)在中途岛以西将日本潜艇I-173击沉。在战争初期的头6个月内,美国用于进攻作战巡逻的潜艇很少超过12艘。

1943年,查尔斯·A.洛克伍德中将任太平洋舰队潜艇部队司令。此时,美国潜艇已经取得了较大进步,主要是排水量1526吨的"小鲨鱼"级潜艇,在进入太平洋战场前对鱼雷、仪表和夜间雷达等进行了改进。不久后,"小鲨鱼"级的改良型"白鱼"级潜艇也随之下水。在海军密码破译人员的帮助下,美国潜艇开始攻击日本护航编队,一个月内击沉敌舰总量达20万吨。由荷属东印度群岛出发的油料护航编队变成了美国潜艇的首要打击目标,由3艘或4艘潜艇组成的分队攻击着日本油轮,日本甚至都来不及补充新船。1944年10月,68艘潜艇在日本附近集中作战,将总吨位32万吨的日本战舰送入海底。

油轮并不是潜艇的唯一猎物。1944年6月的马里亚纳海战中,"小鲨鱼"级潜艇击沉了日本航空母舰"大凤"号和"翔鹤"号。9月21日,

下图:1942年8月伊凡斯·C.卡尔森率海军陆战队第2突击营突袭了马金岛,随后"舡鱼"号潜艇(APS-1)对作战幸存者进行了营救,并将他们送回珍珠港。

"白鱼"级潜艇"海狮"号（SS-311）在中国台湾海峡击沉日舰"金刚"号，这是日本第一艘毁于潜艇的战列舰。6天后，"射水鱼"号潜艇以4枚鱼雷命中当时世界上最大的航空母舰"信浓"号，将这艘排水量59000吨的重型航母埋葬于本州附近海区。

至二战结束时，洛克伍德已经拥有288艘在太平洋上作战的潜艇。尽管还要担负诸如营救落水飞行员等其他任务，二战期间美国潜艇取得了辉煌的战果，共击沉敌舰总吨位486万吨，其中包括1艘战列舰和6艘航母。

下图：在完成日本本土海域作战任务后，"小鲨鱼"级潜艇"黑鲹鱼"号（SS-283）返回珍珠港驻泊地。艇上悬挂美国国旗和几面较小的日本军旗，每面日本旗代表一艘被击沉的日本军舰。

上图："黄貂鱼"号潜艇（SS-310）准备下潜。

护航型航空母舰

1942年,当还在讨论海军1943年拨款方案的时候,美国实业家亨利·J.凯撒向当局提议:在6个月时间内建造30艘甚至更多他自己设计的护航航母。此建议并没有得到金上将的认同,但获得了罗斯福总统的批准。最终,凯撒利用C-3货轮的船体建造出50艘"卡萨布兰卡"级护航航母,长512.3英尺,宽108英尺,吃水22.4英尺,航速19节。虽然这种航母的体型仅为舰队航母的一半,日本人还是很难将两者区分开来。护航航母上搭载了28架飞机("地狱猫"和"复仇者")以及860名官兵。金上将后来也承认,"当凯撒真的开始工作时,他干得非常出色。"

下图:为了使受到打击的"普林斯顿"号航母保持漂浮状态,航母战斗群中的巡洋舰向航母上喷水,试图扑灭大火。

离,超出了圣贝纳迪诺海峡的作战范围,但哈尔西还是一意孤行地想要吃掉这个猎物。次日早晨,栗田舰队重返毫无防御的圣贝纳迪诺海峡,对斯普拉格的护航航母进行了攻击,此时哈尔西的舰队已经位于距此超过300英里的恩加诺角外。

当斯普拉格的护航航母和驱逐舰与栗田舰队的战列舰和巡洋舰展开生死缠斗时,米彻尔的飞机正在攻击小泽毫无防御能力的航母。情急之下,金凯德通过无线电发出求援信号,但哈尔西还是未作理会,他坚信金凯德的航母和火力足以守住莱特岛滩头。得不到援兵的金凯德慌了,立即向尼米兹报告称莱特岛的海军作战已经处于很危险的境地,实际上此时斯普拉格的护航航母舰队已经克服巨大困难掌握了局势,而奥尔登多夫少将的战列舰也已经在前来的途中。

虽然如此,尼米兹还是向哈尔西发出了一条措词严厉的信息,命令他立即停止追击驰援莱特湾。受到训斥的哈尔西把其舰队的大部分留在恩加诺角继续打击小泽舰队,自己率李少将的战列舰舰队返回圣贝纳迪诺海峡。这时,栗田舰队已经逃离战场,斯普拉格的护航航母则乘胜追击。因此,由于被日本"诱饵"舰队引出了麦克阿瑟的滩头阵地,莱特湾战役就变成了哈尔西一世英名中的一个污点。

"公牛"小威廉·F.哈尔西上将（1882—1959年）

威廉·F.哈尔西出生于新泽西州，1904年毕业于美国海军学院。1907—1909年，哈尔西追随乔治·杜威上将的"大白舰队"进行全球巡航，他于第一次世界大战中在驱逐舰上服役。后来，哈尔西转至战列舰服役，他对航空母舰的未来抱有极大信心。1935年，哈尔西完成在彭萨科拉海军航空站的飞行训练，7月任"萨拉托加"号航母舰长。1940年晋升为海军中将，任第2航母分舰队司令兼任太平洋舰队航空战斗部队司令。

在哈尔西的军旅生涯中，最大的遗憾之一是因为疱疹病发作而错过了中途岛海战。中途岛成就了斯普鲁恩斯，而哈尔西却必须为属于自己的成功而奋斗。第二次世界大战中，只有哈尔西和斯普鲁恩斯麾下的米彻尔才称得上是优秀的航母指挥官，哈尔西的指挥生涯因在莱特湾海战中追赶日本的"诱饵"舰队而留下了败笔。虽然金凯德上将如哈尔西所料能够自保，但这并不能帮助哈尔西挽回自己的英名。3个月后，哈尔西率领的第3舰队不慎遭遇台风，导致3艘护航驱逐舰沉没，几十架舰载机坠落大海，这一事件更使哈尔西蒙羞。

冲绳战役中，哈尔西将他的舰队交给斯普鲁恩斯指挥，但是当后者无法击退"神风特攻队"的攻击时，尼米兹又重新任命哈尔西为舰队指挥官，并令其终止日本人的威胁。1945年，哈尔西晋升为海军上将，两年后退休。无论某些海军高级军官如何认定，哈尔西仍然称得上是最受公众喜爱的海军上将。

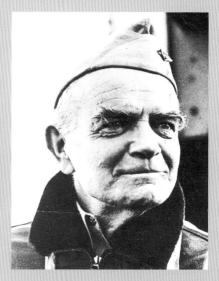

上图：二战初期，绰号"公牛"的威廉·F.哈尔西少将取代罗伯特·L.戈姆利成为南太平洋战区司令，这一消息引起了南太平洋部队的一片欢腾。

左图：1944年10月24日吕宋岛东海岸作战中，日本战机突破了战斗航空巡逻，对"普林斯顿"号航母进行了轰炸，在救援无效后，航母沉没于海底。

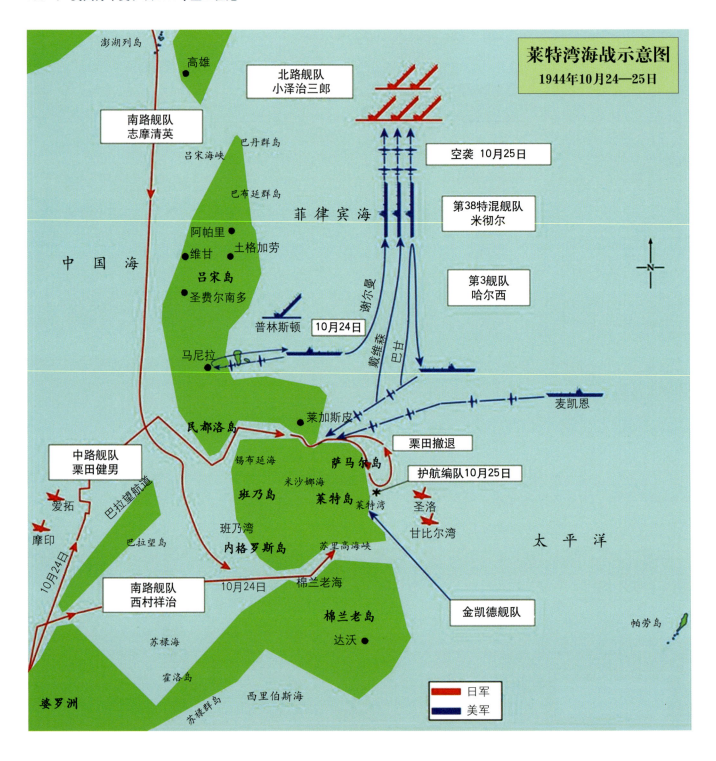

上图：作为登陆冲绳准备工作的一部分，哈尔西上将的第3舰队的舰载机对北海道的铁路和军事设施进行了轰炸。

对页图：为了阻止麦克阿瑟将军进入菲律宾群岛，日本召集了所有战舰进行抵抗。莱特湾海战中，日本人唯一成功实施的就是把哈尔西的第3舰队引开，但这改变不了日军的战败。此役中，日本共有5艘航母被击沉。

最后的战役

1945年2月，在麦克阿瑟将军开始清扫菲律宾群岛之时，米彻尔上将率领他的航母舰队北上，对日本东京的军事设施展开了打击。3天后，航母已经到达硫磺岛附近，为陆战队攻击这座火山岛提供了强有力的空中支援。海军对硫磺岛进行了太平洋战争中最为猛烈的轰炸，却没有将日本人从防御工事中赶出来。尼米兹很想夺取硫磺岛，因为该岛位于塞班岛和东京的中间地带，具有重大的战略意义。控制此地后，美国就可以在这里建成一个紧急备降机场，让那些轰炸日本的B-29轰炸机受伤后能够安全着陆。在硫磺岛争夺战中，海军陆战队当中有6000名勇士失去了生命。但英雄的鲜血没有白流，太平洋战争结束之前，总计2251架次B-29轰炸机在此紧急降落，从而挽救了24761名机组人员的生命。

1945年3月26日，在完全控制了硫磺岛后，斯普鲁恩斯的第5舰队开始攻击冲

左图：1944年10月24—25日，托马斯·L.斯普拉格少将率护航航母编队击退了日本栗田上将的战列舰舰队，但他的舰队随后却变成了"神风特攻队"的第一个攻击目标。

右图:菲律宾海战中,一艘巡洋舰发现了一架来历不明的飞机,舰员将防空炮对准目标,准备对抗可能来自"神风特攻队"的攻击。

下图:冲绳岛登陆战中,当登陆部队开始抢滩时,在飞机的引导下,"田纳西"号战列舰(BB-43)将16英寸舰炮瞄准了岛上的日军阵地。

绳岛。4月1日,海军陆战队击溃了日军在滩头的薄弱防守后夺取了登陆场。5天后,日本遮天蔽日的自杀式飞机布满了莱特湾的天空,这也是"神风特攻队"首次正式亮相。敢死队的飞行员基本上都谈不上有什么飞行经验,大部分都是只能把飞机从地面飞到空中却不会着陆的年轻人。日本联合舰队司令丰田副武上将本来希望以4500架飞机击退美军的进攻,但是由于米彻尔对日本机场的预先打击,他只能得到699架飞机,其中一半是"神风特攻队"飞机。在第一波攻击中,米彻尔的舰载机击落了400架敌机,但后续飞机又蜂拥而至。

左图：冲绳岛登陆战作战引来了数百架"神风特攻队"飞机的自杀式空袭。图为一名飞行员驾机撞向"密苏里"号战列舰前的一瞬间。

海军遭到了"神风特攻队"的6波攻击，主要是因为斯普鲁恩斯坚持将航母集中于冲绳战役。当米彻尔的军舰开始遭受打击时，他开始了抱怨。事实证明，冲绳战役给美国海军造成了不必要的损失。在"神风特攻队"和其他日军部队的攻击下，海军军舰被击沉34艘、被击伤368艘，水兵牺牲4900人、伤4800人。尼米兹把这支舰队交给了哈尔西，后者及时地将舰队带出了险境。米彻尔则重新对日本航空基地展开了攻击，终结了"神风特攻队"的威胁。

太平洋战争的最后一战，垂死挣扎的日本海军改装了一些舰艇，并将其派往冲绳作最后一搏，而这些军舰上的油料仅够单程使用，可以说是踏上了一条不归路。两个小时的作战中，米彻尔的舰载机炸沉了日本68000吨的超级战列舰"大和"号、1艘轻型巡洋舰和4艘驱逐舰。

6月21日，在地面部队全面控制了冲

上图：在飞行甲板遭"神风特攻队"飞机撞击后，"埃塞克斯"号航母（CV-9）上燃起了大火，附近海面上到处都是飞机残骸碎片。

右图：虽然"神风特攻队"的首要攻击目标是主力舰艇，但在实战中他们经常会攻击小型舰艇。大多数"神风"飞行员根本不知道两者的区别。1945年4月6日，一架"神风特攻队"飞机撞毁了"莫里斯"号驱逐舰上。

绳岛后，哈尔西第3舰队和米彻尔的航母随心所欲地在日本海岸线外自由航行，攻击了日本的机场、铁路、补给点和武器工业基地。8月6日，B-29轰炸机飞临广岛上空，以一颗原子弹将这座城市的大部分化为灰烬。3天后，第二颗原子弹炸平了长崎市。8月15日，日本投降。

9月2日，美国最后一艘于二战期间建造的战列舰"密苏里"号（BB-63）锚泊于东京湾，成为日本正式签署投降书的会场。作为盟国和舰队司令尼米兹上将的代表，麦克阿瑟将军在日军投降书上签下了自己的名字。但是，所有在投降书上签下名字的人都没有预料到，5年之后他们又将经历一场战争。

4　第二次世界大战：太平洋战场（1941—1945年） | 161

左图：1945年5月4日冲绳岛附近，"神风特攻队"飞机攻击了美国舰队，炸沉军舰7艘、重伤6艘，其中也包括"桑格蒙"号护航型航母（CVE-26）。尽管飞机甲板受损严重，但最后还是在攻击中得以幸存。

下图：1945年9月2日东京湾上，当日本代表正式在投降书上签字后，"密苏里"号战列舰上一片欢腾。

5

第二次世界大战：大西洋战场
（1940—1945年）

"战争狂人"阿道夫·希特勒于1933年就任德国总理开始,欧洲局势陡然变得紧张。这个新的独裁者妄图改变德国在第一次世界大战中失败后的格局,并企图控制整个欧洲。为了扩张德国军力,希特勒公开违反《凡尔赛和约》中关于海军军力的限制,并于1935年6月与英国签订《英德海军协定》,使之可以重建包括潜艇在内的舰艇部队。实际上,希特勒主要还是一个陆权主义者,并不是特别看重海军。1939年9月3日德国入侵波兰时,希特勒仅有43艘可用于作战的潜艇,德国每个月也仅新造4艘。

1939年时的美国并不像第一次世界大战期间那样中立。盟国可以以"现金自提"的方式从美国购买武器装备,但是根据1937年的《中立法案》,美国舰艇不得进入战区,也不允许美国人在盟国战舰上工作。为确保规定的落实,斯塔克上将发起了一次中立性巡逻,参加兵力包括"纽约"号(BB-34)、"得克萨斯"号(BB-35)、"阿肯色"号(BB-33)和"怀俄明"号(BB-32)等4艘老旧战列舰,以及"突击者"号航空母舰(CV-4)与几艘巡洋舰和驱逐舰。

法国于1940年的战败是美国所未曾预料到的,这也给美国带来了危机。英国现在立场分明地站在德国战争机器的对立面上,而罗斯福总统也很清楚英国沦陷将给美国带来的威胁。他决定为英国提供所有作战所需的援助,避免其战败。在美国进行战争动员的18个月内,羽翼未丰的美国海军必须承担起屏护北美大陆的任务。

> 我们曾经希望避免和希特勒开战。现在我们仍然不希望发生战争。但是,我们也绝不接受那种以我们的海军和商船被肆意攻击为代价换来的和平。
> ——富兰克林·D.罗斯福在美国"钢铁海员"号商船被击沉后的讲话,1941年9月11日

潜艇的威胁

德国潜艇从法国比斯开湾的港口出发，开始驱逐英国的护航舰队。在此紧张的局势下，英国首相温斯顿·丘吉尔向罗斯福总统求援，而后者立即向英国出借50艘老式的"四烟囱"驱逐舰用于巡逻任务。事实证明，这些战舰的数量还是太少了。仅1941年上半年，德国潜艇就击沉756艘、击伤1450艘英国商船。

经过慎重考虑，1941年3月11日，参、众两院通过的《租借法案》经罗斯福签署后正式生效。法案授权总统可以以出售、交换、转让和租借的形式向被认为其防御对美国安全具有重大意义的国家提供武器、军用物资、粮食等任何军需品。《租借法案》终结了美国的中立立场，开始了美国对德国未宣而战的"格杀勿论"的战争。1941年9月16日，美国海军同皇家加拿大海军一道，分担至冰岛海域的护航任务，而皇家加拿大海军则承担起将舰船护送至英国的任务。德国潜艇对此作出了回应，10月以鱼雷击沉了2艘美国驱逐舰"奇尔尼"号（DD-432）和"鲁

上图：北冰洋挪威附近某海域，德军VIIC型U艇在盟军通过苏联的护航航路航行。图中可见潜艇上安装有88毫米甲板炮。

> 海军已经投入大西洋战争，但我们的国家好像还没有意识到这一点。
> ——海军作战部长哈罗德·R.斯塔克上将，1941年11月7日

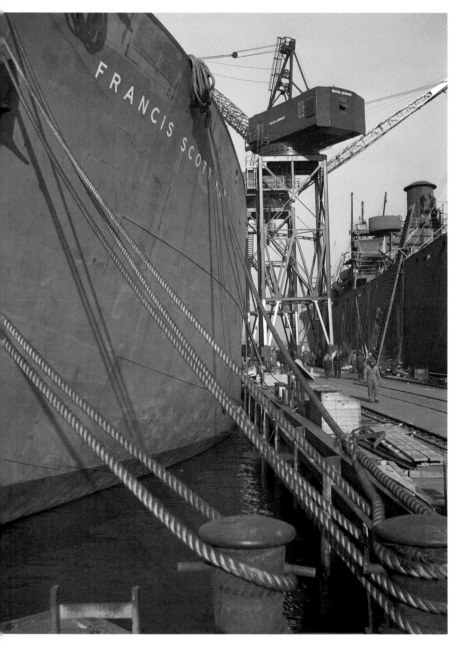

上图：1942年4月26日，"弗朗西斯·斯科特·基"号"自由"轮从冰岛雷克雅未克港出发，随PQ-15北方护航船队前往苏联摩尔曼斯克，在避开了德国潜艇攻击后成功抵达目的地。

本·琼斯"号（DD-245）。美国国会于11月17日作出反应，批准对商船进行武装。

"自由"轮

"自由"轮是美国二战时期大量建造的应急两型货船之一，另一型号名为"胜利"轮。1941年9月27日，美国第一艘"自由"轮"帕特里克·亨利"号项目启动，此项目最初由海上委员会发起，后由战时航行管理局接管，由埃默里·S.兰德少将负责。自"帕特里克·亨利"号"自由"轮开始，美国建造了"胜利"轮和其他舰船。18个新船坞共计171个船台在1941年年底前全部开工，所有这些设施都是新建的。最典型的EC-2"自由"轮通常长441英尺，载重4380吨，可以最高11节的航速航行17000英里。随后建成的C-2"自由"轮（载重3733吨）和C-3"自由"轮（载重5700吨）分别比EC-2"自由"轮长20英尺和50英尺，航行速度可达17节。除此之外，海上委员会还建造了T2级（载重6107吨）和T3级（载重6646吨）油轮，航行速度分别为14.5节和18节。载重4555吨的VC-2"胜利"轮的航行速度最高为17节，将护航编队的总体速度提高了50%，从而更利于规避潜艇。

建造"帕特里克·亨利"号"自由"轮共用了244个工作日，但到了1944年，建造一艘"自由"轮的平均时间大幅降低，仅需42天。年建造总量也快速增长，1941年共建造139艘，总吨位为111.9万吨；而1942年一年共建造816艘，总吨位达613.5万吨。至1943年底，美国造船业共有150万从业人员。

战火燃向本土

日本人1941年12月7日对珍珠港的狂轰滥炸让美国人奋起反击，而国会也以罕见的敏锐作出了反应，参、众两院以不计名的方式向对日战争进行了投票。12月11日，德国和意大利作出回应，向美国宣战。

潜伏在大西洋上的德国潜艇得到宣战的消息后立即变得极其亢奋。当时的美国还没有建立起海岸防御，沿海城市的灯光照出了海上货轮的轮廓。1942年1—3月，共有64艘德国潜艇出没在美国沿海，击沉船舶112艘，总吨位达92.7万吨。由于距离较远，潜艇补给困难，为解决这一问题，德国海军总司令埃里希·雷德尔元帅派出了号称"海上奶牛"的1700吨级运输潜艇，穿越大西洋将燃料和鱼雷补给到作战潜艇之上。

1941年3月27日，即日本和德国、意大利签订《德意日三国同盟条约》后6个月，美国和英国签署了《美英加参谋部协定1号》，史称"ABC-1"计划。其中包括罗斯福总统对于战争的决定：在集中力量打击日本人之前要先对付德国人，而当前的第一要务是确保至英国和苏联的护航航运安全。

第一次世界大战期间，德国潜艇是各自为战的，也没有导航系统。但到了第二次世界大战，一切都变了。雷德尔上将以多达20艘潜艇组成了海上"狼群"，在北大西洋海域集结待机，通过无线电引导其接近护航船队。实施攻击后潜艇迅速下潜，以免被水面舰艇发现，但仍紧紧咬住船队。当护航军舰放弃搜索后，潜艇再次发动攻击，这样的攻击经常会持续超过1000英里。

1942年的春季和夏季，德国的潜艇攻击十分猖獗，而在另一方面盟军的应对措施也得到了长足的发展，声呐、雷达和巡逻机等技术迅速成熟。尽管1942年内盟国在大西洋和北冰洋上损失的商船总吨位达102.7万吨，但至年底也有85艘德国潜艇被击沉。

> 我们绝不允许我们的货物被击沉于大西洋。我们必须实现对英国的诺言。
> ——海军部长弗兰克·诺克斯

大西洋反潜战

1943年1月，同希特勒发生了争执的雷德尔愤然辞职，希特勒任命卡尔·邓尼茨元帅为海军总司令。邓尼茨上任后立即进一步强化了原本就已经很强悍的"狼群"战术，并将每个月击沉商船总吨位的目标由50万吨提高到130万吨，3个月内德国在北大西洋上部署的潜艇达到116艘。它们出没在海运通道上，不断袭击护航船队。而当年恰是大西洋冬季风暴最为猛烈的一年，因此也加大了对水面舰艇的威胁。

3月底大西洋上的斗争达到了高潮，共有108艘商船被击沉，而德国仅损失15艘潜艇。英国由于实行海上封锁，已经有3个月得不到补给支援，英国人民已经到了山穷水尽的境地。战争的转折点出现于4月底，英国海军彼得·格烈特顿中校奉命率包括42艘商船的"ONS-2"号护航船

下图：一个装载着飞机、大炮、弹药和补给物资的护航船队经北大西洋驶向英国。在这样一个凶险异常的月夜里，这样的船队就变成了极易识别的攻击目标。

上图：夏季的北大西洋护航航运尤其凶险，因为在这个季节高纬度地区太阳是不落的，因此船队易受潜艇攻击。可以和船队同速度前进的飞艇也经常用于护航。

队由冰岛启航，在北大西洋上与德国51艘潜艇遭遇，并与之展开了对抗。最终格烈特顿损失了13艘舰船，德国也有7艘潜艇被击沉。

冬季，到苏联摩尔曼斯克的航运损失较少，因为船只基本上是完全在黑夜中航行的。到了春天，到苏联的航线则改道伊朗，从而避开了德军空袭的威胁。

6月，美国海军第10舰队组织了第一批"猎潜战斗群"，每个战斗群都以一艘护航型航空母舰为核心，辅以几艘常规驱逐舰或护航型驱逐舰。每个航母舰载机中队装备9架FM-2战斗轰炸机和12架TBF／TBM"复仇者"轰炸机，携带炸弹、深水炸弹或鱼雷等对潜作战兵器。所有的战斗群指挥官都享有极大的作战自主权，无论在何时何地发现德国潜艇，都可以坚决实行打击，猎潜作战范围从北方高纬度地区一直延伸到南大西洋。德国潜艇对此进行了凶猛的反扑，但在1943年5—9月期间，由于英国密码破译人员破解了德国的新通信密码，62个护航舰队共3546艘商船得以安全通过大西洋而无一损失。盟军猎杀

左图：在寒冷、风暴频发的北大西洋上，"葛瑞尔"号驱逐舰的舰员不间断地搜索着敌军潜艇的潜望镜。

右图：北大西洋护航航运线变成了德国海上"狼群"的猎杀竞技场。德国潜艇比较喜欢在陆基巡逻飞机覆盖范围之外的海域活动，而护航航母的投入使用则标志着潜艇威胁的终结。

潜艇的速度已经超出了德国的补充建造能力，至1943年夏季中期，英国食品危机得以解除。

护航型驱逐舰

1940年，罗斯福总统萌生了建造新型战舰——护航型驱逐舰的想法。关于此舰型的最早几个设计版本都没有得到海军的批准，因为相对于排水量775吨的护航驱逐舰，海军委员会更倾向于建造排水量2000吨的舰队驱逐舰。为解决这一问题，海军提高了护航驱逐舰的吨位和武器装备。

当第一批护航驱逐舰建造完成时，发生了海军历史上最具讽刺意义的一件事。

1943年各兵种击沉德国潜艇数量

月份	护航航母	反潜舰船	巡逻飞机	其他	总计
5月	1	1	4	2	8
6月	2		2	1	5
7月	7	7	11		25
8月	6	1	3	1	11
9月			1		1
10月	6		1		7
11月	2		4		6
12月	3		2		5

常规驱逐舰与护航驱逐舰对比

舰型	吨位	舰长（英尺）	速度（节）	舰炮	鱼雷	员额编制
常规驱逐舰						
"格立弗"级	1630	347	33	4门5英寸	5	276
"弗莱彻"级	2050	376	35	6门5英寸	10	329
"萨姆纳"级	2200	376	34	6门5英寸	10	345
护航驱逐舰						
"艾瓦特"级	1140	289	21	3门3英寸	0	198
"巴特勒"级	1350	306	24	2门5英寸	3	222
"巴克利"级	1400	306	23	3门3英寸	3	213
"埃德索尔"级	1200	306	21	3门3英寸	3	216

这批军舰是根据《租借法案》为英国皇家海军建造的，但是美国由于自己的需要，又在随后把送给英国的大部分护航驱逐舰要了回来。1942年1月18日，罗斯福总统签署通过了一项造舰计划，决定为英国皇家海军建造1799艘各型战舰及其他各种登陆艇，其中包括250艘护航驱逐舰。在建造完成后，美国将这些舰艇送给了英国，但在1943年8月又要回了195艘护航驱逐舰。海军历史学家塞缪尔·埃利奥特·莫里森对此事评论道："我们第一批护航驱逐舰是'送出去又要回来的礼物'。"

海军部副部长詹姆斯·V.福莱斯特对发展护航驱逐舰工业能力表现出了极大的

右图：1941年9月，大西洋舰队司令欧内斯特·约瑟夫·金上将会见海军部长弗兰克·诺克斯，共同商讨护航事宜。

对页上图："瓜达尔卡纳尔"（CVE-60）号护航航母将升起美国国旗的德军U-505号潜艇拖曳回国。在遭受美军攻击后，该艇艇员在船头举起白旗投降。在接受改装后，该艇更名为"尼莫"（USS Nemo）号，加入美国海军服役。

对页下图：在意大利萨勒诺附近海域，一艘美国驱逐舰为躲避敌军空袭释放出烟幕。近景舰艇舰体上所绘的飞机图形是为了识别飞机之用。

欧内斯特·约瑟夫·金上将（1878—1956年）

欧内斯特·约瑟夫·金出生在俄亥俄州的洛林。1897年在从洛林高中毕业之后，他进入安纳波利斯海军学院学习。当在安纳波利斯学习期间，他曾于美西战争时期在"圣·弗朗西斯科"号战舰服役，并得到了他海军生涯中的第一枚勋章——桑普森勋章。之后，他重返海军学院继续深造，并于1901年以优异的成绩毕业。在"辛辛纳提"号防护巡洋舰上服役时，金少尉密切关注着日俄战争中的海军作战，并意识到日本海军是一支正在崛起的力量。

当美国于1917年以盟国成员的身份加入第一次世界大战时，金正在大西洋舰队服役，并被授予上校临时军衔。他拥有从潜艇、驱逐舰到战列舰的全部舰艇类型服役经历。1927年，48岁的金成为一名飞行员，3年后成为"列克星敦"号航空母舰（CV-3）的舰长。1938年晋升为海军中将后，金成为包括5艘航母在内的航空作战部队司令。1941年2月1日，罗斯福授予金上将军衔。

珍珠港事件后，金上将成为美国海军舰队总司令。1942年3月12日，金取代斯塔克任海军作战部长。金性格暴躁，为人傲慢，学术性强，缺乏幽默感，但他是海军最有创新精神、最不可或缺的战略家之一。

金在对德反潜作战以及后来的太平洋战争中发挥了主要指导作用。他还参与了所有重要的联军会议，是美国参谋长联席会议和美英参谋长联席会议成员之一（美英参谋长联席会议由美国总统罗斯福和英国首相丘吉尔共同组建，用于对战争进行指导）。在欧洲战场上，由于海军的任务主要由英国皇家海军承担，金在其中没有发挥太大作用。由于二战期间在海军舰队总司令和海军作战部长的职务上作出了极其突出的贡献，金第三次被授予了海军优异服务勋章。1944年12月17日，金晋升为海军五星上将。1956年6月25日，他在朴次茅斯海军医院去世，享年78岁。

兴趣。在他的主导下，1943年2月新开5个海军船坞，与数十个造船私企签订合同，大力建造护航驱逐舰。至12月5日，美国海军护航驱逐舰总量已达260艘。其中，"埃德索尔"级短程型护航驱逐舰采用了英国的设计。"埃德索尔"级远程I型护航驱逐舰中，有很多都送往英国。而"巴特勒"级和"巴克利"级远程II型护航驱逐舰则全部都在大西洋和太平洋上部署，并在二战的大部分时间内成功地完成了为船队和航母护航的任务。第二次世界大战结束之时，海军已经拥有了421艘护航型驱逐舰。

消除种族歧视

自美国独立战争时期开始，非裔美国人就已经在战舰上服役了。1798年海军正式成立时，组织者就想将黑人奴隶和自由民排除在外，由于战争对人力的需求极大，黑人水手也加入了海军，但他们基本都从事着繁重艰苦的舰上勤务工作。

1941年12月7日日本偷袭珍珠港时，黑人上等兵多里斯·米勒作为一名军官的勤务兵在"西弗吉尼亚"号战列舰（BB-48）上服役。空袭中，他把负伤的舰长从舰桥上背了下来，然后迅速返回甲板操起一挺机枪向敌机射击，但实际上他甚至都没有进行过射击训练。由于米勒的英勇表

右图：水手们兴致勃勃地看着一名漂亮的妇女志愿者接过海军战士的工作，使后者登上战舰参加作战。

志愿紧急服役妇女队（WAVES）

1942年7月30日，国会批准成立志愿紧急服役妇女队。这并不完全是新想法：1917年3月17日，国会曾批准海军招募妇女志愿者从事文职工作，称为"文书军士"。乔·布莱特成为11275名成员之一，并在第一次世界大战期间一直从事文书军士工作。战争结束后，和大部分离开了工作岗位的人不同，布莱特还是继续为海军服务。她曾经有过两次婚史，两任丈夫都死于空难，而她一直保留着第二任丈夫的姓"汉考克"。

1942年8月2日，米尔德雷德·H.迈克菲少校成为志愿紧急服役妇女队首任队长。此时，汉考克放弃了她的平民身份，以上尉的军衔重新加入志愿队。当时志愿队的招募目标是10000名女兵和1000名女军官，但至10月已经达到78000名女兵和8000名女军官。海军将这些志愿者送往各院校，进行非战斗训练以取代现役军人的相关工作，使海军能够拥有更多参加一线作战的兵力。这些妇女志愿者进行了打字、速记等训练，还学习了历史、海军通信等高级课程。对提高妇女志愿者能力水平付出最大努力的不是迈克菲少校，而是于1945年晋升为中校的汉考克。1946年，她成为志愿紧急服役妇女队新任队长，并晋升上校军衔。

海军部长詹姆斯·V.福莱斯特称，志愿紧急服役妇女队作出了巨大的贡献，为海军解放出了足够配备10艘战列舰、10艘航空母舰、28艘巡洋舰和50艘驱逐舰的男性军人。如果没有志愿紧急服役妇女队的努力，海军的海上作战舰队将会小得多、弱得多。1945年，由于应征妇女志愿者的数量远远超出了任务所需，志愿紧急服役妇女队的招募工作暂时告一段落，但汉考克仍然留在工作岗位上。经过两年的游说工作，汉考克最终于1948年6月促成了《美国女军人服役法》。1948年10月，她和另外7名妇女志愿者共同成为首批美国海军现役的女性军人（共288名）。

现，他获得了海军十字勋章，从而促使非洲裔美国人踊跃加入美国海军。

第二次世界大战开始后，海军很快就认识到他们浪费了非裔美国人的天赋。1942年，海军开创历史先河，允许黑人加入现役担任军官和士兵，这是他们从来没有过的待遇。伯纳德·罗宾逊成为第一位黑人少尉。来自弗吉尼亚州里士满的塞缪尔·L.格雷弗利也是第一批参加海军的一位黑人，虽然他清楚他在一个传统上"全白人军官"的军队里将遇到很多困难。海军需要成千上万的军官和水兵来操纵辅助舰艇，而黑人则占了辅助舰艇舰员人数的10%。

1945年，美国海军学院开始接收非裔美国人，1948年，威斯利·A.布朗成为第一名黑人毕业学员。事实上，种族歧视是长期存在的，只能随着时间的流逝慢慢消除。1971年，格雷弗利成为美国首位黑人少将，为消除种族歧视的斗争打开

下图：登陆北非的"火炬"行动中，"桑蒂"号护航航母（CVE-29）上的格鲁曼F4F战斗机为法属摩洛哥海岸线上3个登陆点提供了火力掩护。

了一个突破口。现在,在多里斯·米勒和塞缪尔·L.格雷弗利这样的先辈们的努力下,海军早已经实现了种族平等。

进军北非("火炬"行动)

美国海军在大西洋上的指挥体制和太平洋极为相似。美英参谋长联席会议将大西洋以西经40°为界划分成两个区域。在这条线西面,即大西洋的美国部分,总司令金海军上将负责全部舰船的活动,而分界线以东的部分则由皇家海军的海军上将安德鲁·坎宁安爵士指挥。美国大西洋舰队司令罗亚尔·E.英格索尔海军上将受金指挥。海军西部特混舰队司令肯特·休伊特海军少将则向英格索尔报告。参与行动的102艘战舰和运输船以及美军的主力登陆部队(86000人)都是从美国本土直接开赴北非。因此,在西经40°以西,金有完全的指挥控制权。在更东面则由另一个指挥系统接管指挥权。

参与登陆北非的特混舰队在经过西经40°后,休伊特通过英格索尔由金指挥的时期就告结束,代之以由英国的安德鲁·坎宁安海军上将指挥,再通过他由盟国陆海军总司令德怀特·艾森豪威尔上将

下图:西西里岛登陆战役中,"萨凡纳"号轻型巡洋舰(CL-42)正在炮击岛上守军的防御工事。

指挥。这一指挥系统到部队上陆后中止，由第3个指挥系统接管。第3个指挥系统或许是最引人注目的，因为在登陆发起后，休伊特的隶属又发生了变化，艾森豪威尔仍然是最高司令，而坎宁安上将不再是中间一级的指挥官。乔治·S.巴顿将军将在登陆后接过坎宁安的指挥权，不仅陆军部队，还有休伊特和他的水兵，都归巴顿将军指挥。

这种指挥体制乍一听起来可能令人感到有些迷惑不解。但它以最不正统的方法打破了各军种间的传统操作方式，因此比其他任何指挥体制容易指挥得多。至少对于处于这个指挥体系内，且了解为了建立这个体系需要克服多少军种间竞争的人而言，这种指挥体制是非常鼓舞人心的，因为一支不再纠结于各军种自身利益并且能够充分合作的武装部队肯定是不可阻挡的。

1941年，英国已经制订了进军北非的计划，那时美国还没有介入其中。在美国承诺提供陆地部队支援后，美英参谋长联席会议决定于1942年夏季开始进军摩洛哥和阿尔及利亚。这一战也是通过建立地中海军事基地开辟第二条战线的前奏。盟军所面对的对手是让·达尔朗上将所率领的法国驻北非海军和陆军部队。法军是会抵抗到底还是会选择投降，英美两军也不敢肯定。

1942年10月，肯特·休伊特少将所

海军护士队

自1812年战争以来，妇女曾不时作为护士在海军中服役。但是，直到1908年8月29日，海军护士队才正式建立。第一次世界大战期间，护士是没有机会进入海军服役的。1919年夏，所有妇女都退出现役。30年后，妇女才再次在海军中服役。从那时起，海军护士队不断发展壮大。第二次世界大战期间，已有超过11000名护士在海军服役。由于海军护士队在二战期间得以复兴，女护士得以跟随海军到所有地方工作，为所有作战行动中的伤员提供医疗救护服务。今天，在兼顾战时和日常任务的基础上，海军护士队注重加强面向未来的护士培训，保持医疗技术的持续发展。在不断发展的同时，利用诊所、护士学校和机动医院等设施，护士队为海军保健事业作出极其重要的贡献。1971年6月，海军护士队的队长阿莱内·杜尔克成为美国第一位女性海军少将。

统率的海军西部特混舰队的99艘战舰带着37000名陆军士兵，从弗吉尼亚的汉普顿锚地起航。11月7日，经过规避德国潜艇的迂回航行后，"马萨诸塞"号、"纽约"号、"得克萨斯"号战列舰和"突击者"号航空母舰以及4艘护航航母、其他舰船出现在法属摩洛哥的西海岸。同日，搭载着49000名美国陆军士兵和23000名英国陆军士兵的中央特混舰队和东部特混舰队穿过直布罗陀海峡，直逼阿尔及利亚的奥兰和阿尔及尔。

次日清晨，在巡洋舰、驱逐舰和火箭

对页图：从两个方向驶向西西里的盟军特混舰队分别由美国海军和英国皇家海军指挥。两支舰队在驶往西西里途中都进行了佯动以误导敌人，舰队于1943年7月10日会师，随后发起了反攻欧陆的行动。

登陆舰（LST-R）的掩护下，美国陆军开始向摩洛哥的费达拉、特利奥泰和萨菲登陆。很多平底登陆船在没有被发现的情况下就抵达海滩，将登陆部队输送上岸。几架法军战机企图压制登陆部队，但很快就被20架舰载"野猫"战斗机赶出了战场。在卡萨布兰卡的海战中，海军迅速击沉了法国1艘轻型巡洋舰和4艘驱逐舰。至11月10日，海军已经将16万登陆部队和70辆坦克输送上岸，均向卡萨布兰卡进发。次日，法国驻卡萨布兰卡指挥官宣布投降。

在地中海，达尔朗上将依靠驻泊于防卫森严的奥兰港内的法国舰队展开了顽强的抵抗。11月8日，在中央特混舰队封锁了港口之后，39000名美军登陆部队进行了艰苦的登陆作战，从侧面对奥兰城展开了攻击。两天后，达尔朗投降，随后命令驻土伦的一支小型支队将军舰全部自沉，以免落入德国人之手。东部特混舰队在阿尔及尔遇到了以德国人为主的顽强抵抗，但也很快攻占了城市。

总结经验

通过8月份在太平洋战争中对毫无防御的瓜达尔卡纳尔的登陆作战，海军陆战队学到了很多两栖作战的技能。而在阿尔及尔港外的海面上，海军学到了更多。超过一半的登陆部队在错误的地点上岸，94%的登陆艇被击沉或者由于操作失误受损。这一惨痛经历把海军拉回到计划桌前，考虑采用从坦克登陆舰（LST）到步兵登陆艇（LCI）的全新系列登陆舰艇。

当美国陆军在北非沙漠里与敌人苦战、在凯塞林山口受阻并暂时性退却时，海军正在计划进攻西西里岛。在8个月的时间内，海军将2500艘舰艇（包括新的登陆艇）、4000架飞机和250000名地面部队士兵输送到了在北非新建立起来的军事基地。这是有史以来第一次坦克登陆舰、人员登陆艇和坦克登陆艇能够直接把人员和装备输送上岸，而不需要再经过小艇转运。

西西里岛登陆战役 ["哈士奇"行动（又称"爱斯基摩人"）]

"哈士奇"行动中的海军作战主要由英国皇家海军坎宁安上将指挥，参战兵力包括超过1400艘战舰和登陆艇。在坎宁安护送英军伯纳德·劳·蒙哥马利中将麾下的第8集团军在西西里岛东南方向登陆的同时，休伊特少将把美国巴顿中将的第7集团军送上了西西里岛南端。在北非战区盟军最高副司令哈罗德·亚历山大元帅的指挥下，47万名地面部队士兵投入行动，对意大利阿尔弗雷多·古佐尼中将指挥下的30万意大利军队和5万德国军队展开

5 第二次世界大战：大西洋战场（1940—1945年）

在萨勒诺的第81.5火力支援大队

第81.5火力支援大队由5艘轻巡洋舰和4艘驱逐舰组成，该大队旗舰为"费城"号（CL-41）轻巡洋舰，由利亚·A.戴维森少将指挥，该大队因9月9日在萨勒诺滩头附近海域的优异表现而名留青史。戴维森是一位身材高大但瘦弱，因沉默寡言而闻名的指挥军官，在作战中他坚定且果断。直到萨勒诺登陆前没人见过戴维森发火的样子，但当天他对克拉克上将的指挥感到暴怒。克拉克上将犯下了两个大错：第一，下令禁止海军舰艇对预定登陆的滩头发动事前炮击，因为他一厢情愿地认为这样的行为会削弱登陆的突然性；第二，当滩头阵地上的登陆部队陷入岌岌可危的境地，即将被赶入大海时，他还是干等了许久才向海军求援。在登上滩头后，美军步兵因海滩上埋设的地雷而迟滞，在抵达滩头时就已经晕头转向，且很快被由德军四号坦克、88毫米炮和机关枪组成的火力所压制而动弹不得。

上午8时许，戴维森接到了紧急求援，他的旗舰"费城"号、轻巡洋舰"萨凡纳"号（CL-40）、皇家海军浅水重炮船"阿克贝隆比"号和4艘驱逐舰急忙赶赴火力支援阵位。由于火控小组并没有在滩头设置观测阵地，他出动了舰载水上飞机进行观察校射。8时25分左右，浅水重炮舰开始射击，并在25000码的距离外炸飞了一处敌军炮兵阵地，而在9时30分，"萨凡纳"号的准确射击让对盟军造成了不小麻烦的一门德军铁道炮"闭上了嘴"。10时15分，在观测机发现了一处敌军坦克部队的隐秘集结地后，"阿克贝隆比"号的15英寸重炮将敌军坦克赶到了开阔地上，"费城"号的6英寸炮则打散了敌军队形，迫使这些坦克逃回后方。在观测机报告一支敌军装甲部队正在过桥后，戴维森命令舰队调转炮口将这座桥梁摧毁，迫使敌军装甲部队后退。

10时57分，戴维森再次下令放飞一架观测机，让他的驱逐舰也加入到炮击行动中来。观测机飞行员很快在卡帕乔镇内发现了敌军目标。"阿克贝隆比"号在赶往射击阵位途中触发了一枚水雷，导致舰体发生10度侧倾，不得不退出战斗驶往巴勒莫。第二架观测机很快发现了由35辆敌军坦克组成的集群，在"费城"号的6英寸火炮击毁7辆坦克后，敌军选择了逃遁。

美军第36步兵师炮兵指挥官约翰·W.朗准将是对于戴维森火力支援大队的帮助表示感激的盟军参战将士之一。"感谢上帝，要是没有这些'蓝莓'（海军舰艇）的火力支援，"他在无线电中说道，"我们可能被赶下'蓝色'和'黄色'滩头。请向这些勇敢的海军将士们转达我们的谢意。"

攻击。实际上，只有德国人表现出了些许作战的欲望，意大利人仅仅是象征性地稍作抵抗就放弃了。

登陆西西里岛前夜，休伊特少将在地中海海面上布下了纵深1英里、横跨60英里的舰艇编队。绕着突尼斯的邦角航行，休伊特的编队先对南部进行了佯攻，后又迅速转向北部。7月8日夜间，休伊特舰队穿过地中海直达马耳他，并编成了3个攻击分舰队。在海军在海上机动的同时，陆军特种部队伞降于西西里岛，为海军炮火、盟军飞机轰炸敌军机场和堡垒提供引导，从而切断了西西里和意大利的联系。

7月10日午夜过后，海军发起了历史上参战人员最多、规模最大的两栖登陆作战。在作战的第一阶段，盟军登陆艇分布于长达100海里的海岸线上，护送巴顿中将的第7集团军在利卡塔、杰拉和斯科格利蒂3个地点登陆，蒙哥马利中将的第13军和第30军则在波扎洛和锡拉库扎两地的中间地带登陆。48小时内，盟军海军部队将8万登陆部队、7000辆装甲车、6000辆坦克和900门火炮运送到了西西里岛的海滩上。巡洋舰给予了岸上火炮猛烈的轰击,并在前往杰拉的途中粉碎了德军"赫尔曼·戈林"伞兵装甲师的攻击。轴心国在西西里岛上的失败直接导致了墨索里尼的垮台,7月25日意大利国王维克托·伊曼纽尔三世开始重建"非法西斯"的意大利。

随后,德国投入5万增援兵力对抗蒙哥马利部队,阻拦英国军队的前进。在此形势下,亚历山大将军和巴顿将军并肩作战,从英国部队的左侧突破德军,将美国部队部署于西西里岛各地。巴顿将军的行动相当迅速,7月22日在巡洋舰和驱逐舰的炮火支援下攻占了巴勒莫。海军则在北部海岸巡逻,阻止敌军的增援和补给。当第7集团军沿第勒尼安海向东推进时,巴顿运用海军舰艇越过德国防御工事直扑墨西拿。8月17日,巴顿的部队比英国早两小时提前抵达墨西拿,完全控制了西西里

上图:诺曼底登陆作战中,美国海岸警卫队快艇担负起了营救任务。图中这艘巡逻艇正在抛缆,准备在运兵船身边短暂停留。

下图:诺曼底登陆日,登陆部队在海军炮火的掩护下冲向犹他滩头。共有4000艘海军舰船参加了诺曼底登陆作战。

岛。在这场长达39天的战役中，盟军毙伤俘轴心国部队16.7万人，己方牺牲2.5万人，有39500名德军和62000名意军由墨西拿海峡逃回意大利。

解放意大利

攻占西西里岛后不久，盟军部队很快就开始向意大利进军。1943年9月3日，即意大利向盟国投降的同一天，海军将英国陆军2个师的兵力通过墨西拿海峡送至意大利南部，在雷吉欧港登陆。当英国陆军一路向北向塔兰托海军基地进发之时，弗兰克·J.劳瑞少将率领一支英美联军向萨勒诺湾进军。

9月8日，艾森豪威尔将军正式宣布了意大利投降的消息，并在接下来的几天内发起进军萨勒诺湾的"雪崩"行动，希望以此打乱德国人的部署。但是，德国人并没有为之所动，意大利的失败早已在他们的意料之中。在肃清了意大利部队后，艾森豪威尔的部队夺取了意军的防御与通信枢纽，以4个师驻守于萨勒诺附近。他们还盼望着迈克·W.克拉克中将率领第5集

下图：诺曼底登陆作战中，夺取海岸后首批混凝土临时栈桥立即就位。几天后，这些临时栈桥毁于风暴，后进行了更换。

团军的7万兵力登陆意大利，并占领附近山脊上可以俯瞰萨勒诺港的防御要地。由于克拉克执意不动用海军炮火支援，盟军当天日落前夺取了4处狭窄分散的滩头阵地。

诺曼底登陆（"霸王"行动）

当盟军又一次在意大利中部城市安齐奥发动饱受争议的登陆作战后，来自英伦三岛的盟军对法国北部地区诺曼底展开了历史上规模最大的登陆行动。早在1943年1月，罗斯福总统和丘吉尔首相就在卡萨布兰卡会议中制订了进攻诺曼底的计划。艾森豪威尔将军称之为"大圣战"。

诺曼底登陆作战中，海军编成了两个特种混合舰队。西部舰队由美国海军少将阿兰·G.柯克任司令，主要由美国军舰组成，共3艘战列舰、10艘巡洋舰、30艘驱逐舰、280艘其他军舰以及1700多艘登陆舰艇在贝尔法斯特集结，由美军陆航的战术航空兵第9航空队提供空中掩护。下辖3个编队：U编队负责运送美军第4步兵师在犹他滩头登陆，O编队负责运送美军第1步兵师在奥马哈滩头登陆，B编队负责运送美军第29步兵师在奥马哈滩头登陆。东部舰队由英国海军少将菲利普·维安任司令，主要由英国军舰组成，共3艘战列舰、13艘巡洋舰、30艘驱逐舰、302艘其他军舰以及2426艘登陆舰艇，在格里诺克集结，由英国空军第2战术航空队提供空中掩护。下辖4个编队：G编队负责运送英军第50步兵师在黄金滩头登陆；J编队负责运送加拿大第3步兵师在朱诺滩头登陆；S编队负责运送英国第3步兵师在剑滩头登陆；L编队负责运送第二梯队英军第7装甲师在黄金滩头登陆。此外，海军还以7艘战列舰、2艘浅水重炮舰、24艘巡洋舰和74艘驱逐舰组成五个舰炮火力支援大队，为五个滩头提供舰炮火力支援。

诺曼底是没有航空母舰参与的情况下的首要登陆地点，因为战术航空兵可以由英国起飞提供空中火力掩护。盟军航空兵已经摧毁了德国的机场、飞机制造厂和

上图：陆军M-4"谢尔曼"坦克及其他装备进入坦克登陆艇，准备参加诺曼底登陆作战。侧后方的LCT-213坦克登陆艇已经整装待发。坦克登陆舰上的所有人员都在迫切等待着出发的号令。

通信联络,从而拔掉了德国空军这一根毒刺。另一方面,虽然诺曼底的防御工事依然坚固,但艾森豪威尔已经成功地令德国人误以为盟军将从法国北部的加莱开始登陆。

1944年6月6日晨4点45分,柯克少将的西部舰队和维安少将的东部舰队开始攻击德国人的岸防阵地,炮轰犹他滩头和奥马哈滩头。20000名登陆部队士兵乘坐两栖登陆艇,穿过惊涛骇浪,冲向海滩。奥马尔·布拉德利中将的第1集团军首先登陆,在击溃了岸上薄弱的防线后,将21000名官兵和1700辆战车以及数千吨补给物资送上犹他滩头。

奥马哈方面的登陆战则进行得异常惨烈。岸上防御工事极其强大,几个小时内,德国的炮火把第1步兵师死死钉在海滩上。希特勒曾经预言,"如果盟军入侵法国海岸,他们仅能待9个小时",在这场被称为"血腥奥马哈"的作战中,这一预言差一点就变成现实。海军战舰对德军的岸上碉堡进行了数小时的攻击,但是逐渐变大的风浪使坦克登陆的难度剧增。当第1步兵师接近登陆滩头时,柯克的驱逐舰也驶近岸边,冒着搁浅的危险向德军火炮、坦克、地堡以及射程内的所有目标发起攻击。至夜间,从犹他滩头至剑滩头之间的地区已经安全,25万陆军部队开始登陆。在美军正式登陆成功、第5军军部上岸并开设了指挥所后,军长伦纳德·罗杰

下图:诺曼底登陆日,在美国步兵部队夺取了奥马哈滩头后,海军工程营的先头部队立即携带工具装备向岸航行。

上图:"龙骑兵"行动前夕,亨利·K.休伊特少将(中)和亚历山大·帕奇中将(左二)、G.P.萨维尔准将(左一)、海军部长詹姆斯·弗雷斯特尔(右二)、A.G.勒莫尼埃(右一)会晤商谈。

少将立刻发电报给布拉德利:"感谢上帝缔造了美国海军。"

诺曼底登陆作战中还值得一提的是海军爆破部队、海军工程营和海军岸滩营的官兵们。他们虽然默默无闻,却在作战中作出了重要贡献。作为登陆作战的先锋部队,他们以巨大伤亡为代价清除了登陆障碍,引导了部队的登陆行动。在部队夺取海滩后,他们又改换角色,帮助医生和救护兵对伤员进行救治。

6月6—25日期间,海军损失了165艘舰艇,其中主要是登陆艇。作战舰艇中仅有3艘驱逐舰沉没,而且都是因为水雷爆炸造成的。最严重的损伤发生于6月18—22日期间,一场大风暴破坏了超过300艘小艇和2个被称为"桑葚"的人工港口。

法国南部（"龙骑兵"行动）

在布拉德利中将突破法国西部后，盟军又于1944年8月15日发动了"龙骑兵"行动。休伊特少将的西部海军特混舰队护送3个美国步兵师和两个法国步兵师，在地中海海岸上的圣贝托和戛纳之间地区登陆，从法国南部发起了攻击。这次行动原计划是与诺曼底登陆同时进行的，但是因艾森豪威尔手中的战舰和登陆艇数量不足，无法同时进行两场战役，所以只好推迟进行。"龙骑兵"行动中的许多参战战舰，如"阿肯色"号、"内华达"号和"得克萨斯"号战列舰和其他一些巡洋舰和驱逐舰等，都已经参加过"霸王"行动。美国陆军第7集团军在亚历山大·帕奇中将的指挥下在法国南部城市里维埃拉登陆，迅速攻入纵深腹地，并于9月12日

下图："龙骑兵"行动中，"昆西"号巡洋舰上的两架"翠鸟"水上飞机准备弹射起飞，他们将执行观察和反潜侦察任务。

与巴顿将军的第3集团军在法国东部城市第戎成功会合。

横渡莱茵河

如果不是因为横渡莱茵河的需要，海军在欧洲的战事可能早应该结束了。1944—1945年间的冬天，威廉·J.怀特塞特中校带领部队开始横渡莱茵河。1945年3月11—27日，第一批14000名官兵和400辆战车渡过莱茵河抵达巴特诺伊纳尔。随后，同样的横渡在博帕德、上韦瑟尔、奥本海姆与美因茨实施完成。在不担负兵员输送任务的时候，海军和陆军工程兵一起，以平底船搭建水上浮桥。没有海军的努力，某些任务是无法完成的。

1945年5月7日，德军最高统帅部派出了以凯特尔元帅为首的代表团，出席在柏林近郊卡尔斯霍尔特正式举行的德国无条件投降仪式，并和艾森豪威尔一起签署了德国无条件投降书。4个月后的9月2日，第二次世界大战在远东正式结束。

第二次世界大战成就了苏联的崛起，使之拥有了世界上最强大的陆军部队，而美国则成为世界海上霸主，而且也是当时世界上唯一拥有核武器的国家。但随着后来苏联人窃取了美国的原子弹技术，这一切都改变了。

6

冷战：远东半岛战争
（1950—1953年）

第二次世界大战遗留在欧洲和日本街道上的废墟瓦砾还没清扫干净，美国、英国和苏联之间表面上的和平相处就土崩瓦解了。二战之后，根据美、苏、英等国对二战后世界格局的划分，斯大林确立了苏联在东欧的势力范围，并建立了以苏联为首的社会主义国家阵营，而且进一步在东欧各国推行清洗资产阶级精英分子运动。1946年初，英国首相丘吉尔访问美国，并在这次访问中发表了著名的铁幕演说："从波罗的海边的斯德丁（什切青）到亚得里亚海边的里雅斯特，一幅横贯欧洲大陆的铁幕已经拉下。"确实，此时苏联已经违背了条约，站到了盟国的对立面上。可能是受到了丘吉尔建议的影响，杜鲁门总统要求建立60万人的海军、150万人的陆军和40万人的空军。国会不可能支持这样的军队，因为当时陈旧思想仍然在立法机关中占据着上风。

二战中的两颗原子弹使得海军在战后的地位大大提高，一段时间内他们的主要任务是响应大众"把孩子们带回家"的要求。海上力量在打败日本和德国中发挥了主要作用，但同时也在原子弹的战略余波中付出了比其他军种更大的牺牲。曾经指挥轰炸德国的美国陆军航空队参谋长卡尔·安德鲁·斯巴茨空军上将质疑道，"我们究竟为什么要有海军？苏联人仅有少量海军或者可以说根本就没有……我们保有海军的唯一原因是别人有海军，但我们无疑根本不需要把钱浪费在海军身上。"根据斯巴茨上将的想法，对于美国这个世界上唯一的有核武器的国家，一支能够投送原子弹的远程战略轰炸机部队已经足够了，而别的东西根本不值一提。

> 我们的政策是为所有受到威胁的自由提供支援。
> ——哈利·S.杜鲁门总统

福莱斯特时代

斯巴茨的言论激怒了同丘吉尔一样不信任苏联的海军部长詹姆斯·L.福莱斯特。在国防预算讨论中，国会要求福莱斯特对他对苏联的好战态度作出解释。海军部长回应道，"我们随时准备和那些企图以武力将其意愿强加于人的国际暴徒作战。我们应该作出明确决策——不但要表现在书面上，也要体现在具体行动中。"

对于战后的海军，福莱斯特要求保持军舰400艘、飞机8000架的规模。他警告道，如果不这样做，可能将"导致第三次世界大战"。国会没有理会福莱斯特的警告，于1947年将海军实力削减至战斗舰艇319艘、作战飞机1461架、海军兵力491663人、海军陆战队兵力108796人。对于海军来说，这是最为黑暗的一段时间。要完成拒苏联于地中海之外的任务，福莱斯特最需要的就是军舰。1948年，他创建了一支规模很小的特混舰队，这是自19世纪以来的第一支地中海舰队，并最终发展成为第6舰队。通过这一举措，福莱斯特及时地阻止了推翻意大利政府的企图。

福莱斯特的态度激怒了国会中的守财奴们，相对于海军，他们更喜欢预算更为低廉的空军和陆军。1947年，国会通过了《国家安全法案》，将陆军航空队从陆军中独立出来，正式创建了美国空军。此

> 在目前的世界形势下，如果整个国家都安心地回到床上去睡大觉，那我们就必然灭亡。
> ——海军部长詹姆斯·L.福莱斯特

下图：第二次世界大战后，福莱斯特找到了处理多余舰艇的办法。他将这些舰艇送至马绍尔群岛的比基尼环礁，用以验证原子弹水下爆炸对水面舰艇的影响。

右图：在杜鲁门总统中止了"美国"号航母建造项目后，海军作战部长路易斯·E.登菲尔德领导了"海军将领的反抗"活动。他向众议院海军事务委员会对此决定提出了尖锐的批评。他的努力取得了成效，却因此失去了工作。

右图：阿瑟·W.雷德福德上将以二战时期航母指挥员的身份加入"将军的反抗"活动，并保住了乌纱帽。1953年，他成为参谋长联席会议主席，并在此职务上工作至1957年。

"海军将领的反抗"

在就任国防部长26天后，国防部长路易斯·A.约翰逊取消了"合众国"号航母（CVA-58）的建造，而此时这艘航母的龙骨已经铺设完毕。他作出这一决定并未事先同海军部长约翰·L.沙利文、海军作战部长路易斯·E.登菲尔德商量，两位海军高层还是通过新闻报道才得知这一消息。约翰逊部长这一独断的行为令海军目瞪口呆，6天后沙利文愤而辞职以示抗议。海军其他将军在得知这一事件的详细情况后，就怀疑约翰逊和美国空军之间肯定有所密谋，意图毁掉海军未来的唯一希望。当登菲尔德最后得知从砍掉"合众国"号航母上得到的资金将用于为美国空军制造B-36洲际轰炸机后，这一怀疑进一步升级了。

海军主要高级将领尤其是登菲尔德，对约翰逊提出了尖锐的批评，认为他的国防政策必然危及美国国家安全。在来自海军和社会的舆论压力下，国会于1949年10月2日召开了武装部队听证会，会上阿瑟·W.雷德福德上将把攻击的矛头直接指向美国空军孤注一掷的新型B-36轰炸机作战概念。10月17日，登菲尔德部长亲自加入反对约翰逊部长和新任海军部长弗朗西斯·P.马休斯的阵营。他将B-36轰炸机项目视为"价值10亿美元的谬误"。登菲尔德说的很对，B-36轰炸机以活塞式发动机驱动，飞行速度仅为375英里/小时，和苏联的米格-15战斗机根本没法比。

11月1日，由于不顺从约翰逊和马休斯，登菲尔德遭解职，但这场"海军将领的反抗"也取得了效果，国会维持了海军和海军陆战队在战后国防体系中的重要地位。在这一点上，苏联的原子弹发展可能也起到了一定的帮助作用。

法案同时还产生了一个新的内阁职务——国防部长,从而削弱了海军部长和陆军部长的权力。为了安抚受到了巨大刺激的海军,杜鲁门总统任命福莱斯特为首任国防部长,而后者则一直占据着这一职位直至1949年去世。此时,冷战已经在柏林、希腊、土耳其和捷克斯洛伐克逐渐升温,东亚也发生了革命。

福莱斯特的继任者是路易斯·A.约翰逊,他认为未来战争将是地面部队和由空军运用美国所独家经营的核武器的战争。作为一名活跃于退役军人事务中的法律界政客,约翰逊为杜鲁门1948年的总统竞选筹集到了大量资金,作为奖赏获任国防部长。1949年9月23日,苏联成功起爆了一枚原子弹,约翰逊猛然惊醒过来。而苏联的核爆炸也让某些人欣喜异常,他们认为此时可以背靠苏联这棵大树毫无顾忌地入侵了。

对远东半岛的军事干预

第二次世界大战后,苏联和美国联手从日本人手中接管了远东半岛。以北纬38°即"三八线"为界,北方由苏联占领,而南方由美国占领。1945年12月29日,美国政府公布了12月27日由美、英、苏三国外长会议签署的关于对远东半岛进行托管和建立临时远东半岛民主政府

规模锐减的海军		
	1945年	1950年6月
作战舰艇	1200	237
飞机	41000	4300
海军员额	3400000	382000
陆战队员额	669000	74000

的《莫斯科协定》。1946年3月成立了美苏英托管委员会,目标是在这个委员会监督下尽快使远东半岛选出自己的合法民主政府。但这一切努力都随着苏联实施"铁幕"政治、拒绝联合国观察员进入北部地区而失去了效力。1950年6月25日,在得知苏联已经拥有了原子弹而且美国陆军已于

下图:1950年6月29日,"朱诺"号轻型巡洋舰(CL-119)成为向北方开火的首艘美国军舰,标志着美国加入半岛战争。

上图：一架格鲁曼公司F9F-2"黑豹"喷气式舰载战斗机停放在"福吉谷"号航母（CV-45）的飞行甲板上，准备起飞攻击人民军阵地。

1949年撤出南部后，人民军以10个师共13万兵力、苏联火炮、1个苏制T-34坦克旅和180架苏制雅克战斗机突袭。此外，还有10万预备役兵力正在边境线上待命。

当时的南方军队基本上只是一支国家警察部队，力量极为薄弱，仅有10万名稍作武装的军人。他们没有重炮，没有装甲坦克，没有作战飞机，更没有后备力量。

双方都没有海军，北方从苏联手中得到了一些鱼雷艇用于加强他们的小型巡逻舰艇部队。唯一一次勉强称得上"海战"的交锋发生于1950年7月2日，北方的3艘或4艘鱼雷艇攻击美国海军轻型巡洋舰"朱诺"号和英国皇家海军轻型巡洋舰"牙买加"号，结果很快就被击沉或退出战斗。

联合国安理会要求召开关于半岛事态的紧急会议，但遭到了苏联的坚决抵制。6月27日，杜鲁门总统批准远东军总司令麦克阿瑟将军以美国空军和海军部队支援南方。麦克阿瑟立即派出2艘驱逐舰"曼斯菲尔德"号（DD-728）和"狄海文"号（DD-727），前往仁川营救700名美国人和其他外国公民。抵达汉城后，麦克阿瑟告知杜鲁门总统南方兵力不足以抵抗北方。两天后，杜鲁门批准麦克阿瑟动用他的4个步兵师（这些师没有配备火炮、中型坦克和其他支援装备）、第7舰队和远东空军的战斗机，此时所有这些部队均处于编制不满的状态。

第7舰队的母港在菲律宾，由海军中将阿瑟·D.斯特鲁布尔指挥，仅有航母"福吉谷"号（CV-45）、1艘重型巡洋舰、8艘驱逐舰和一些扫雷艇及辅助艇。第96特混舰队驻屯于日本，由海军中将C.特纳·乔伊指挥，仅有防空巡洋舰"朱诺"号和4艘驱逐舰。乔伊很快又接管了第77特混舰队，使其成为第7舰队组成兵力之一。由于其他原因，海军面临的形势更复杂了。麦克阿瑟必须从第7舰队中抽出部分兵力用于巡航中国台湾海峡。

6 冷战：远东半岛战争（1950—1953年）

参加朝鲜战争的航母

"埃塞克斯"级航母
"安提顿"号（CV–36）
"好人理查德"号（CV–31）
"拳师"号（CV–21）
"埃塞克斯"号（CV–9）
"奇尔沙治"号（CV–33）
"张伯伦湖"号（CV–39）
"莱特"号（CV–32）
"奥里斯坎尼"号（CV–34）
"菲律宾海"号（CV–47）
"普林斯顿"号（CV–37）
"福吉谷"号（CV–45）

轻型航母
"巴丹"号（CVL–29）

护航航母
"培登海峡"号（CVE–116）
"西西里"号（CVE–118）

上图：完成轰炸桥梁任务后，两架F4U–5"海盗"战斗机在约翰·D.伊利中尉和J.G.斯特兰伦德中尉的驾驶下绕"拳师"号航母飞行准备着舰。

釜山周围

6月间，人民军向韩国腹地长驱直入，将南方军队推向港口城市釜山。6月的最后一天，第7舰队开始将威廉·F.迪恩的第24步兵师一点点地送往半岛。美国第7舰队的作战和英国军舰的配合在联合国对南方的保护中始终发挥着极为重要的作用。美航母"福吉谷"号和英军轻型航母"凯旋"号的舰载机和陆基飞机共同轰炸桥梁、调车场、机库、炼油厂、储油库，7月3日"福吉谷"号航母的舰载机轰炸了平壤，击落两架雅克–9战斗机，收获了海军在朝鲜战场上的第一次空战胜利。整个战争期间，第7舰队的水面舰艇使东海岸的铁路、公路无法为北方军队补给。

美国空军战略轰炸机的攻击目标并不多，而且驻扎于日本的战斗机的航程也不足以在半岛作战，因此道格拉斯公司的AD"天袭者"和格鲁曼公司的F9F–2"黑豹"舰载攻击机就担负起了战斗任务。和在第二次世界大战中的卓越表现不同，1945年以后美国的航母部队变成了媒体和美国空军嘲弄的对象，他们认为航母在苏联陆基轰炸机的核攻击面前是不堪一击的，大多数航母都被封闭或者干脆报废。但是半岛战争的爆发用实践证明，所有反对海军的人都错了。剩余的3艘现役"埃塞克斯"级航母立即部署于第7舰队，还有另外7艘"埃塞克斯"级航母也将重新服役，加入战争。

由于南方没有机场，釜山周围的联合国军要完全依靠舰载机来提供近距空中火力支援。在与人民军对抗3周后，迪恩将军的部队最终还是被逼到了釜山附近。7月18—19日，詹姆斯·H.多伊尔少将的第1两栖作战大队开始登陆浦项，增援迪恩部队。8月3日，在海军陆战队战斗机中队抵达，VMF-214战斗机开始以"西西里"号护航航母为母舰，为晋州作战提供近距空中火力支援。如果没有航母，在美军控制汉城附近的金浦机场前，就谈不上近距空中火力支援或者制空权。如果没有第7舰队，沃顿·H.沃克中将的第8集团军就无法在釜山周围与人民军进行拉锯，从而避免了被逼入日本海的结局。

下图：从"联合"号（AKA-106）运输舰上完成换乘后，登陆艇在海上集结，准备登陆釜山，图片中间为一艘日本人操纵的坦克登陆舰。

仁川登陆（"烙铁"行动）

在乔伊中将的第77特混舰队封锁了海面、航母舰载机不断袭扰人民军在釜山周围的行动之时，尽管遭到参谋长联席会议以及其他指挥官的反对，麦克阿瑟将军力排众议，决定对仁川实施两栖进攻作战。麦克阿瑟的想法是在敌人后方建立第二条战线，而作为半岛第二大港口的仁川距汉城仅有15英里之遥。仁川还是北方对攻击釜山的人民军进行补给输送的大动脉。另外，半岛为数不多的几个硬地机场之一也在离汉城不远的金浦，而这样的机场对于"联合国军"来说是极其重要的。麦克阿

上图：仁川登陆前，海军陆战队第1旅指挥员奥利弗·P.史密斯少将同第1两栖作战大队指挥员詹姆斯·H.多伊尔少将在"罗彻斯特"号巡洋舰上会面，商讨稍后进行的登陆作战细节。

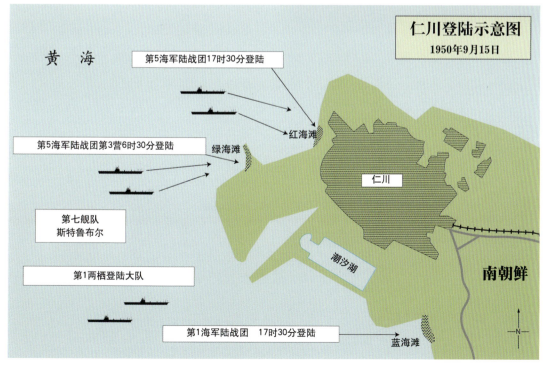

左图：仁川可以说是世界上最不适合于登陆作战的地方，但在美国海军和海军陆战队的支持下，麦克阿瑟将军的作战计划取得了巨大成功。

海军/海军陆战队作战飞机

机型	发动机	速度（英里/小时）	航程（英里）	升限（英尺）
沃特F4U-4*	活塞式	446	1005	41500
道格拉斯AD-2	活塞式	321	915	32700
道格拉斯F3D	喷气式	565	1540	38200
格鲁曼AF-2*	活塞式	317	1500	32500
格鲁曼F6F-K*	活塞式	375	1500	39900
格鲁曼F7F-3N	活塞式	447	1750	40600
格鲁曼F9F-2	喷气式	575	1353	44600
格鲁曼TBM*	活塞式	267	1130	23400
迈克唐纳F2H-2	喷气式	575	1475	44800

*二战机型

瑟的战略既出色又简单。在仁川登陆成功后，沃克中将的第8集团军便可以突破釜山周围的封锁，对人民军形成钳制之势。

麦克阿瑟的这一奇招并非万无一失，仁川登陆作战实际上就是一场豪赌。仁川港战略位置极其重要，却是最不适合实施登陆作战的地点。其最大特点是潮汐落差很大，平均落差为6.9米、最大落差达10米；而且仁川港的潮汐也很奇特，每个月只有一天的满潮，每个满潮日的高潮时间也只有早晚各三小时，而美军的登陆舰艇由于吃水所限（直接抢滩的普通登陆舰吃水为7米，登陆舰吃水为8.8米），只有在满潮时才能进入港湾。如果不能在早上满潮的短短三小时里将第一波登陆的人员、装备、器材卸下，那么已经登陆的部队就会暴露在仁川的泥潭之中，任人宰割。麦克阿瑟把赌注全押在人民军预料不到他们将从仁川登陆的可能性上。在抢滩过程中，任何一艘沉船都会堵住必经之路——狭窄弯曲的飞鱼航道，最终导致整个行动的失败。

考虑到潮汐情况，麦克阿瑟选择以1950年9月15日作为登陆日。9月10日，当詹姆斯·H.多伊尔少将的第90特混舰队两栖部队开始穿越黄海时，乔伊中将的第77特混舰队的舰载机开始预先攻击，削弱敌军的抵抗能力。在海军实力大大削减之

> ……两栖作战已经是过去的事情了。我们将不会再次进行两栖作战。
> ——国防部长路易斯·约翰逊对仁川登陆的评价，引自《胜在潮涨》（Victory at High Tide），第6~7页

后，要在一个月内集中230艘军舰并不是一个小任务。虽然9月3日和13日分别发生了风速为110英里/小时和60英里/小时的"简"号和"凯齐娅"号台风，对海军物资运输产生了较大影响，但海军依然严格按照麦克阿瑟要求的期限积极筹备。

9月14日午夜时分，麦克阿瑟亲率一支庞大的舰队隐蔽地穿过济州海峡，继而又经过黄海海域，抵达了仁川外湾。夜幕降临，美军的第一进攻梯队悄然逼向了仁川港外月尾岛上的守军。当时的守军虽然知道美舰可能发起攻击，但未料到攻击竟是如此突然。加上夜色太浓，以致朝鲜守军在美军突然出现在他们面前时才开始还击，但这一切都为时已晚。9月15日凌晨5时，数以万计的炮弹从美军巡洋舰上铺天盖地而来。十几分钟过后，月尾岛上已是面目全非，到处都是深深的弹坑。与此同时，航空母舰上的数百架飞机一齐升空，对毫无防守之力的仁川港守军倾泻下了数千吨炸弹，摧毁了守军阵地上的所有防护设施。美军的陆战队乘坐小艇登陆月尾岛松软的沙滩，凭借武器与人数上的优势，在开战2个小时后便一举夺下仁川港的防守基地月尾岛。在此登陆战中，进攻部队伤亡17人，守军伤亡200余人，其中一半以上是被活埋或烧死在洞

下图：海军陆战队第1旅的第一波登陆部队冒着炮火向月尾岛挺进，占领此岛就等于打开了进入仁川的门户。

上图：多伊尔少将的登陆部队登上仁川后，还必须使用长长的梯子，才能爬上高高的海堤。

穴里的，另有136人被俘。月尾岛陷落后，北方军队的前线屏障已不复存在，通往仁川港的一切障碍在美军神速的攻击面前都形同虚设。下午14点，港口内的守军渐渐弹尽粮绝，死伤惨重，只能眼睁睁地看着美军陆战队在眼皮底下登陆。

14点30分，炮火支援大队开始对仁川进行预先攻击。16点45分，第一批登陆艇开始向岸挺进。17点，当潮水重新上涨时，特混舰队开始进行登陆支援炮火准备。炮火预备半小时后，主攻部队于17点31分开始在仁川的船坞地区和城南泥沼地区登陆作战。进攻部队在命令发出后数分钟内就冲到了仁川陡峭的岸边，用事先准备好的梯子向上攀登，很快就冲上了防波堤顶端。其间，遭遇人民军对登陆部队的反击，战斗进行得异常激烈。9月17日，第7步兵师开始登陆。此时，海军陆战队已经深入内陆，并控制了金浦机场。

沃克将军的第8集团军已经于9月16日突破釜山周围的封锁，并向北挺进。9月26日，沃克部队与爱德华·A.阿莫德少将率领的第10集团军在乌山附近会合。次日，海军陆战队第1师第5团重新夺回在汉城的美国领事馆，并升起了美国国旗。经过11天的作战，人民军12.5万人被俘。

在"仁川—汉城"战役中美国军队的势如破竹使麦克阿瑟获得了极大的自信心，他开始毫不理会华盛顿方面对于他统一半岛计划的警告。在沉重打击了人民军之后，麦克阿瑟认为战争已经结束了，剩下的工作只是全面扫荡北方。

元山战役

> 海军和海军陆战队从来没有比现在更光荣过。
> ——麦克阿瑟对夺取仁川、金浦机场和汉城作战的评价

仁川一役后,麦克阿瑟从联合国和杜鲁门总统处取得了进攻北方、统一半岛的许可,但忽视了关于中国必将出兵干预的反复警告。在沃克中将的第8集团军向半岛西部进发的同时,麦克阿瑟却

下图:清除港口水雷后,登陆艇将海军陆战队第1师输送上元山港,事实上此地早已被韩国军队占领了。

上图：水下爆破分队研究扫雷计划，他们将为进入元山的登陆艇开辟出一条通道。

在筹划着另一次两栖登陆作战，实施地点选定位于"三八"线以北110英里、半岛东海岸的元山。元山人口为75000人，也是半岛濒临日本海的主要港口，也有精炼厂和硬地机场等设施。

麦克阿瑟对元山战役制订了详细的作战计划。由沃克中将指挥美国第8集团军沿开城—沙里院一线向西北方向进攻，目标指向平壤；阿蒙德中将指挥包括海军陆战队第1师的美国第10军在元山登陆。海军陆战队第1师的指挥官史密斯中将并不同意麦克阿瑟推进至鸭绿江的作战计划，因为他认为以两支相互独立的部队进行两线作战存在着极大困难，在半岛冬季极其寒冷的环境里更是如此。

元山战役极大地考验了海军的耐力。乔伊和沃克都认为，步兵师应该沿陆路进军从而更快地抵达元山，那样的话会比走海路省很多事。而阿蒙德则坚持认为走海路更为合理。由于阿蒙德并不受沃克的指挥，麦克阿瑟批准了他的计划，但这其实是一件很不幸的事。

10月15日，海军陆战队第1师30184人的部队由仁川出发，在多伊尔两栖部队旗舰"麦金利山"号（ACG-7）的带领下开始了向元山进发的830英里航行。五天后抵达元山附近海域时，多伊尔才知道元山港已经布下了几千颗苏制磁性水雷和触发水雷，而"海盗"号和"信约"号扫雷舰已经在清除水雷过程中不幸被炸沉。直至10月25日，海军才得以在元山港敌人布设的2000枚水雷中间开辟出一条通道。有意思的是，其实南方军队的2个师早在2周以前就已经占领了元山，航空维护机组也已经于10月12日进驻，甚至喜剧大师鲍勃·霍普已经结束了他在元山的第一场表演。于是，美国海军陆战队第1师只好尴尬地实施了所谓的"非战斗登陆"，即未遭抵抗的登陆。这也证明，乔伊对阿蒙德坚持走海路的反对意见是正确的。

由于韩国步兵师已经于10月19日攻占了平壤，第10军改变了向西进军的原计划，转而向北方进发。陆战队第1师沿海岸线直达兴南，并从那里开始由陆路向长津湖进发。11月27日，12万中国人民志愿军开始在长津湖东侧对美国陆战队第1师进行包围作战,同时,在长津湖西侧第3步兵师和第7步兵师也遭到了中国人民志愿军的攻击。在此情况下,麦克阿瑟要求部队全部撤回,其中也包括位于半岛西部的沃克第8集团军。

兴南大退却

11月28日,海军陆战队第1师在寒冷的天气里拖延了志愿军8个师的攻击。12天时间内,他们冒着大雪向南方缓慢撤退,最终撤回兴南港。乔伊的第77特混舰队驻守在港外,以"菲律宾海"号、"莱特"号、"普林斯顿"号和"福吉谷"号航母以及"西西里"号和"培登海峡"号护航航母的舰载机对志愿军进行攻击,力图延缓他们的进军。尽管天气恶劣,其他飞机还是对撤退部队进行了空投补给。乔伊还派出一支由莱曼·A.萨科雷少将率领的分舰队驶向半岛西海岸,同英国、澳大利亚、加拿大军舰一起,掩护正在撤退中的沃克第8集团军。正在"巴丹"号轻型航母上前往日本的美国空军飞机此时也返回朝鲜西海岸,飞行员驾F4U"海盗"战斗机加入了萨科雷的舰队。

12月4日,志愿军在下碣隅里附近击落了一架来自"莱特"号航母的F4U"海盗"战斗机,飞行员为美国海军第一个

上图:元山港扫雷行动中,YMS-516号扫雷舰触雷炸沉。美国登陆部队的行动被雷区拖延了一周多的时间。

黑人飞行员杰西·布朗少尉。在强行着陆后,布朗被卡在驾驶舱中。为了营救战友,来自马萨诸塞州的托马斯·J.哈德纳中尉立即强行迫降。布朗最终还是由于伤重死去,但哈德纳中尉却活了下来,并随后被一架直升机营救。由于其试图营救布朗的英勇行为,哈德纳中尉获得了荣誉勋章。

12月10日,当乔伊的航母舰载机攻击志愿军阵地、罗斯科·H.希伦科特少将以炮火保护兴南周围时,多伊尔中将的第90特混舰队开始将地面部队和成吨的装备装载上舰。在从长津湖撤退的过程中,海军陆战队第1师没丢下任何有价值的东西。至12月24日,第90特混舰队已经装

下图：多伊尔中将的第90特混舰队将105000名美国大兵、91000名难民和35000吨装备转移出兴南港，并破坏了港口设施。

载了10.5万地面部队、17500辆坦克和装甲车、35吨干货物资以及朝鲜平民9.1万人。在特混舰队驶离港口之后，海军水下爆破分队炸毁了起重机、仓库、码头和其他港口设施，把兴南港变成了一片瓦砾废墟。虽然美国大兵们无法如麦克阿瑟曾经承诺的那样回家过圣诞节，但所幸从中朝联军的兵锋下逃出生天。

空中打击

1951年1月15日，他们将麦克阿瑟的军队逼退至"三八"线以南，并重新夺回了汉城。此时，乔伊中将向麦克阿瑟请命，以他的舰载机提供最强的近距离空中火力支援。但麦克阿瑟并没有采纳他的意见，而是令第77特混舰队破坏半岛东海岸的铁路和桥梁。

志愿军依然能够得到源源不断的补给。3月某日,"普林斯顿"号航母上的舰载机在侦察中发现了一座状态完好的半隐蔽大桥,桥长600英尺,两端均与隧道相连。在拉尔夫·A.奥其提少将的指挥下,"普林斯顿"号航母上的8架"天袭者"攻击机在哈罗德·G.卡尔森的带领下对大桥展开了攻击。4个桥跨中,1个被炸毁,另外3个也被重创。"普林斯顿"号上的官兵们称此地为"卡尔森的峡谷"。后来,好莱坞根据这一事件拍摄成了战争题材的电影《独孤里桥之役》。乔伊对破坏这座大桥非常重视。在几个月中,有两个舰载机大队花费了所有时间轰炸桥跨和通往它的轨道。

实际上,卡尔森并没有完全完成任务。1951年间"三八"线一带的战役中,中国人民志愿军控制了华川水库,并利用水库为己方争取优势。1951年4月11日,马修·邦克·李奇微中将接替被解职的麦克阿瑟任"联合国军"总司令。上任后不久,他就提出了炸毁华川水库大坝的要求。执行此任务的B-29轰炸机并没有完成任务,因此李奇微又向海军下达了此命令。"普林斯顿"号航母的舰长乔治·亨德森派出了一支装备了2000磅炸弹的"天袭者"攻击机中队,但他们同样也没有完成任务。随后,卡尔森表示他可以用航空鱼雷炸毁大坝,而这种武器在半岛战争中

上图:"莱特"号航母上的美国海军第一名黑人飞行员杰西·布朗少尉在他的F4U"海盗"战斗机中留影。1950年12月4日,他在下碣隅里附近被击落。

下图:在白宫举行的一次庆典中,杜鲁门总统向托马斯·J.哈德纳中尉颁发荣誉勋章,表彰其舍身营救战友的英勇行为。

几乎没有使用过。得到许可后，卡尔森率领他的"天袭者"中队，迎着地面防空火力的攻击成功炸开了大坝闸门。

"绞杀"行动

1951年6月5日，李奇微发动了"绞杀"行动，攻击目标为8条由公路、桥梁、隧道和铁路系统构成的补给线，力求阻绝志愿军的补给运输。在这次行动中，李奇微将朝鲜由东至西划分为3个区域。第77特混舰队的舰载机负责半岛中部的2条补给线，空军部队和海军陆战队第1飞行联队则分别负责西部和东部各3条补给线。一直持续到12月的"绞杀"行动效果并不理想。1951年的整个夏季和秋季，第77特混舰队不分昼夜地对卡车公路、乡间小道、桥梁和铁路狂轰滥炸。由于受损交

下图：难民准备登上美国的登陆舰转移。

查尔斯·特纳·乔伊中将（1895—1956年）

查尔斯·特纳·乔伊1895年2月17日出生于密苏里州圣路易斯市，从小就有着成为一名海军军人的梦想。1912年进入美国海军学院学习，4年后毕业。由于曾率舰队在长江上执行巡逻任务达19年之久，他对远东地区很了解。他对航母作战也非常熟悉，因为他在二战期间曾在"列克星敦"号航母上服役。1944—1945年间，作为太平洋舰队的一名少将，他在马里亚纳群岛、菲律宾群岛、硫磺岛和冲绳岛的两栖作战中表现出卓越的指挥才能。

第二次世界大战结束后，乔伊继续留在远东地区。1949年8月晋升为中将后，乔伊升任远东海军司令，一年后他的水面舰艇和舰载机在釜山将人民军击退，遏制了对方在黄海的军事行动。如果没有乔伊舰队的航母、巡洋舰、驱逐舰和两栖舰，麦克阿瑟的仁川登陆行动就不可能取得成功；如果没有乔伊舰队在严寒冬季里的努力，20万美国部队和平民及其装备补给将被困于兴南港。

乔伊经常会不同意麦克阿瑟的密友、第10军军长阿蒙德中将的意见，而他的意见又通常是正确的。1951年，乔伊作为联合国代表团高级代表参加了与中国、朝鲜之间的停火谈判。由于不满联合国左右摇摆的立场和缓慢的进程，乔伊主动要求退出谈判。1952年5月，乔伊接任海军学院院长一职，4年后死于癌症。

右图：1952年，乔伊作为美国远东海军部队司令、联合国代表团成员参加了停火谈判。

上图：海军AD-1"天袭者"舰载攻击机担负起了轰炸鸭绿江上大桥的任务，因为空军的战略轰炸机既无法攻击桥梁，也不敢进入中国东北空域。

下图：1950年11月11日，飞行员肖恩自豪地坐在他的F9F"美洲豹"战斗机里，而W.T.阿门少校则成为首位击落米格-15战斗机的海军飞行员。

通线总会及时得到修复，海军的飞行员们抱怨说，他们的大部分工作都是在浪费时间。李奇微也有同样的认识，因此于12月终止了这一轰炸行动。实际上北方的攻势也在一定程度上受到了"绞杀"行动的遏制，由于4万辆卡车被炸毁，原定于8月份发起的一次大规模攻击被迫取消。此外，"绞杀"行动还促成了第一次和平谈判。

在12月下旬的"绞杀"行动第二阶段中，李奇微获悉志愿军的指挥官将在甲山召开会议。时任第77特混舰队司令的约翰·佩里下令对该地区进行航拍侦察。会议当日，8架"天袭者"攻击机从"埃塞克斯"号航母上起飞，直扑甲山。每架飞机都挂载了两枚1000磅炸弹、8枚250磅炸弹以及凝固汽油弹。上午9点13分，当与会人员刚刚在会议桌前就座完毕时，"天袭者"俯冲6000英尺钻入山谷中，对会议场地进行了轰炸。

佩里不但是优秀的空战指挥员，而且还是一个出色的改革家。他所做出的数项创新在保护飞行员生命安全方面发挥了很大作用，为了满足战争需要他还发明了海军第一款"灵巧炸弹"。佩里得到了6架二战时期的格鲁曼F6F-K"地狱猫"战斗机，并安装了遥控引导系统。在1952年8—9月的作战中，他的无人机装载着炸药，由航空母舰上起飞后，在技术人员的遥控操纵下冲向预定目标。接下来的航拍照片证明，他的这一实验是成功的。

此时，虽然第77特混舰队依然在攻击补给线，偶尔也会同苏联的米格-15战斗机进行空中格斗，但半岛战争实际上已经进入了政治僵局。1952年秋天，美军的"黑豹"战斗机和来自海参崴的米格战斗机之间的空中格斗不断增多。几次小规模空中冲突证明，在飞机方面苏联的米格战斗机要强于美国的"黑豹"，但美军拥有更好的飞行员。在损失了几架米格战斗机后，苏军停止了从符拉迪沃斯托克（海参崴）出动战机进行掩护。

幡然醒悟

1952年，杜鲁门总统突然意识到，他和他的国防部长都被空军所谓的"未来战争将依靠远程战略轰炸机使用核武器来完成"的观点愚弄了。因此，他说服国会启动了一个以500亿美元花5年时间内加强常

下图：1952年中期的半岛非军事区地面作战中，"衣阿华"号战列舰（BB-61）为联合国部队提供了强力火力支援。

上图：执行完半岛东海岸作战任务后，"安提坦"号航母（CV-36）返回美国进行改造，于1953年再次下水作战。

右图：AD-1"天袭者"攻击机从"普林斯顿"号航母上起飞攻击北方。"普林斯顿"号航母创造了半岛战争中的一项作战纪录，单日放飞184架次攻击敌方阵地。

6 冷战：远东半岛战争（1950—1953年）

> "战斗逐渐演变为每日的反复拉锯，成为了双方毅力与耐力的较量。"
>
> 节选自《半岛战争中的海战》
> 第71页，作者为马尔科姆·W.卡格尔
> 和弗兰克·A.曼森

规部队建设的计划。海军将从中得到173艘新军舰，修理291艘现有军舰，再建造一艘航空母舰，并为建造核潜艇投资。但是，这一切都始于1953年的核竞赛。同年，艾森豪威尔当选为美国总统。

战争刺激了技术的发展，海军建设也由于半岛战争而得到了极大发展，补充了许多现代化的军舰。格鲁曼公司的新型F9F-6"黑豹"战斗机更名为"美洲豹"，出现在舰载机联队的机群中。航空母舰上开始搭载西科斯基的HO3S-1型直升机，用于救援和扫雷。半岛战争中期，海军又得到了F2H"女妖"舰载喷气式战斗机，后来此机型发展成为优秀的轰炸作

下图：西科斯基HO3S-1直升机在得到起飞信号后从"新泽西"号战列舰的飞行甲板上升空离舰。

战护航战斗机。格鲁曼公司的F7F-3N和F4U-5N成为海军夜间战斗机。虽然舰载机夜间作战已经在第二次世界大战中得到了长足发展，但在半岛战场上一直没有得到很好的运用。"普林斯顿"号航母成为唯一一艘用于夜间作战的航空母舰。由于夜间喷气式战斗机速度太快，无法击落敌机，因此夜间空战的任务最终还是落于速度相对较慢的"海盗"战斗机身上。在3次夜间空战中，盖伊·P.博德伦上尉共击落5架敌机，从而成为半岛战争中唯一的"海盗"夜战王牌飞行员。夜战武器也有了改进，昵称为"米老鼠"的2.75英寸折

> 使用（"米老鼠"火箭）就像用苍蝇拍打臭虫，而不是用铅笔扎臭虫。
>
> ——卡格尔和曼森：《朝鲜海战》

下图："西西里"号航母上的军械人员为F4U-4"海盗"战斗轰炸机上挂载的5英寸火箭作最后检查，准备前往攻击鸭绿江上的目标。

叠尾翼式航空火箭出现并得到了应用。这种火箭弹原为空对空武器,后来在半岛战场上广泛用于夜间拦截作战。"米老鼠"(正式称谓为"巨鼠")火箭弹被容纳于7联装的火箭吊舱中,"天袭者"攻击机一次可以携带6具火箭弹吊舱,还能挂载照明弹以及250或500磅炸弹。

随着喷气式战斗机和新武器的出现,军事技术迅猛发展,以至于当时在建的所有舰艇都必须变更原始设计,否则就算建造完成也会派不上用场。如果没有半岛战争,海军也许会顶不住来自国会的压力,最终接受被削减的命运。

骄傲的资本

在半岛战场上,海军以15艘美国航母和5艘英国航母的实际行动有力地回击了空军荒谬的"航母无用论"。海军飞机共出动167552架次,海军陆战队飞机出

下图:北美公司的AJ-1"野人"舰载攻击轰炸机准备从"奥里斯坎尼"号航母上起飞。除了两翼各装一台发动机外,"野人"在尾翼上还装有一台喷气式发动机,航程为1630英里。

上图：1954年1月12日，艾森豪威尔总统和三位刚被授予荣誉勋章的海军官兵合影。

动107000架次，而其中大多数都是从航母上起飞的。在半岛战争第三阶段，航母舰载机在半岛上空投下12万吨炸弹。据海军称，半岛战争中，美军海军飞机共击落16架敌机并将36架敌机击毁于地面。少数海军飞行员驾驶北美公司的F-86"佩刀"战斗机，但"黑豹"和"美洲豹"还是舰载机飞行员的第一选择。半岛战争封住了美国空军的嘴巴，实践证明他们所力挺的B-29轰炸机是在此次战争中效率最为低下的飞机。

1953年7月27日上午10时，双方正式签署停火协议，重新确定以"三八"线作为南北双方的分界线。

1953年2月，海军在半岛上还有84124名官兵。在2243名战斗伤亡人员名单中，仅有458人战死或重伤，另有209人被俘或失踪。停火后，大部分海军官兵返回美国，将维持和平的任务交给了美国陆军。

对页图：海军在"堪培拉"号巡洋舰上为两名不知名的战士举行海葬仪式。

7

冷战：越南战争
(1961—1975年)

越南军事摩擦自日本投降当天就开始了。胡志明的追随者们利用日本遗留下的武器装备，发动了旨在夺取政权的"八月革命"。1945年8月中旬，武元甲率部攻击了河静省和其他关键地区。美国驻越南的情报人员向国内报告了胡志明领导的政党情况。而且，报告称胡志明希望得到美国和联合国的帮助，排除法国殖民势力和中国的影响。1945年9月2日，即日本签署投降书的同一天，胡志明在河内代表临时政府宣读《独立宣言》，宣告越南民主共和国成立。

尽管受到了盟国的警告，但是法国政府还是一意孤行地想要重新控制越南，继续将其纳入法国的殖民统治之下。为了重建海军，法国从美国手里租借了"兰利"号轻型航母（CVL-27）和"贝劳伍德"号轻型航母（CVL-24），并分别更名为法文名称"拉菲特"号和"贝劳森林"（Bois Belleau）号。1947年3月16日，法国飞行员驾驶大量道格拉斯SBD俯冲轰炸机，为登陆越南海岸的法国陆军部队提供了近距空中火力支援。10天后，200架SBD轰炸机以65吨炸弹轰炸了河内附近的明海基地，拉开了越南战争的序幕。法国总统夏尔·戴高乐要求美国为其提供更好的飞机，因此美国国防部又向法国出售了相当于一个舰载机联队的F6F"地狱猫"战斗机和SB2C"俯冲者"轰炸机，法国还在继续要求美国提供支援。三年之后，美国"塞班"号轻型航母（CVL-48）抵达岘港，法军海军陆战队的飞行员驾驶25架AU-1"海盗"战斗机登陆。在法国军力没有增强的同时，越南的反抗也越来越强烈。1953年11月，亨利·纳瓦尔将军部队的几千名伞兵在奠边府北部的偏远地区空降。装备了中国大炮的越南军队迅速包围了山谷，使用苏制57毫米防空炮向空中射击，共击落47架、击伤167架试图进行火力支援的法国飞机。纳瓦尔请求美国海军施以援手，但罗伯特·B.卡尼上将根本不想参与越南战争。

日内瓦时期（1954—1965年）

由于朝鲜战争结束后海军再次被削减，卡尼向参谋长联席会议提出建议，要求保留"埃塞克斯"号航母（CVA-9）和"黄蜂"号航母（CVA-18），以及小罗伯特·E.布里克少将的苏比克湾驱逐舰舰队，以在必要的时候向越南战争中的法国提供援助。参谋长联席会议认可了这一提议，并将"拳师"号航母（CV-21）和4艘驱逐舰加强于布里克舰队。1954年，布里克率部进入中国南海进行战备机动。虽然卡尼上将的第7舰队的实力在不断增强，但他还是不愿意参与印支半岛战争。艾森豪威尔总统同意卡尼的决定，拒绝以海军兵力进行空中打击。5月7日，法军失去奠边府，奠边府被越南军队占领。

7月20日，法国和越盟在瑞士的日内瓦达成协议，以北纬17°一带的非军事区

下图：1953年的中南半岛战争中，美国将"贝勒伍德"号航母租借给法国使用。在离开诺福克海军基地前，该舰搭载上了"地狱猫"战斗机和"地狱俯冲者"俯冲轰炸机。

上图：1953年4月25日，"塞班"号轻型航母及其舰载25架AU-1"海盗"战斗机抵达越南岘港，支援法国部队对抗越共军队。

下图：1954年，"蒙塔古"号运输舰将越南难民从海防港向西贡转移。

为界将越南分成两个国家，即越南民主共和国（北方）和越南共和国（南方）。协议规定，越南人民可以根据个人意愿选择在任意一个国家居住。海军将293002名平民和17846名军人由北方转移到了南方。而得到了部分南方军人加入后，胡志明发起了统一战争。于是美法军队的任务就变成了帮助吴廷琰政权建立起国家和一支保卫南方的军队。

在接下来的10年间，以东京为基地的第7舰队保持了在中国南海的军事存在。以"列克星敦"号航母（CVA-16）为核心组成的一个战斗群在越南水域巡逻，另一支以"香格里拉"号航母（CVA-38）为核心的战斗群则在中国台湾海峡巡逻。同一时期，艾森豪威尔总统增加了驻越南军事观察员的数量。

1961年3月，约翰·F.肯尼迪总统开始关注南越的不稳定局势。他增加了第7

> "我尽量避免让我军落入和中南半岛战争期间的法国人一样的处境——打赢无数的战斗，却输掉整场战役。"
>
> ——弗雷德里克·N.基威特中将，引自《美国海军和越南战争》第二卷第36页，作者为爱德华·J.马洛达和奥斯卡·P.菲兹杰拉德

舰队的舰艇数量，并对弗兰克·B.米勒少将的第77特混舰队进行了重组。不幸的是，肯尼迪总统还没来得及实施越南军事政策就遇刺身亡，副总统林登·B.约翰逊接手了这些工作。

北部湾事件

1964年8月2日，"马多克斯"号驱逐舰（DD-731）在离北方海岸线30英里以外的公海巡逻，舰长赫伯特·奥吉尔上校报告本舰遭到北方3艘苏制P-4鱼雷艇的攻击。奥吉尔指挥"马多克斯"开炮还击，并以无线电向"提康德罗加"号航母（CVA-14）请求空中支援。接报后，D.W.库珀舰长派出4架F-8E"十字军战士"全天候战斗机，携带通用型航空火箭出战。在超高频机载测向雷达的引导下，飞行员飞向事发地点，并击沉了一艘鱼雷艇。

两天后的21点30分，"马多克斯"号与"特纳·乔伊"号驱逐舰共同巡逻时，雷达屏幕显示北部湾海域有疑似敌鱼雷艇的亮点目标。两舰均向目标开炮，并报告击沉两艘敌艇。但随后"十字军战士"战斗机飞往事发海域侦察，未发现任何目标。稍后，两位驱逐舰舰长均承认，目标可能仅仅是亮点而已，不一定是北方的鱼雷艇，而"北部湾事件"可能也仅仅是一

上图：1964年8月4日，在极具争议性的"北部湾事件"后，"特纳·乔伊"号和"马多克斯"号驱逐舰正在搜索引发此次事件的苏制P-4炮艇。

下图："北部湾事件"后，约翰逊总统批准对北方巡逻艇进行报复性打击。图为"星座"号航母上的一架A-1"天袭者"攻击机正在准备起飞执行攻击任务。

场误会。

林登·B.约翰逊任美国总统后,命令海军对北方发起报复性攻击。8月5日,"星座"号航母(CVA-64)和"提康德罗加"号航母上的A-1H"天袭者"、A-4"天鹰"和F-4"鬼怪"攻击机出动64架次,对北方石油储存设施和北方100英里海岸线上的海军基地进行了打击。虽然持续4小时的作战共击伤或击沉了29艘鱼雷艇,炸毁了战区90%的石油存储设施,但是北方的防空火炮也击落了美军的两架飞机,飞行员理查德·A.斯拉泽中尉阵亡,而埃弗里特·阿尔瓦雷斯则被俘,直至1973年2月才重获自由。

举棋不定

"北部湾事件"给了约翰逊总统发动越南战争的理由。1964年8月7日,美国国会通过《北部湾决议案》,授权总统可以在越南战争中无限制使用武装力量。6个月时间内,米勒上将的第77特混舰队驻泊在越南海域,等待着作战的指示。而此时在美国国内,约翰逊总统和国防部长罗伯

下图:"珊瑚海"号航母和"突击者"号航母在北部湾"洋基"站海域航行。"突击者"号上停放着一些RA-5C"民团团员"侦察机和几架F-4B"鬼怪Ⅱ"攻击机。

特·麦克纳马拉还在为对越南进行无限制轰炸还是有限轰炸争执不休。与此同时，第77特混舰队的航空母舰轮值期满返回美国，新航母也到达了越南海岸线附近。

1965年2月7日，游击队攻击了波来古空军基地营房，造成8名美国军人死亡、126人受伤，这一事件给了约翰逊一个极佳的切入点。他立即批准实施"火镖I"行动，以"珊瑚海"号（CVA-43）、"汉考克"号（CVA-19）和"突击者"号（CVA-61）航母的83架舰载机对北方军事设施展开了攻击，共出动182架次。3天后，北方作出回应，以炸药袭击了归仁兵营。约翰逊再次发动"火镖II"行动，3艘航母上的99架舰载机对附近的军事设施进行了轰炸。

空袭开始后的几天，是最令约翰逊和麦克纳马拉难受的时间。季风天气、暴雨、低云以及低能见度将攻击目标隐藏了起来，也隐蔽了敌人的导弹阵地。更令航母指挥官们恼火的是，攻击的飞行路线、军械武器、机型机种、行动时间都是由麦克纳马拉的参谋队伍决定的，根本就没有考虑天气条件和防空火力。在恶劣天气里，海军飞行员无法发现由华盛顿指定的目标，因此只好在返航时将弹药扔到海里。偶尔出现的宝贵的晴朗天气却被白白浪费，因为华盛顿的气象学家们没有帮助麦克纳马拉制订作战计划。米勒只能尽其

上图：第21战斗机中队的瑞恩·利兹中尉驾F-4B"鬼怪II"攻击游击队的集结地。利兹在战争中共执行过100多次任务。

下图：1965年10月，一架A-4"天鹰"攻击机扫射一列从中国驶入越南，运输重要军事物资的火车。

所能地保护他的飞行员不要因为华盛顿方面的遥控指挥而受到伤害，但是，这种出于政治目的的行动指令还是导致了本来可以避免的损失。

"滚雷"行动

1965年3月2日，约翰逊总统批准了"滚雷"行动。这一行动是围绕战略轰炸理论而制定的，要以逐步升级的方式对北方进行轰炸，最终达到敌方无法承受的水平，迫使河内终止对南方游击队的支援。为了强化这一战略，约翰逊总统命海军陆战队第9远征旅的3500人从岘港非军事区登陆，这也是首批进入南越的地面作战部队。时间证明，以"毫无意义"一词来总结约翰逊的作战策略是最为恰当的。

在"滚雷"行动中，海军的飞机日夜奋战，但效率却极其低下，究其原因，就是因为"打哪个目标、不打哪个目标"

下图：1965年4月，原驻日本冲绳的海军陆战队第9旅的3000人登陆南越岘港，增援已经于3月登陆的4000名陆战队员。

> 我们不可能失败。我们不可能疲惫。我们不可能撤退,不管是公开的还是以毫无意义的协议……我们将保持……进行无条件谈判的准备。
>
> ——林登·B.约翰逊总统对南方政权的表态。

完全要严格遵从约翰逊的命令。根据约翰逊的要求,美军不得攻击北方设于柬埔寨的补给点,禁止追击退入老挝和柬埔寨的军队,不得使用凝固汽油弹,不得攻击河内,不得对北方重要海港之一的海防进行轰炸、封锁或者布雷,以免伤及苏联和中国军事观察员。海军飞行员只能攻击行驶中的军用卡车,但攻击时间仅限于这些车辆从海防开出至驶入雨林之间的时间。在华盛顿,却没人能够解释清楚一个驾驶战斗机以时速1000英里飞行的飞行员怎样才能分清军用卡车和民用汽车。对于约翰逊的这一作战原则,武元甲的对策是:让汽车在夜间行驶。

1965年12月24日,约翰逊总统下令停止第二阶段轰炸,坐等敌人进行和平谈判的请求。1966年1月31日,当发现局势并没有按照他一厢情愿的想法发展后,约翰逊总统下令升级对北方的空袭,逼迫北方求和。

上图:"奥里斯坎尼"号(CVA-34)航母上的一架A-4"天鹰"攻击机向游击队在南方的据点发射火箭。此机型具有多种用途,可运用炸弹、火箭以及导弹进行攻击。

下图:在北部湾的扬基航空站,"奥里斯坎尼"号航母上的军械人员准备将500磅和1000磅的M-117型炸弹挂装于A-4"天鹰"攻击机上以执行攻击任务。

"洋基"站—"迪克西"站

时任太平洋舰队司令的尤利西斯·夏普上将的不满终于在一次行动后达到了顶点，因为他发现华盛顿计划了一次由美国空军和第77特混舰队在同一时间对同一目标的攻击作战，但两支部队都不知道对方也接到了同样的命令。此后，国防部长麦克纳马拉决定把北方分成两个战区，在中国南海北部建立用于保障海军作战的"洋基"航空站。虽然"洋基"航空站的主要任务是以3艘航母对北方海岸目标形成空中火力覆盖，但第77特混舰队仍然还要执行对南越相关目标进行空中打击的命令。

在约翰逊增加越南战场兵力的同时，北方对游击队的支援也不断提高。由于南方缺乏机场，"珊瑚海"号、"中途岛"号（CVA-41）和"奥里斯坎尼"号航母（CVA-34）的舰载机也加入了对金兰湾海岸地面部队的支援作战。不久，麦克纳马拉批准建立"迪克西"站，保障一个航母战斗群的作战活动，但经常也会有2~3艘航母参与战斗。在南方陆上航空基地未建成前，"迪克西"航空站保障了15个月的作战行动。在整个越南战争中，共有17艘航母在"洋基"站和"迪克西"站作战。

苏制"萨姆"导弹阵地

1965年3月17日，爱德华·C.奥特洛少将接替米勒任第77特混舰队司令，很快他就碰到了新问题。"珊瑚海"号航母上的RF-8"十字军战士"侦察战斗机通过航拍发现，北方正在海防和河内周围建设"萨姆"地空导弹阵地。发现此情况后，奥特洛立即飞至西贡，和美国空军一起策划一次联合打击行动。这样的联合行动需要得到华盛顿的许可，在拖延了数周后，

下图：北部湾作战中，"企业"号（CVN-65）航母上的话务员通过无线电通知机组人员为飞机加油。

麦克纳马拉最终否决了这一提议。奥特洛痛心疾首地表示,"这样的否决已经超出了我的理解能力。"

"萨姆"导弹的出现改变了战术。飞行员必须飞得更高一些,这就意味着炸弹轰炸的命中率将急剧下降;而如果想提高命中率,飞机就必须飞得低一些,那就意味着要承受由苏制武器造成的更多损伤。1965年8月11日夜间,海军战争的新纪元开始了。当晚,北方的"萨姆"导弹在河内以南60英里处击落了2架飞行于9000英尺高度、执行侦察任务的A-4E"天鹰"。接下来的5年内,苏联的"萨姆"-2导弹共击落了115架美军飞机。奥特洛后来抱怨道,应该趁着所有的"萨姆"导弹拥有战斗力之前就将其以"最小的代价破坏掉"。但是,麦克纳马拉还是仅允许飞行员攻击2个"萨姆"导弹阵地,但不允许打击任何附近部署有苏制"米格"战斗机的萨姆导弹设施。后

> "我们在战役过程中受到了严格的限制,这些限制就如同是为了不让我们胜利而制订的一样。"
> ——奥特劳海军上将,引自《第77特混舰队越南战史》第75页,作者为卡格尔

上图:在起落架均被北方防空火力击伤的情况下,登尼·埃尔中尉驾A-4"天鹰"攻击机返回"洋基"站,并利用"奥里斯坎尼"号航母上的紧急拦阻网成功着舰。

来,麦克纳马拉终于同意攻击更多的"萨姆"导弹阵地,但为时已晚,苏联人此时已经开发出可以快速收拢并转移到新阵位的机动式导弹系统。

1966年8月12日,奥特洛下令对"萨姆"导弹阵地发起打击,并发动了"铁手"行动,以专门攻击"萨姆"导弹雷达制导系统的空地导弹为主力,进行反"萨姆"导弹作战。2个月后,"百舌鸟"的制导系统终于可以正常工作了。来自"独立"号航母(CVA-62)的一架A-6"入侵者"攻击机和4架A-4E"天鹰"攻击机品尝了第一个胜果,在自身毫发无损的情况下摧毁了位于河内以北60英里处的一个

"萨姆"导弹阵地。

在"萨姆"导弹阵地侦察任务中，第77特混舰队的飞行员在北方发现了75架米格-17和米格-21战斗机以及8架IL-28轻型轰炸机。第77特混舰队的新任司令詹姆斯·R.里迪少将立即向华盛顿报告，并请求将这些飞机摧毁于地面。这一请求照例没有获得麦克纳马拉的批准，海军飞行员们不得不和这些战斗机在空中苦战。

搜索营救

越南战争中可以称得上成功的战术中，有一项也是由第77特混舰队在"洋基"站创造的，那就是直升机搜索营救行动。在里迪少将及其团队的努力下，部队形成了搜索营救的能力，不但能够救援落于水面的飞行员，而且能深入敌方腹地营救飞行员。在作战中，有些飞行员被击落于海上，还有的掉进了雨林中，但任何人都不想成为敌方的俘虏，不想被送进战俘集中营遭受拷打折磨至死。直升机的应用，使得飞行员不管被击落于何方都有了得到营救的机会。里迪认为，高效的搜救行动不但能够保护人员的生命安全，更有助于提高飞行员的士气。因为海军飞行员们每天都要爬进驾驶舱里，执行着那些使他们无法取得战争胜利的政治限制性任务。特别是在每天都要执行飞行任务的情况下，由于了解到即使被击落他们也将被救回，飞行员们进入座舱时也变得更有信心了。

1965年的搜救体系包括"突击者"号航母上的2架UH-2A/B"海妖"全天候舰载直升机以及一艘驱逐舰。由于"海妖"为非装甲防护型直升机，飞机上仅安装了一挺0.30英寸口径机枪，在执行任务时就由2架重装甲、速度较慢的A-1"天袭者"攻击机伴随护航。越南战争中的第一次成功营救发生于1965年9月20日，当时约翰·R.哈里斯中尉在驾"天鹰"攻击机执行任务时被击落于河内以东20英里处，一架UH-2B"海妖"直升机将其救回至"加尔维斯顿"号导弹巡洋舰上。

1966年，在里迪的要求下，首批SH-3"海王"直升机抵达"洋基"站，这些飞机上装有2挺M60机枪。在每次空袭北越前，海军都要事先把一架或多架"海王"直升机派往离预定打击目标最近的搜救站待命。每次搜救开始时，海军都要派出4架"天袭者"攻击机护航，同时以A-4或A-7攻击机在适当位置待命。

越南战争的最初两年内，共有269名海军和空军飞行机及机组人员被北方部队击落或被迫放弃飞机。其中，103人获救，75人阵亡，46人被俘。

"企业"号航空母舰（CVAN-65）

1965年12月2日，在完成地中海服役任务后，美国第一艘核动力航母"企业"号出动舰载机180架次，对越南战场上的目标进行了攻击。"企业"号于1961年11月25日服役，航速35节，排水量85830吨，长1123英尺、宽252英尺，甲板面积4.5英亩，是当时世界上速度最快、体型最大的航空母舰。在8座核反应堆的驱动下，"企业"号可以在海上航行3年之久而无需添加燃料。该舰最多可以搭载100架舰载机，装有4个弹射器，可以每分钟放飞4架飞机。海军部长小约翰·B.康纳利曾经预言，"企业"号"将在很长一段时间内成为海上的统治者"。

"企业"号造价4.45亿美元，是当时最为昂贵的舰艇。也正是由于造价太高，国会要求必须在实践证明其实际价值后才可建造下一艘核动力航母。"企业"号拥有超长的斜角式飞行甲板，从而可以搭载最新的海军喷气式飞机，第一批北美国公司AJ-3/RA-5"民团团员"双发轰炸机、第一批麦道公司F4H"鬼怪II"战斗机均首次驻于此舰。"民团团员"上安装了新型的电子设备，是突破苏联日益强化的空中防御系统进行侦察和电子对抗的利器。新型"鬼怪II"战斗机飞行速度超过2马赫（1马赫≈340.3米/秒），成为第77特混舰队对抗苏联米格系列战斗机的杀手锏。

虽然米勒一直在提醒华盛顿，北方半数作战物资是由舢板和驳船从内陆河流运入的，但在两年后麦克纳马拉才允许海军对内河进行布雷封锁，并且不包括海防港。"企业"号和"小鹰"号上的舰载机对5条内河的河口进行了布雷封锁。约翰逊总统和麦克纳马拉采用的逐步升级战争增加对北方军事压力的做法并没有缓解战争形势，北方也没有老老实实地坐到谈判桌前。

虽然"企业"号在中国南海第一周的时间内就表现出了超出预期的作战能力，但海军还必须向国会进一步证明这一点。"企业"号的第一次征程持续了6个月时间，其中出动飞机执行作战超过13202架次，以8000吨炸药轰炸了华盛顿指定的攻击目标。

下图："企业"号核动力航母在北方海岸线外航行，回收返航飞机。舰上搭载着一个A-4"天鹰"攻击机中队。

上图：部署时间11个月、总航程105000英里之后，"珊瑚海"号航母开始返航。舰载第15航空联队执行超过160次作战行动，投掷了6000吨弹药。

越南战争中的航空母舰

攻击型航母

"美利坚"号（CVA-66）
"星座"号（CVA-64）
"企业"号（CVAN-65）
"福莱斯特"号（CVA-59）
"独立"号（CVA-62）
"小鹰"号（CVA-63）
"突击者"号（CVA-61）
"萨拉托加"号（CVA-60）

"中途岛"级航母

"珊瑚海"号（CVB-43）
"罗斯福"号（CVB-42）
"中途岛"号（CVB-41）

"埃塞克斯"级航母

"好人理查德"号（CV-31）
"汉考克"号（CV-19）
"奥里斯坎尼"号（CVA-34）
"提康德罗加"号（CVA-14）

反潜航母

"无畏"号（CVS-11）
"香格里拉"号（CVS-38）

参战时间均为6~9个月，部分航母多次参战。

下图：中国南海上，"萨克拉门托"号补给舰为"汉考克"号航母补充油料、物资。

左图:1968年6月19日夜间,克莱德·E.拉森中尉(左)及其搜救小组人员驾UH-2A"海妖"直升机冒着生命危险救回了2名飞行员。

深入北方的救援行动

1968年的一天凌晨,一架F-4"鬼怪II"战斗机在执行任务中被一枚苏制"萨姆"导弹击中,坠毁于河内以南约20英里处。这架飞机是"美国"号航母(CVA-66)的舰载机,飞行员约翰·W.霍尔茨克洛少校和约翰·A.伯恩斯少校在失事时成功弹离飞机,伞降于城镇之间的稻田里。

收到霍尔茨克洛少校的呼救信号后,克莱德·E.拉森中尉迅速召集了他的机组准备出发营救。准备就绪后,拉森中尉机组驾UH-2A"海妖"直升机从"普雷波尔"号导弹驱逐领舰(DLG-15)上起飞,飞往距飞机坠毁地点3英里之外的信号发出地点。到达营救地点后,拉森克服了夜黑多云、地形复杂的困难成功降落,受到了少量攻击。在发现要营救的飞行员正处于一片小树林中时,拉森驾机再次升空,等待第77特混舰队的其他飞机到达,通过照明弹示意地形。在照明弹的帮助下,拉森试图在一个狭窄的地方降落,但飞机在下降过程中碰到了一棵树。拉森立即将飞机转向右方躲避,但又碰到了另一棵树。此时飞机开始来回晃荡,但拉森依然保持在树梢高度悬停,机组成员向着地面上出现曳光弹闪光的位置开火还击。

在拉森的引导下,两名待救飞行员找到了一片较为开阔的降落区,但直升机在降落过程中受到了敌人地面火力的猛烈攻击,"萨姆"导弹也从身边呼啸而过。拉森驾机第三次升空,最终在开阔区的边缘降落。在北方部队从四面八方包围过来的同时,拉森及机组人员将两名飞行员拉上了飞机,并以机载7.62毫米机枪反击。随后,"海妖"冒着猛烈的地面火力飞回北部湾,1小时后安全降落于"乔伊特"号驱逐舰上时,飞机的剩余油量已经仅够再飞5分钟。

由于拉森的勇敢无畏和突出表现,他获得了"荣誉勋章"。

上图:1960年9月16日,"查尔斯·F.亚当斯"号成为新型4500吨级通用型驱逐舰中的首舰,也是该级23艘装备有"鞑靼人"防空导弹的驱逐舰中的首舰。

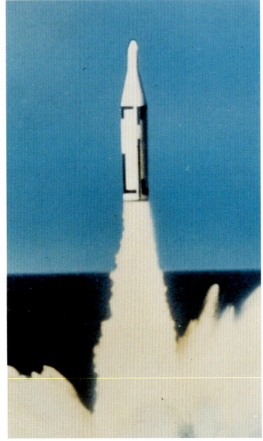

右图:"乔治·华盛顿"号是第一艘由水下成功发射"北极星"A-1导弹的潜艇。

水面舰艇导弹化

随着武器装备的发展,战列舰和巡洋舰的大炮已经无法和具有精确打击能力的导弹相提并论。这一情况从1953年开始得到了改变,"密西西比"号(AG-128,即以前的BB-41)发射了第一枚"小猎犬"舰空导弹。这促成了1955年"特别项目办公室"的成立,在小威廉·F.雷伯恩少将的领导下开发弹道导弹的舰载发射系统。采用固体燃料推进剂的"北极星"弹道导弹就是这些"特别项目"之一。1959年12月31日加入现役的"乔治·华盛顿"号潜艇(SSBN-598)成为第一个A-1"北极星"导弹实验平台,并于1920年7月20日首次成功发射。

在雷伯恩及其团队的努力下,潜艇和"北极星"导弹的研究工作仍在继续。1958年,"加尔维斯顿"号成为第一艘装备了"黄铜骑士"舰空导弹的轻型巡洋舰。1960年9月10日,"查尔斯·F.亚当斯"号(DDG-2)成为该级23艘装备了"鞑靼人"导弹的4500吨级通用型驱逐舰中的首舰。一年后,第一艘核动力制导导弹巡洋舰加入海军现役,即满载排水量17100吨的"长滩"号巡洋舰(CGN-9),并于1964年5月3日加入了全核动力特混舰队的行列,此舰队中还包括"企业"号航母和第一艘满载排水量

舰载机

机型	厂家	动力	速度
攻击机			
A-1 "天袭者"	道格拉斯	螺旋桨	365英里/小时
A-3 "天空勇士"	道格拉斯	喷气式	630英里/小时
A-4 "天鹰"	道格拉斯	喷气式	664英里/小时
A-6 "入侵者"	格鲁曼	喷气式	0.95马赫
A-7 "海盗II"	沃特	喷气式	1马赫
战斗机			
F-4 "鬼怪II"	麦道	喷气式	2.6马赫
F-8 "十字军战士"	沃特	喷气式	2马赫
侦察机			
RA-3B	北美	喷气式	2马赫
RA-5 "民团团员"	北美	喷气式	2.1马赫
预警/航空管制飞机			
E-2A "鹰眼"	格鲁曼	涡喷式	297英里/小时
EA-6 "徘徊者"	格鲁曼	喷气式	659英里/小时
直升机			
SH-3 "海王"	西科斯基	旋翼	166英里/小时
UH-1 "休伊"	贝尔	旋翼	127英里/小时
UH-1B "海狼"	贝尔	旋翼	127英里/小时
UH-2 "海妖"	贝尔	旋翼	127英里/小时

上图：挂载了250磅炸弹的A-7"海盗II"攻击机准备从"突击者"号航母上起飞。

上图：1968年2月，"突击者"号航母上的一架F-4B"鬼怪"战斗机通过空投炸弹攻击地面目标。

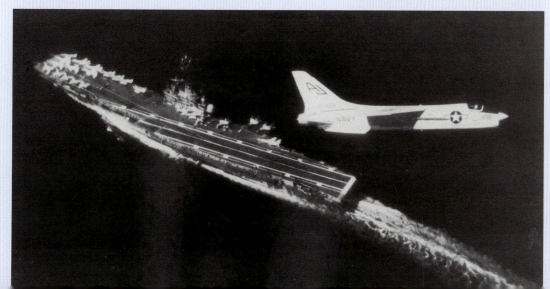

左图：一架返航F8U"十字军战士"战斗机绕"香格里拉"号航母飞行，准备着舰。

上图：1964年6月18日，美国的前3艘核动力舰艇共同巡航。左方为"企业"号航母（CVAN-65），甲板上写着爱因斯坦的相对论能量公式"$E=mc^2$"，中为"长滩"号巡洋舰（CGN-9），右为"班布里奇"号驱逐舰（DLGN-25）。

为8580吨的导弹驱逐领舰"班布里奇"号（DLGN-25）。

20世纪60年代中期，常规动力导弹驱逐领舰（DL/DLG）加入战场作战。这种战舰的尺寸介于轻型巡洋舰和驱逐舰之间，以驱逐舰级别的船体搭载巡洋舰的导弹武器。其中，"普雷布尔"号和"朱厄特"号导弹护卫舰上还搭载了直升机，用于侦察任务、投送特种部队（海豹突击队）任务和搜救任务。随着时间的推移，新型导弹驱逐领舰可搭载8枚"战斧"导弹、8枚"鱼叉"导弹和120枚"小猎犬"舰空导弹，此外还装备有舰炮武器和6枚12.75英寸的MK-32鱼雷。

右图："海豹突击队"利用机械化登陆艇攻击西贡附近的桢沙特别区的敌方部队营舍。

海豹突击队（Navy SEALs）

1962年1月，海军从现有的战斗爆破部队和水下爆破组中抽调精英，组成了可以三栖作战的"海陆空突击队"，即"海豹突击队"。这支部队的组成人员已经在二战时期的欧洲战场和太平洋战场上以及远东半岛战争中立下了赫赫战功。经过多年的实战，"海豹突击队"的队员们的作战能力达到了更高的水平，成为深入敌后进行非常规作战、反游击作战、情报搜集获取和秘密特种作战的专业人才。

海军共组建了两个海豹突击队，大西洋舰队和太平洋舰队各配属一个，各由200名经过特别训练的军官和队员组成。每个突击队都要进行25周水下爆破基础训练、3周陆军航空学校训练，还要接受严格的近身格斗训练。

> "我认为一场合理规划的轰炸行动能够同时让敌人重回谈判桌并震慑敌人，使其放弃支持南越的暴乱分子。如若不然，将演变为一场长期且代价高昂的战争……"
>
> ——夏普海军上将，引自《越南：空中战争》第171页，作者为基尼·格尼

上图：湄公河三角洲地区，水下爆破小组人员在泥淖中警戒，等待与另一支爆破小组会合后炸掉越共地堡。

海豹突击队通常和特种快艇勤务中队、蛙人运送艇队一起工作。但在越南战场上，配合他们作战的是江河巡逻艇、快速巡逻艇、机械化登陆艇等部队以及专为海豹突击队定制的突击艇或直升机部队。海豹突击队可以深入任何一个地点执行任务，并在完成任务后不露痕迹地撤出战区。

尽管人员数量很少，在东南亚海豹突击队却可以说是无处不在。1962—1964年，他们训练出了一批南越突击队员。1964—1965年，他们以"猎杀小组"的方式作战，每组人数为3人以下或7人以上。1966年中期，他们对村庄进行了突袭，暗

上图:"奥里斯坎尼"号航母上的飞机轰炸海防港上的石油设施。约翰逊总统很少批准轰炸那些靠近主要城市的油料中心,如海防和河内。

杀或抓捕游击队领导人员。1968年,他们深入北方地区,解救被关押在湄公河三角洲的美军战俘。在战争中,先后共有49名突击队员阵亡,无人被俘,3名队员获得荣誉勋章。

油料之战

在战备物资方面,北方拥有良好的汽油、石油与润滑油设施,从而使武元甲拥有了极大的补给优势。大部分石油来源于中国,太平洋舰队司令尤利西斯·夏普上将一直要求以空袭作战摧毁敌军工业基础,削弱其活动能力。北方方面已经了解到约翰逊总统反对轰炸河内和海防,因此武元甲把大部分汽油、石油和润滑油储存设施建于不会遭到轰炸的地区。

1966年6月16日,夏普终于得到了有限轰炸河内和海防附近的汽油、石油与润滑油设施的许可。但是,仍然不允许攻击海防港上未插上北方旗帜的油库,这就要求A-4"天鹰"攻击机的飞行员必须以不超过650英里/小时的速度一边观察一边飞行。轰炸开始后,来自"突击者"号航母的28架攻击机用炸弹和火箭弹将海防港上的油库变成了一片火海。7月23日,"天鹰"攻击机轰炸摧毁了荣市的油库。至当年的圣诞节,包括河内附近的北方地面油库基本全部摧毁,大部分输油设备也被炸坏。不得已的情况下,北方只好把油料以油桶分装藏到山洞里。苏联对北方的油料补给也开始使用油桶而不是油罐车。在打击之下,北方民众第一次向当局发出了怒吼,要求他们采取措施"制止轰炸"!

1967年初,夏普返回华盛顿,向当局汇报了油料之战中所取得的重大战果,并要求准许继续轰炸北方的电站、运输补给设施、武器弹药库和米格战斗机的机场。数月后,约翰逊总统才准许麦克纳马拉攻击几个新目标,但否决了夏普的提议。他坚持不得对河内周围10英里以内的区域进行轰炸,而这也是导致美国深陷越南战争泥潭、无法迅速结束战斗的根本原因。

如果华盛顿能够全面客观地认识海军新型武器并作出决策,仅凭海军的"白星眼"电视制导空地滑翔炸弹,就可以如手术刀一般完成对河内市区某些目标的打击,而且其附带的伤害还会相当小。但

尤利西斯·格兰特·夏普

尤利西斯·格兰特·夏普出生于蒙大拿州，其中间名取自于著名的美国内战英雄、第18届美国总统尤利西斯·格兰特，格兰特是夏普父亲的姨夫。1927年，夏普毕业于海军学院，1950年毕业于海军战争学院。二战期间，他是太平洋舰队"伯伊德"号驱逐舰的舰长，并两度荣获银星勋章，晋升为海军中校军衔。朝鲜战争中，他率一支驱逐舰中队帮助麦克阿瑟将军成功登陆仁川。20世纪60年代初期，他任海军作战部副部长，分管政策和计划事务，1963年任第7舰队司令。1964年起，夏普任太平洋舰队司令，直至1968年以海军四星上将军衔退出现役。他的太平洋舰队活动于近半个地球各个海域，拥有约450艘军舰，官兵人数超过100万。

夏普并不认同约翰逊总统和麦克纳马拉部长的越战政策。他认为，一旦约翰逊总统决定开始越战，美国就应该立即作出全面军事反应，而约翰逊当局却选择了逐步升级战争的方式。"北部湾"事件后，夏普参与了决策制定，建议立即对北方进行大强度突袭，并取得了约翰逊总统的认可。但不久后约翰逊又改变了主意，夏普不得不向他的作战指挥官们作出解释，告诉他们"滚雷"行动的有限轰炸"并不是为了给敌人造成最大伤害"，而是"要给北方施加军事压力，使其停止入侵南方"。夏普无法理解约翰逊和麦克纳马拉的政策，却又不得不服从命令。

夏普一直在要求提高轰炸等级，并很多次直接到华盛顿做说服工作。他坚信，美国必将取得越南战争的胜利。在他的主导下，美军攻击了北方的油料设施，试图以战果换取华盛顿方面的认可，进一步切断北方来自其他国家的军备补给。他还希望摧毁北方的资源，如果按他的想法实行，这一目标在1967年就可以完成。约翰逊总统和麦克纳马拉部长坚持"有限轰炸"，最终为美国带来了一场时间最长、最为怪异、最不得人心的战争。

左图：太平洋舰队司令尤利西斯·格兰特·夏普上将一直对美国卷入越南战争持质疑态度，在越战中他对约翰逊总统对海军战略部署与战术使用上的干涉感到深恶痛绝。

上图：约翰逊总统重新将油料设施纳入攻击目标清单后，"好人理查德"号航母上的飞机轰炸了海防港西北方向15英里处的石油中心。

是，实际上航母舰载机最初发起的攻击都是以桥梁、兵营以及铁路为目标。后来，"好人理查德"号航母的舰载机中队终于等到了轰炸河内热电厂的许可，并于1967年5月19日成功完成了任务。7月21日，"好人理查德"号航母上的另一个中队轰炸了河内附近的油料设施。尽管"白星眼"足以对北方任意目标进行精确打击，但是攻击目标的选择权和决定权还是掌握在遥控指挥的华盛顿麦克纳马拉的"神童"们手中。当苏联向美国抱怨称他们也遭到了攻击后，约翰逊立刻变得惊慌失措，忙不迭地把一些战略目标重新纳入非轰炸目标清单。

内河作战

湄公河流经老挝和柬埔寨，在西贡以南形成了湄公河三角洲。1962—1966年，游击队控制了湄公河三角洲北半部分的大部分地区。游击队在此地控制了超过500个具有战略意义的村庄，北方于1968年1月底发起的"春节攻势"大部分都与这里有关。1965年12月，美国海军江河巡逻部队（第116特混舰队）发动了代号为"狩猎警察"的进攻行动。行动开始时，第116特混舰队仅有4艘大型登陆艇，直到1966年4月巡逻艇才到达战场。第116特混舰队很快就和执行"市场时间"行动的第115特混舰队汇合，后者的主要任务是对南越1200英里长的海岸线进行监视和控制。由于"市场时间"行动在"迪克西"站附近进行，第115特混舰队就主要在沿岸海区巡逻，而第116特混舰队则对内河、湄公湾三角洲和游击队控制的桢沙特别区作战。

后来，第117特混舰队作为内河攻击部队也加入了江河作战。一个典型的内

右图："奥里斯坎尼"号航母上的飞机轰炸了海防港以东岛屿上的油料设施后，一架A-1"天袭者"攻击机飞越战场检视战果。

河攻击分舰队通常由400人组成，装备兵力包括3艘指挥通信船、5艘小型浅水炮艇、26辆装甲人员输送车、16艘突击巡逻艇、1艘加油船、1个海豹突击队小队以及其他资源。装备了"祖尼"火箭弹的OV-10A"野马"双发反暴乱飞机也被派遣至内河巡逻部队，主要用于攻击那些试图沿河逃入柬埔寨躲避巡逻的游击队船艇。

在进行了结合以后，"狩猎警察"行动和"市场时间"行动就超出了单纯海军作战的范畴，因为其中包括了海军陆战队、陆军步兵部队、海岸警卫部队等军兵种的参与。在以上几个单位在湄公河三角洲地区行动的同时，第117特混舰队也在岘港附近执行任务，护送两栖登陆艇沿香河和北仑河而上，打击游击队的游击活动。1968年间，参与行动的美军士兵共获得1枚荣誉勋章、6枚海军十字勋章以及500枚紫心勋章。

第117特混舰队的主力舰是浅水炮艇，从外形上看很像美国内战时期丑陋的铁甲舰。在安装了1门105毫米榴弹炮或1门81毫米迫击炮、2挺12.7毫米和3挺0.30英寸机枪以及4具40毫米高速榴弹发射器后，这些炮艇就变成了河流上的"战列舰"。一些炮艇上还装有陆军M10-8型火焰喷射器。和内战时期的浅水重炮艇一样，这些炮艇的速度较慢，最高航速为8

上图：湄公河三角洲的河口是极危险的浅水区，3名士兵操纵快艇沿河航行，侦察敌军在灌木丛中的活动。

节。它们的任务是护送两栖艇顺水道而上，轰击游击队隐藏在雨林之中的据点。

在炮艇的掩护下，装甲运兵船向西贡以南的热点地区进发。装甲运兵船也装有武器，通常是2门20毫米机关炮、2-6挺7.62毫米和2挺12.7毫米机枪。船上还装有高速和低速榴弹发射器各2具，并设有飞机起降平台，以便UH-1D"休伊"直

下图：海军突击支援巡逻艇在湄公河三角洲的一条河上巡逻。

"福莱斯特"号的火灾

1949年3月23日,海军部长路易斯·约翰逊取消了"合众国"号超级航母的建造计划,海军的所有将军都为此困扰不已。6年后,新的6艘"福莱斯特"级超级航母的首舰才加入现役。"福莱斯特"号航母排水量78000吨,是当时最大的航母。在4台汽轮机的驱动下,"福莱斯特"号的航速可达33节。舰载机最大搭载量90架,编制2790名水兵和2150名航空人员,装备有3座"海麻雀"导弹发射架。

1967年7月25日,"福莱斯特"号抵达"洋基"站,开始了越南战争的首次征程。4天后,在准备进行当日第二轮攻击时,一发"祖尼"火箭弹走火发射,穿过航母的飞行甲板后击中了一架已经挂满武器、加满油料的"天鹰"攻击机,导致飞机爆炸,引发了一场大灾难。火灾自舰首燃起,迅速向下蔓延,引爆了航母上的炸弹和火药。附近舰艇火速驶近,帮助航母灭火。航母舰员冒着生命危险从燃烧着的飞机上卸下武器弹药,将装备扔入大海。火灾持续了12小时,造成134人罹难,62人受伤,21架飞机被毁,43架飞机受损。这一天,因为"福莱斯特"号航母的火灾而变成了海军在越南战争中消耗最大的一天。

下图:"福莱斯特"号航母准备进行当日第二轮攻击时,由于"祖尼"火箭弹走火击中飞机,引发了一场火灾,造成134人牺牲、62人负伤。这艘超级航母在全体舰员的奋力抢救下得以幸存。

升机营救伤员。在某些情况下,甚至还能偶尔看到水手们以竹制弓箭作战。

第117特混舰队也使用速度较快的装甲突击支援巡逻艇,这是第116特混舰队在"狩猎警察"行动中所使用的战斗艇。突击支援巡逻艇由中型登陆艇改装而来,装有3台燃气涡轮机,在喷水式推进器的帮助下最高航速可达40节。艇上装有1门105毫米榴弹炮、2座装于装甲炮塔上的20毫米机关炮,船首炮塔装有2座20毫米机关炮和1具40毫米榴弹发射器。

突击支援巡逻艇通常由1名军士指挥,艇员4~5人,其中甚至有部分

上图:湄公河三角洲地区,1艘炮艇用陆军M10-8型火焰喷射器焚烧越共在岸上灌木丛中的阵地。

下图:1艘外观怪异的海军巡逻气垫艇在湄公河三角洲上巡逻,由于水文条件所限,在越南战场上仅有3艘气垫艇投入使用。

女性艇员是海军志愿紧急服役妇女队（WAVES）的文书军士（1967年3月7日，海军将志愿紧急服役妇女队的员额提高了20%，增加至600名军官和6000名女兵）。每艘突击支援巡逻艇每天都在要湿热而多风的河流上工作12小时，对有运输违禁物品嫌疑的帆船和舢板进行检查。艇员们默默忍受着枯燥、蚊子、疲劳、痢疾、潮湿、大雨、伏击、诱杀陷阱以及精心伪装的漂雷的折磨。

虽然并非为江河作战而设计，快速巡逻艇在宽阔水道中的价值还是在实战中得到了验证。这种快艇是由西沃特海船公司建造，本为运送海上石油平台工作人员而设计，采用双柴油发动机、铝制船体，此时则成为了海军的快速巡逻艇。该艇共有MK1和稍有不同的MK2两个型号，巡航速度均为25节，装有12.7毫米机枪和81毫米迫击炮，操舵室上方装有2挺12.7毫米机枪。

根据湄公河三角洲地区的浅水条件，在整个越南战争期间，海军一直在使用各种不同型号的江河船艇。采用喷水动力的江河巡逻艇吃水仅为9英寸，可在30节的航速下作战。运输巡逻气垫艇曾主要用于英吉利海峡的商业运输，此时也用于越南战场上。该艇航速高达70节，装有2挺12.7毫米机枪。战争后期，江河作战逐渐转移到南越，海军也开始使用更为常规的江河巡逻艇。

耻辱的撤退

所有曾经奋战在越南战场的军人在离开时都毫无自豪感可言。相反，这些老兵们感觉他们的战斗力被误用、滥用了。这是一场由总统主导的战争，而约翰逊也为他的错误付出了代价，在舆论压力下（指因"水门事件"而引发的一系列丑闻），他主动放弃了他的第二个任期。1969年，由于作出了结束越南战争、将军人撤回本国的承诺，理查德·M.尼克松

下图："杜伦"号两栖货船在海上把难民转移到小艇上，他们将由登陆艇运送至货轮上。

当选美国总统。

1969年6月8日撤军工作开始,至1972年4月1日,所有海军人员全部撤出越南。第7舰队驻守于越南海域,并派出飞机对北方执行飞行任务。1973年1月27日,参加"关于越南问题的巴黎会议"四方(越南北方、美国、越南南方、越南南方共和临时革命政府)在巴黎正式签订了《关于在越南结束战争、恢复和平的协定》(即巴黎和平协约)。美军大部分兵力撤出越南,海军则滞留北方海岸线上负责清扫水雷。

和海军一起滞留的还有海军陆战队的少量部队。1975年4月12日,海军陆战队的直升机将美国使馆人员撤出被围困的西贡。17天的时间内,海军和海军陆战队的直升机共从西贡转移平民和军人9000人,其中有海军陆战队的士兵989人。4月30日,最后一架飞机从设于西贡的美国大使馆升空,同时北越的坦克也开进了大院。

美国将大部分军人带回了家乡,却将东南亚留给了敌人。在越南战争中,海军官兵以血的代价完成了国家赋予的任务,实现了政府的期望,但当他们回家时,满怀的却是没有品尝到胜利果实的苦涩之情。

越南战争海军参战兵力(1965—1973年)

	最大部署	作战伤亡	阵亡	负伤	被俘或失踪	非战斗死亡
海军	37011	6443	1477	4178	788	880
海军陆战队	86727	64486	12953	51389	144	1631

左图:1973年1月27日美越双方签署和约,交换战俘。几天后,第一名美国战俘得以释放。

8

冷战和恐怖主义威胁
（1960—2006年）

20 世纪的50年代在朝鲜战争中度过，越南战争则成了60年代的主角。冷战蔓延过欧洲和亚洲，进入地中海，非洲和美洲也同样受到了影响。如果没有冷战，美国空军可能已经成功地削弱了海军，将他们变成一支停留在第二次世界大战时期技术水平落后过时的军队。但是，通过与不断扩散的与敌人之间的斗争，海军已经逐渐成长为世界上最有战斗力、最为坚韧的部队。20世纪50年代中期，艾森豪威尔总统承诺要支援任何受到威胁的国家，并运用海军履行了他的诺言。1958年7月15日，伊斯兰主义者在叙利亚政府的支持下，试图推翻黎巴嫩当局，欧洲海军司令部司令小詹姆斯·R.霍洛韦上将派第6舰队海军陆战队3个营的兵力登陆黎巴嫩首都贝鲁特，向已经控制了伊拉克的苏联和反西方势力发出了警告信号。

6周后，艾森豪威尔总统令第7舰队的6艘航母前往马祖和金门，阻止解放军解放国民党军占据的岛屿。这次史称"金门炮战"的大规模对抗一直持续到12月，随后解放军主动停止了炮击。

艾森豪威尔总统的第二个任期结束于1961年1月。在离任前，他为美国的海上力量作出了最后的贡献，签署通过了1962年的国防预算提案，其中包括建造817艘军舰、总兵力达到62.5万人的海军建设计划，以及3个师总兵力17.5万人、3个航空联队的海军陆战队建设计划。莫斯科对于

下图：数名高级军官出席了1974年6月29日在美国海军学院举行的海军作战部长交接仪式。图中自右至左依次为：即将上任的作战部长詹姆斯·L.霍洛韦上将、即将离任的作战部长小埃尔莫·R.朱姆沃尔特上将、参谋长联席会议主席托马斯·H.摩尔上将、国防部长詹姆斯·R.施莱辛格、海军学院院长威廉·P.马克中将。

> "当你有事要做的时候就立即去做。如果你大权在握,那就立马善加使用,只要问题出现就要尽快下达决策。"
>
> ——阿利·伯克海军上将,1955—1961年间曾担任海军作战部长。

美国下一任总统约翰·F.肯尼迪将有何行动保持着密切关注。

肯尼迪总统一上任,就将美国和苏联之间逐渐拉大的"导弹差距"归咎于艾森豪威尔当局。但是,其实正是在艾森豪威尔执政时期,海军才开始重新出现了蓬勃发展的势头。那一时期,美国拥有了第一艘核潜艇"鹦鹉螺"号(SSN-571)、第一艘弹道导弹核潜艇"乔治·华盛顿"号(SSN-598)、第一艘核动力航母"企业"号(CVAN-65)、第一艘核动力导弹驱逐领舰"班布里奇"号(DLGN-25)和第一艘装备了导弹的航母"小鹰"号(CVA-63)。艾森豪威尔当局还为新型导弹的发展铺平了道路,其中包括赫赫有名的"北极星"固态燃料导弹、美国第一所核动力学校,以及海军第一颗卫星"先锋1号"。

1960年,美军"海神"号核潜艇(SSN-586)在艇长爱德华·L.比奇的率领下,历时12周的时间完成了水下全球巡航,这是历史上第一艘取得如此成绩的潜艇。而这一切也要归功于海军科学家海曼·乔治·里科弗,如果没有他在发展核动力推进技术方面所取得的成就,潜艇全球巡航将是一个不可完成的任务。

此时,里科弗已经到了退役的年龄了,但他真正的事业才刚刚开始。在被晋升为少将之后,他全力投身于海军核动力

上图:1960年,美国"海神"号核潜艇(SSN-586)成为第一艘实现了水下全球巡航的潜艇,历程84天,总航程41519英里。

舰队的发展事业之中。其间，他还参与了美国原子能委员会的工作，指导了位于宾夕法尼亚州希平港的美国第一座商业核电站的建设。他担任海军核项目负责人长达40年之久。1973年11月19日，已达法定退休年龄的里科弗晋升为上将，同时国会专门为他通过了一项特别法案使其可以免于

左图："鹦鹉螺"号核潜艇（SSN-571）是世界上第一艘采用核动力的潜艇，1955年1月17日首航，首任艇长为丹尼斯·威尔金森中校。

> "（他是）全美国海军最聪明、最狡黠且最直言不讳的人。"
> 史蒂芬·豪沃斯在他的《驶往闪亮之海》中对里科弗性格的评价，原书第494页。

退役。1982年,当美国"核海军之父"里科弗上将退休时,他已经将核动力系统安装到水面舰艇上,从而将军舰的服役寿命延长到30年。尽管里科弗傲慢自负的个性引起了部分人的不快,但这并不能掩盖他对于海军的巨大贡献。1983年里科弗获颁他人生中的第二枚国会金质奖章,从而成为除扎卡里·泰勒总统之外唯一两次获得此项荣誉的人。

古巴导弹危机

肯尼迪总统在竞选总统时表现出了坚决抑制苏联的强硬态度,但自他上任后却没有继续坚持这一强势立场。1961年4月17—20日,由美国人训练的1400名古巴流亡人员试图推翻菲德尔·卡斯特罗的古巴革命政府,而肯尼迪的软弱在"猪湾事件"的惨败中表露无遗。由于害怕"态势恶化",肯尼迪不允许"埃塞克斯"号航母(CVA-9)和5艘驱逐舰进入猪湾进行军事干预,从而导致美国雇佣军全军覆没于吉隆滩。"猪湾事件"除了严重地损害了美国的威望之外,还给了卡斯特罗投入苏联怀抱寻求保护的借口,最终引发了1962年的"古巴导弹危机"。

1962年10月14日,美国U-2侦察机通过航拍发现,古巴正在哈瓦那港以西100英里的圣克里斯多布置苏联的防空导弹,这是总计42个导弹阵地中的第一个。2天后,他们又发现苏联IL-28轰炸机正在古巴的机场集结。优柔寡断的肯尼迪总统用了整整6天时间考虑应对决策。参谋长联席

海曼·乔治·里科弗上将(1900—1986年)

海曼·乔治·里科弗生于俄罗斯,长于芝加哥,对潜艇怀有浓厚的兴趣,是最有影响力、最杰出的海军科学家。1922年毕业于海军学院后,里弗科继续在哥伦比亚大学深造,并于1929年毕业,获得电子工程理学硕士学位。后来,里科弗进入康涅狄格州新伦敦市的潜艇学校,先后在3艘潜艇上工作,同时也在"新墨西哥"号战列舰上服役过。海军认识到了这位性格暴躁的工程师的潜能,于二战期间任命他为舰船署电子处处长。

1946年,里科弗在田纳西橡树岭接受了核物理和工程方面的学习,从此被核技术深深吸引。当于1947年9月返回舰船署时,他已经形成了自己的将核能转化为动力的观点。在他的领导下,海军成立了一个核研发小组,担负起了建造核反应堆用于舰艇动力的任务。1955年1月17日,世界上第一艘采用了核动力的潜艇"鹦鹉螺"号(SSN-571)下水。对于这一堪称历史里程碑的事件,里科弗仅仅向华盛顿方面发布了一条极为简短的消息:"以核动力下水了",这也很符合里科弗的性格特征。随后,里科弗为第一艘核动力航母"企业"号设计了推进系统。

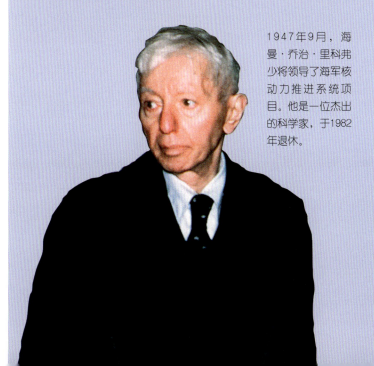

1947年9月,海曼·乔治·里科弗少将领导了海军核动力推进系统项目。他是一位杰出的科学家,于1982年退休。

会议建议进行"外科手术式"的打击,而肯尼迪的军事顾问团则担心这样做会遗漏一些导弹阵地。

由于美国和古巴此时还未宣战,肯尼迪就无法取得对古巴进行海上封锁的合法性。因此,他于10月22日宣布进行海上隔离,阻止苏联进攻性武器进入古巴。为实施海上隔离,海军以包括"埃塞克斯"号航母、2艘重型巡洋舰、大量驱逐舰和支援舰在内的共183艘军舰组成了第136特混舰队,由第2舰队司令艾尔弗雷德·G.沃德中将直接指挥。此外,海军组建以"埃塞克斯"号为核心的航母第2分队和以"企业"号为核心的航母第6分队,分别由约翰·T.海沃德少将和罗伯特·J.斯特罗少将指挥,与第136特混舰队遥相呼应,在必要时进行军事干预。

10月24日,航空侦察报告有25艘苏联

下图:1962年10月14日,美国侦察机从古巴的卡西尔达港上空飞过,图中可见苏联船上装有6套苏制导弹运输设备。

VOLGOLES ENR USSR 9 NOVEMBER

上图：苏联同意从古巴撤除导弹后，海军侦察机监视着苏联船舶的动向。图为载有导弹运输设备的苏联船只驶离古巴港口。

船只正航向古巴。美国海军的潜艇立即在这些船只到达隔离线以前迫其停航，几小时后，除一艘油轮外的所有船只都改变了航向。海军放行了油轮，因为船上只有油而没有武器。

肯尼迪的这一办法达到了他的目的。10月26日，苏共中央第一书记尼基塔·谢尔盖耶维奇·赫鲁晓夫致电白宫，声明苏联政府在古巴所部署的导弹仅仅是为了加强防御力，并承诺将这些导弹设施拆除，但前提条件是美国要解除海上隔离并保证永不攻击古巴（实际上美国方面还承诺了撤出部署在土耳其的核导弹。——译者注）。肯尼迪接受了赫鲁晓夫的条件。海军解除了海上隔离，苏联则撤除了导弹。由于这一协定，古巴作为社会主义国家的地位得以确保，而菲德尔·卡斯特罗则继续执掌政权。

太空海军

在美国海军中，曾经涌现出很多足以名垂青史的英雄人物，而这些人的功业并不都是在海上建立的。1961年5月5日，海军中校小艾伦·谢泼德乘"水星"号飞船，由佛罗里达州卡纳维拉尔角发射，进行亚轨道飞行，达到116.5英里的高度，并在太空中停留了15分钟，成为第一位进入太空的美国人。返回地球时,谢泼德降落在大西洋上距发射地点302英里的地方,"张伯伦湖"号航母(CVS-39)上的直升机将其救援回美国。10年后,在1971年1月31日至2月9日,谢泼德加入了"阿波罗14号"任务,成为在月面行走的第7人,此后晋升为海军少将。

其他海军宇航员也纷纷取得了自己的成就。1962年5月24日,宇航员斯考特·卡彭特乘坐"曙光7号"太空船,在绕地球3周飞行后降落于太平洋。1962年10月3日,瓦尔特·施艾拉成为第5位进入太空的美国人,他驾驶着"水星8号"太空船环绕地球飞行6圈,历时10小时46分飞行160000英里。1965年3月23日的"双子星"计划中,约翰·杨中校和维吉尔·格里森少校进入太空绕地球飞行3周,完成了美国第一次双人太空任务。1965年12月4日的"双子星7号"计划中,詹姆斯·A.洛弗尔中校和空军的弗兰克·博尔曼少校一起创造了一项新纪录,他们在太空中的停留时间长达14天之久。在第11天,施艾拉上校乘"双子星8号"太空船和他们的"双子星7号"太空船实现了有史以来第一次太空会合。1966年6月3日,"双子星"计划即将结束之际,尤金·A.塞尔南少校成为第二个进行太空行走的美国人。

1966年11月15日,"双子星12号"在詹姆斯·A.洛弗尔上校的操纵下进行了最后一次太空飞行,此后"双子星"计划被"阿波罗"计划取代。1967年1月27日的太空飞行训练中发生了一场灾难,"阿波罗1号"飞船失火,3名宇航员因此失去了生命,其中也包括海军的罗杰·B.查菲少校。这一事故延缓了"阿波罗"计划,但

下图:参加"双子星"计划的约翰·杨中校(右)和维吉尔·格里森少校。

2年后计划又重新得以启动。

1969年7月20日,"阿波罗11号"在月球上成功着陆。前海军战斗机飞行员尼尔·A.阿姆斯特朗从太空飞船中走出,成为在月球行走的第一人。随后,阿姆斯特朗成功地从月球上起飞,返回地球后与"黄蜂"号航母(CVS-12)在太平洋上会合。11月14日,"阿波罗12号"再次将3名海军宇航员送上月球,他们是查尔斯·康拉德中校、理查德·戈登中校和艾伦·宾少校。返回地球后,尼克松总统将他们全都晋升为海军上校。

在地球海洋上服役了近200年之后,海军也开始进入外层空间继续发挥自己的作用。

下图:1971年2月5日,谢泼德中校在"阿波罗14号"登月任务中站在月球表面。此时"第一次舱外活动"(EVA-1)刚开始不久。

"普韦布洛"号事件

1968年1月23日,即越南北方发动春节攻势前7天,朝鲜根据苏联提供的情报发现了美国海军"普韦布洛"号电子侦察船。事发前,"普韦布洛"号正在船长劳埃德·M.布彻的指挥下进行情报搜集,不小心进入了朝鲜领海。由于当时第7舰队的所有战斗舰艇均在其他地方执行任务无法增援,"普韦布洛"号最终被朝鲜俘虏。这是一起莫名其妙的事件,而其处理工作持续了数月时间。"普韦布洛"号上装有12.7毫米重机枪,但此刻被帆布紧裹,冻得无法解开而无法发挥作用。船员1人中弹身亡,而布彻和另外2人也负伤。由于无法得到空中或者海上救援,布彻只得投降,"普韦布洛"号被带入元山港,船上未被完全破坏的情报搜集电子设备则落入苏联之手。

在对此事件的调查中,海军部长保罗·R.伊格内修斯发现"普韦布洛"号在受到威胁之初就通过无线电发出过求救信号。但是,由于所有舰艇或飞机都在航程之外,因此无法及时救援。"企业"号航

下图:装载着机密电子设备的"普韦布洛"号电子侦察船在加利福尼亚海岸线上航行。在船长劳埃德·M.布彻的带领下,"普韦布洛"号在朝鲜附近执行任务,引发了一场国际风波,即"普韦布洛"号事件。

埃尔莫·R.朱姆沃尔特上将（1920—2000年）

在参加了越南战争之后，埃尔莫·R.朱姆沃尔特成为海军历史上最年轻的四星上将和海军作战部长。朱姆沃尔特可能是除尼米兹和哈尔西之外知名度最高的海军上将，他认为自己"有一批出色的朋友，也有一批出色的敌人，而这两种人都让我十分自豪"。他对海军进行了激进的开放式改革，特别是给予了少数族裔同等服役机会，并实现了海军内的男女平等。即使是那些持有不同政见的"老水手"们，在回顾朱姆沃尔特作为海军作战部长的所作所为时，也不得不承认或许正是他挽救了海军。

朱姆沃尔特生于旧金山，于1942年毕业于美国海军学院，二战期间在巡洋舰和驱逐舰上服役。远东半岛战争期间，他在"威斯康星"号战列舰上服役，后进入海军战争学院深造。1968—1970年指挥了越南战争中的海军作战。

对于海军建设，朱姆沃尔特有着自己的理念，而他的理念通过越南战争的洗礼变得更加成熟。他认为，海军已经与不断变化的美国社会文化相脱节，海军中的"保守主义"已经大大伤害了海军官兵的主动性。他认为，要实现海军的现代化，就必须以非常规手段取得非常规发展。

朱姆沃尔特任海军作战部长后，发布了一系列被誉为"Z计划"的指示，从而使海军有了开创历史性的变化，美国"没有黑人海军，没有白人海军——而是只有一支海军，那就是美国海军"。在他一系列措施的推动下，美国挺过了越南战争失利的阴霾，海军员额大幅增加。1980年5月28日，美国海军学院历史上第一次招收了55名女性军官，这同样也要归功于朱姆沃尔特的努力。

上图：埃尔莫·R.朱姆沃尔特上将自1970年7月1日至1974年7月1日任海军作战部长。越南战争期间上任后，他的反对者称其为"自由散漫的教唆者"，事实证明他是一个正逢其时的最好的作战部长。

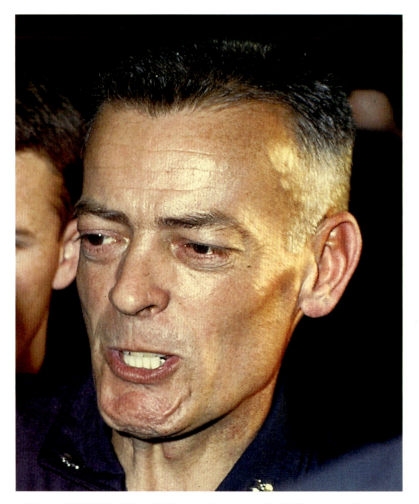

上图：向朝鲜投降的"普韦布洛"号电子侦察船船长芳埃德·M.布彻。

海军力量对比（1978年）		
	美国	苏联
航空母舰	21	3
核潜艇	68	84
其他潜艇	51	210
弹道导弹核舰艇	41	58
其他战斗舰艇	36	91
其他舰艇	219	394
总计	436	840

母最终出现于事发海域附近，但约翰逊总统没有作出任何报复性打击的决定。

伊格内修斯很快就找到了这次事件的原因，那就是由于"普韦布洛"号此次秘密行动中牵扯到多个联邦机构的多方指挥，因此造成了指挥环节复杂、指挥关系混乱的问题。虽然布彻对"普韦布洛"号事件负有责任，但在该船误入朝鲜海域后却没有任何一个机构表示负责。

11个月后，为了解救82名被俘船员，美国向朝鲜公开道歉。船员遣送回国后，船长布彻因没进行任何抵抗就放弃了船只，导致敏感电子设备落于敌手而被送至军事法庭起诉。此时，伊格内修斯站了出来提出反对意见，认为布彻"受到的伤害已经够多了"，最终此案也未作判决。

10年准备

当美国深陷于越南战争泥潭无暇他顾之时，苏联却抓住了宝贵的历史机遇，潜心大力发展海军。1974年7月1日，小詹姆斯·L.霍洛韦上将接替朱姆沃尔特出任美国海军作战部长，此时苏联战舰数量超过了美国舰队。由于苏联海军在地中海的存在，美国第6舰队无法直接介入1967年的阿以战争（第三次中东战争）、1970年的约旦危机和1973年10月的"赎罪日"战争（第四次中东战争）。在"赎罪日"战争期间，朱姆沃尔特将地中海舰队兵力增强至65艘军舰，地中海上的所有海上力量中仅有苏联的98艘军舰的舰队可以与之抗衡。美苏之间的军事对峙状态引发了自"古巴危机"以来首次全球性的危机，而此时尼克松正被"水门事件"弄得焦头烂额、狼狈不堪。朱姆沃尔特后来也承认，当时的美国"既没有军事优势，也没有稳定的国内领导力——而具备其中任何一个因素都足以支援以色列"。

随着时间的发展，存在于海军和政府内部的问题也进一步加剧。支持发展航空母舰的将军们对增加海军军费起到了极大的主导作用。他们想要更大的军舰，如于1975年5月3日加入现役的81600吨的"尼米兹"号（CVAN-68）。而另一部分海军军官则坚持认为，应该重点发展巡航导

下图：海军第二艘核动力航母"尼米兹"号于1975年5月3日加入现役，设计载机100架，是"尼米兹"级航母的首舰。

"蓝光"行动

1980年4月,为了维护美国的全球尊严,卡特总统批准了"蓝光"行动,营救被扣押在德黑兰美国大使馆内的人质。在超过5个月的时间内,海军共派出了27艘舰艇,驻泊在阿拉伯海上静候指令。

此行动需要6架空军C-130运输机从埃及起飞,与"尼米兹"号航母上的8架RH-53D直升机协同作战。每个飞行大队都搭载有特种作战人员,在距德黑兰200英里之外的1号沙漠地区会合。

至1980年,所有海军设施都已经处于年久失修状态。在赶往1号沙漠地区的途中,2架直升机因机械故障返航。第3架直升机在降落于沙漠时发动机失灵。由于此次行动至少需要6架直升机,行动指挥员查尔斯·贝克维斯取消了行动。在动身返回时,第4架直升机因发动机被沙土阻塞无法正常工作,与空军的一架C-130运输机相撞,造成机组人员5人、陆战队员3人死亡。

这一次失败的尝试再次令美国蒙羞,使苏联及其中东友国得到了更多攻击机会,也导致了卡特总统1980年的总统竞选失败。这场不幸的经历让人们进一步认识到,如果不进行主要设计改进,直升机是无法在沙漠环境中有效行动的,而在10年后美国需要拥有能够在类似条件下作战的飞机和战车。

上图:1980年4月24日,海军RH-53D直升机驻停在"尼米兹"号航母的飞行甲板上,准备参加以失败告终的"蓝光"行动。

下图:6架RH-53D直升机从"尼米兹"号航母上起飞,前往1号沙漠地区与空军会合。这次营救行动的惨痛后果远不是用一场公共关系灾难可以概括的,行动共造成8人死亡,损失2架飞机。

上图：1982年12月28日，海军作战部长詹姆斯·D.沃特金斯上将（左）、海军部长约翰·F.莱曼和罗纳德·里根总统在长滩海军船坞参加"新泽西"号战列舰的重新服役仪式。

弹、核弹头武器和最先进的鱼雷，强调应利用大型水面舰艇的弱点注重核攻击的运用。他们还提出应注重潜艇作战和反潜作战，要求建造更多的潜艇和反潜舰艇。已经76岁高龄的里弗科上将也卷入了这场论战，他极力倡导以核动力为基础建造未来战舰。后来，在他对国会的发言中表示，如果战争爆发，他宁愿成为苏联潜艇舰队的指挥官，因为那样他获胜的机会就更多一些。当然这只是一句反语，真切地反映了他对当时美国海军实力的担忧。国会随后展开了调查研究，但他们所做的一切仅仅是进一步延缓了造舰工作。

1974年8月8日，尼克松总统由于"水门事件"被迫辞职，杰拉德·福特继任美国总统。但是，不管是福特还是下一任总统吉米·卡特都没有采取措施发展海军。虽然卡特在二战期间也曾经是一名海军军官，但是他似乎对于美苏海军之间越来越大的实力差距视而不见。

海军在卡特执政时再次进入了衰落时期，海军高级官员的积极性受到了极大的打击。短视的国防部长哈罗德·布朗对海军的地位重新下了定义，认为海军的主要任务是保护"美国和欧洲之间的海上通道"。对于这一趋势，霍洛韦上将发出了警告，认为如果布朗的局限观点占了上风，那么美国将进入一个既无法保护国际利益也无法保护海上通道的纪元。卡特当局忽视了中东恐怖主义的滋长，也根本没有意识到海军存在的重要性。此时，伊朗发生了革命，而苏联也对阿富汗虎视眈眈。美国忙于解决伊朗问题，3个月后才开始对阿富汗危机进行干预。对于卡特发出的最后警告，克里姆林宫的回应仅仅是冷笑而已，他们于1979年12月正式入侵阿富汗。

而在此前的11月4日，伊朗人骚扰在伊朗的美国公民数月之后，又袭击了美国驻德黑兰大使馆，并劫持了66名人质，其中还包括3名海军人员。这次行动完全是另一种战争艺术。这次事件中的一些人质于2005年指认，新当选伊朗总统的艾哈迈迪·内贾德就是当年突袭德黑兰大使馆行动的领导人之一。这次成功劫持人质的事件极大地鼓舞了其他地区的恐怖分子，此后美国驻巴基斯坦的伊斯兰堡大使馆和驻利比亚的的黎波里大使馆先后遭到袭击。为应付这一局面，卡特向阿拉伯海派出了一个航母战斗群，但没有明确说明任务。伊朗人可能比卡特本人更了解美国海军，他们无视美国海军的存在，扣押人质达444天之久。一直到罗纳德·里根就任美国总统之后，伊朗才于1981年1月20日释放了美国人质。

重生

尽管吉米·卡特想削减几乎所有方面的政府投入，国会还是一直犹豫不决地没有采取武断措施，而关于海军地位长达4年的争论在大部分美国人民眼中更像是一场闹剧。在伊朗激进分子袭击了美国驻德黑兰大使馆之后，卡特终于同意建造一艘已经被他取消计划的航母。不得人心的

下图：1983年12月9日，"新泽西"号战列舰的16英寸舰炮轰击位于贝鲁特后方山上的叙利亚炮兵阵地。

卡特最终离开了总统办公室，从而避免了美国和海军进入更为尴尬的境地。经过了15年的彷徨和缩减之后，海军终于在罗纳德·里根当选总统后迎来了自己的春天。里根执政后，任命卡斯珀·M.温伯格为国防部长、小约翰·F.莱曼为海军部长。里根于1981年当选总统时已经70岁，而且还是影星出身，人们对他是否真正了解海军持怀疑态度，而里根则迅速以实际行动给出了答案。他接受了温伯格部长的建议，把原由卡特制定的1981—1982年度国防预算增加了95亿美元。

在媒体的提问面前，莱曼承诺1990年的海军将能够"取得对任何一支部队的海上优势……从而获得海洋自由、维护美国在全球范围内的重要利益"。在他的构想中，美国海军应该拥有15个航母战斗群、100艘攻击型核潜艇、4个水面战斗群，还要让二战时期的"新泽西"号（BB-62）和"衣阿华"号（BB-61）战列舰以及后来的"奥里斯坎尼"号航母（CVA-34）重新服役。一些海军高级军官认为应该建造新的战列舰，但莱曼认为美国已经没有等待时间了。1982年"新泽西"号战列舰重新服役时，舰上已经装备了最先进的武器，如16枚射程为50~60英里的"鱼叉"导弹、32枚射程最高可达500英里的"战斧"巡航导弹。当"战斧"的射程提高至1500英里时，海军已经对所有现役战列舰改造完毕，使之都可以装备这种安装了核弹头的先进武器。海军的重生已经开始了。

上图：1983年12月8日黎巴嫩海岸线外，"独立"号航母正在巡航。舰上停满了飞机，用于支援岸上多国维和行动。

复苏

里根没有浪费任何时间，向世界展示了美国绝不接受苏联胁迫的坚定信念。1981年8月19日，卡扎菲在苏联的支持下宣布锡德拉湾为利比亚领海。作为回应，里根派出第6舰队的一支航母战斗群，用来检验卡扎菲所划定的"死亡线"。当利比亚2架苏-22战斗机出现时，"尼米兹"号航母（CVN-68）上的2架F-14"雄猫"战斗机升空应战并将其击落。卡扎菲不得不重新作出抉择。

1982年，以色列军队和巴勒斯坦解放组织在黎巴嫩发生军事冲突，而黎巴嫩一度已经成为苏联支持下的叙利亚军事干预力量的庇护所。美国第6舰队有关方面在其中发挥了斡旋调停的作用，并在10天时间内疏散了12000名巴勒斯坦平民。第6舰队的1200名海军陆战队员驻留贝鲁特港，参加多国维和行动。

黎巴嫩的形势仍在继续恶化。1983年4月18日，恐怖分子在美国驻贝鲁特大使馆外引爆汽车炸弹，造成61人死亡，其中包括海军陆战队员1人、美国公民17人。此后，恐怖分子活动愈发猖獗。10月23日晨6点25分，一辆装有2000磅高爆炸药的卡车冲过路障，在海军陆战队第24两栖部队的总部大楼外爆炸，造成海军陆战队员241人死亡、70人受伤。莱曼立即向第6舰队派遣了更多军舰，包括"独立"号和"约翰·F.肯尼迪"号航母（CV-67）以及"新泽西"号战列舰。12月4日，叙利亚防空部队在贝鲁特以东20英里处以苏联提供的地空导弹击落美国海军两架侦察机。"独立"号和"约翰·F.肯尼迪"号航母上的A-6"入侵者"攻击机和A-7"海盗II"攻击机受命出击，对叙利亚进行了报复性打击，摧毁了隐藏在群山之中的6个阵地。

当第6舰队在中东地区对抗恐怖主义之时，古巴和尼加拉瓜激进分子以苏制军械为武器，试图在中美洲的小国家萨尔瓦多再次上演"革命"。1983年，担负秘密任务的"海豹突击队"登陆，并在此驻留超过1年时间，同时海军2个航母战斗群在邻近海域进行军事演习。里根认为，遏止战争的最好办法就是在战争升级以前就将其扑灭，这一点在随后的应对格林纳达行动中得到了充分体现。

锡德拉湾行动

1981年，在海军的"雄猫"战斗机在锡德拉湾外击落了利比亚的2架战斗机后，卡扎菲不但没有收敛，反而变本加厉地大肆推行恐怖主义。1985年12月27日，在卡扎菲的指使下，恐怖分子对罗马、维也纳的以色列航空公司机场同时发动袭击，造成包括4名美国人在内的14人当场身亡，另有110多人受伤。美国的注意力重心立即转向了卡扎菲。1986年1月，弗兰克·B.凯尔索中将率2个战斗群，将"萨拉托加"号航母（CV-60）和"珊瑚海"号航母（CV-43）驻泊于锡德拉港外。卡扎菲立即宣布位于北纬35°线上的锡德拉湾内的公海为"死亡线"，任何胆敢进犯的美国飞机和舰船都将受到利比亚的坚决打击。一场"猫与鼠的战争"开始了，利比亚的米格-25"狐蝠"歼击机开

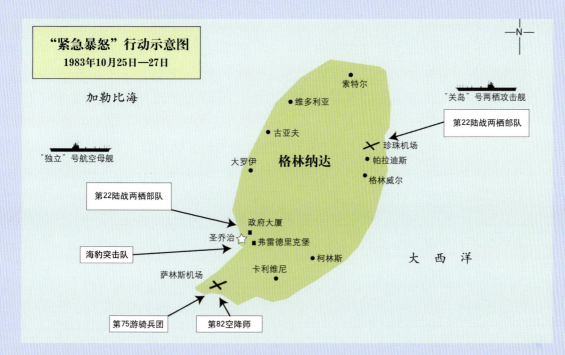

左图：本应前往贝鲁特的陆战队员们和起义军在格林纳达政变中激烈交锋。美国海军的多艘两栖攻击舰掉头前往格林纳达，并将舰上搭载的陆战队两栖部队和"海豹突击队"送上格林纳达。

"紧急暴怒"行动——入侵格林纳达

1983年10月19日，一群武装起义者推翻了格林纳达政府，并关押了英联邦格林纳达总督保罗·司康。作为前英国殖民地，面积仅133平方英里的格林纳达位于加勒比海东部，距离佛罗里达仅160英里。如果在该岛修建军事设施，苏联就有机会自1962年古巴导弹危机以后再度在该地区形成军事优势。此时在苏联的援助下，格林纳达已经建立起了一座海军基地，多处军事设施和武器存放设施，一座军用机场也已经部分完工。有1000名美国公民在格林纳达居住生活，其中大多数是在圣乔治大学医学院就读的学生。

在东加勒比海国家组织的协同下，里根总统调用了一支从关塔那摩出发，本应前往黎巴嫩的特混舰队。这支由12艘军舰和1900名陆战队员组成的特混舰队由小约瑟夫·梅特卡夫海军中将指挥，受命占领格林纳达。10月25日清晨，梅特卡夫命令"海豹"特遣队登陆渗透格林纳达首都圣乔治，解救司康总督并肃清总督府。上午5时35分，从"关岛"号（LPH-9）起飞的直升机将400名第22陆战队两栖部队的士兵空运到了格林纳达唯一一座通航机场——珍珠机场（Pearls Airport）。30分钟后，从巴巴多斯起飞的美军C-5A和C-130运输机飞临由古巴人修建的、位于萨林纳斯角的机场，在仅900英尺长的未完工飞机跑道上空投了陆军游骑兵部队。美军在此次行动中几乎实现了所有目标，但攻击总督府的"海豹"突击队被包围且压制。

10月26日上午，海军陆战队肃清了总督府，次日肃清全岛。在行动期间美军有18人阵亡，116人受伤。在扫荡期间，陆战队发现了苏联大规模军事势力存在的确凿证据，发现了49名苏联、24名朝鲜和13名东欧外交官和顾问。美军共拘捕638名古巴人，发现大量存满了苏制武器的仓库，缴获的文件证明了古巴计划在岛上驻军6800人。

海军的及时行动挫败了苏联势力染指加勒比海的企图，并打断了苏联加强在中美洲影响力的计划。

始进行挑衅,但总是在与海军战斗巡逻飞机正面接触以前就逃之夭夭。

"美国"号航母(CV-66)加入了驻锡德拉湾舰队,并在此驻守了数周时间。1986年3月24日,"提康德罗加"号导弹巡洋舰(CG-47)越过"死亡线",航母舰载机紧随其后,并在飞行过程中躲开了利比亚岸上部队发射的5枚"萨姆"导弹。凯尔索中将立即组织了反击。"美国"号航母上的A-6E"入侵者"攻击机击沉了一艘利比亚导弹巡逻艇,"萨拉托加"号航母上的A-7E"海盗II"攻击机则摧毁了陆基"萨姆"导弹阵地和2艘利比亚轻型导弹艇。10天后卡扎菲作出了反应,他手下的恐怖分子在美国环球航空公司第840号班机上引爆了炸弹,同时驻德美军经常光顾的柏林"美丽"迪斯科舞厅也遭到恐怖袭击。

里根对卡扎菲的暴行忍无可忍,命令对其进行空中打击。4月10日,数十架航

下图:1986年3月18日,一架参加利比亚海岸作战的F/A-18"大黄蜂"战斗攻击机在"珊瑚海"号航母上着舰。

母舰载机攻击了班加西市的贝尼纳机场、军营,位于西迪比拉勒的恐怖分子训练营和的黎波里军事基地。这次夜间实施的攻击完全出乎卡扎菲的意料。海军的飞机摧毁了所有预定目标,而美军仅因为机械故障损失了一架飞机。在这次攻击中,卡扎菲受伤,其年幼的养女不幸被炸死。此役后利比亚恐怖主义受到了压制,但里根总统警告说,"我们必须时刻注意我们自己的行为不能像恐怖分子一样。"

削减预算

里根总统在他的第一届任期内重建了海军,但在第二届任期内海军的军费成了国会进行削减的对象。1985年,国会通过了旨在平衡国防财政预算的《格雷姆—鲁德曼—赫林斯法案》。一位海军专家抱怨道,"如果《格雷姆—鲁德曼—赫林斯法案》实施5年时间,美国海军将遭受自珍珠港事件以来最大的一次挫折。"法案的重点是削减大额投入项目,如核动力航空母舰、"俄亥俄"级核潜艇等。此项法案令海军部长莱曼大为光火,并于1987年4月11日愤而辞职。他的继任者小詹姆斯·H.韦伯在任也没超过一年时间,由于国防部长坚持将舰队规模维持在现有的509艘舰艇而不是发展至600艘舰艇,韦伯也选择了辞职以示抗议。

上图:一艘苏制利比亚导弹艇被"尼米兹"号航母舰载机攻击后,冒出了滚滚浓烟。

在海军愤怒于军费削减的同时,伊拉克和伊朗之间爆发了长期性的血腥的"两伊战争",威胁到了美国从波斯湾开始的石油运输。交战双方都开始抓捕那些毫无防备的悬挂中立国国旗的船只。美国海军派出军舰前往波斯湾,保护油轮通过战区。

里根允许科威特船只悬挂美国国旗,但科威特人实际上是支持伊拉克的,这一缺乏审慎考虑的做法使海军卷入了"两伊战争"。即便是暗地里表现出倾向于伊拉克,伊拉克飞行员仍以"飞鱼"导弹攻击了美国"斯塔克"号护卫舰(FFG-31),导致37名美国人死亡,而悬挂星

上图：1987年5月17日，"斯塔克"号护卫舰被伊拉克"飞鱼"导弹击中，37名舰员死亡。

下图：1988年4月18日，"林德·麦考密克"号驱逐舰和"梅里尔"号驱逐舰攻击了伊朗建立在波斯湾上的油井平台，这也是伊朗用于攻击科威特超级油轮的指挥控制中心。

条旗的"布里奇顿"号超级油轮则被伊朗的水雷炸出一个大洞。1988年4月14日，海军"塞缪尔·B.罗伯茨"号护卫舰（FFG-58）又被另一颗伊朗水雷炸伤，这一次海军采取了报复行动，对伊朗的一些石油平台进行了攻击。

中东战争引起了美国大众对海军的关注，但并不足以让海军得到公平对待。1987年哈伊尔·谢尔盖耶维奇·戈尔巴乔夫承认，由于同美国之间的军备竞赛，苏联被逼到了国家解体的边缘。"军备竞赛"是里根同苏联之间所进行的不流血战争，这场战争耗费了大量财力，但公平而论，如果进行真枪实弹的战争，对国力的消耗无疑将是更为巨大的。1987年12月8日，里根和戈尔巴乔夫签署了全部销毁两国中程和短程核导弹的条约，迈出了削减核武器的第一步，而持续了40年之久的冷战也随着苏联的逐步解体而结束。当里根总统于1989年1月卸任之时，他把一个相对更为和平的世界交到了下一任总统乔治·H.W.布什手里。此时，为时8年的"两伊战争"也已经结束，为全世界带来了走向和平的新机遇。

尽管中东局势还不稳定，但国会却无视实际情况，削减军费的工作依然在继续，并计划把从海军身上省下来的钱用于国内生产项目上。

1990年，海军作战部长卡莱尔·A.

H.特罗斯特上将也介入了这场纷争,他将海军的新作用总结为4点:第一,掌握制海权,并阻止敌人在战时掌握制海权;第二,以飞机、海军炮火、导弹和海军陆战队为主力投送兵力;第三,为岸上联合作战提供战略海运能力;第四,进行核威慑。特罗斯特的观点完美地体现了国家战略的四个要素,即战略威慑、前沿存在、危机反应以及军力重构。他对于21世纪海军的清晰认识,堪比阿尔弗雷德·塞耶·马汉在1890年所形成的20世纪海军理论。几百年来海军已经有了翻天覆地的变化,而这两个人也各不相同,但是他们都在海军急需重新定义的时刻及时出现了。在特罗斯特及其他人的努力下,国会最终没有按原计划削减海军的1000亿美元预算,仅作了少许调整,并同意将海军舰队规模提高至546艘舰艇。

"沙漠盾牌"行动

特罗斯特上将强调,美国应同那些利益休戚相关的国家保持紧密联系,而富产石油的中东地区则进入了这一范围。自1949年起,沙特阿拉伯、国土狭小的科威特等国家就开始依赖美国提供海上保护。1990年,不管是特罗斯特上将、布什总统还是国防部长理查德·切尼都没有预料到中东地区会发生新的战争,但8月2日独裁者伊拉克总统萨达姆·侯赛因凭借世界上第四大陆军入侵了科威特。当布什总统和联合国开始组建由33个国家组成的多国部队时,美国海军已经在波斯湾待命了。这些行动并没有让侯赛因打退堂鼓,反而于8月8日正式吞并科威特。在美国的敦促下,联合国批准对伊拉克进行经济制裁,海军则部署了海上封锁,从而扼住了萨达姆·侯赛因的经济生命线。

上图:两伊战争期间,悬挂美国国旗的"布里奇顿"号超级油轮被伊朗的水雷炸出一个大洞,未造成人员伤亡,油轮安全停靠于科威特港。

> 当国家面临危机时,决策者第一个问题往往是:"可以运用什么样的海军,他们能以多快的速度部署就绪。"
> ——海军作战部长卡莱尔·A.H.特罗斯特上将,1990年5月

1990年8月6日,布什总统批准实施"沙漠盾牌"行动,在沙特阿拉伯建立起军事力量,如果侯赛因拒绝和平撤兵则以武力将伊拉克部队驱逐出科威特。次日,国务卿詹姆斯·贝克同伊拉克外长塔里克·阿齐兹举行会谈,向其阐明如果伊拉克拒绝撤兵将带来的严重后果。在会谈的同时,以"萨拉托加"号航母(CV-60)和"约翰·F.肯尼迪"号航母(CV-67)为核心的航母战斗群由东海岸启航,满载着飞机、炸弹和导弹向红海进发。一周后,围绕"西奥多·罗斯福"号航母(CVN-71)和"美国"号航母(CV-66)构成的航母战斗群从弗吉尼亚州诺福克港出发,赶赴红海。"中途岛"号航母(CV-41)和"突击者"号航母(CV-61)则出现于波斯湾以东的阿曼湾,支援"独立"号航母。

"沙漠盾牌"行动变成了以海军为主的战争。在布什总统取得了沙特阿拉伯

下图:"约翰·F.肯尼迪"号航母准备穿过苏伊士运河,参加"沙漠风暴"行动,其后是"密西西比"号导弹巡洋舰。

8 冷战和恐怖主义威胁（1960—2006年） | 269

国王法赫德·阿卜杜拉·阿齐兹的允许后，美国用13天时间将45000名海军陆战队员、坦克、武器弹药、重型装备和补给物资送至沙特，以保卫沙特边境线。海军陆战队第4远征旅从北卡罗来纳州出发，分乘13艘两栖舰登陆沙特。军事海运司令部派出8艘快速干货船和19艘前置部署舰船，为联合部队和海军战地医院运送武器弹药和补给物资。陆军第24步兵师乘坐8艘干货船，从乔治亚州萨凡纳出发奔向战场，他们以M1"艾布拉姆斯"主战坦克在随后发起的"沙漠风暴"的行动中展开了地面攻击。

8月22日，海军征召预备役部队投身海湾战争。同时，海军也没有忘记海岸警卫队，自第二次世界大战以来首次将其纳入作战力量序列。

至1990年10月，美军登陆兵力达到了顶峰，10万名海军、海军陆战队、海岸警卫队作战人员齐聚波斯湾。美军集结了超

下图：1990年9月15日，刚执行完打击海上毒品交易任务的"密西西比"号导弹巡洋舰在苏伊士运河上航行，奔赴"沙漠风暴"战场。

上图：1990年12月1日，"迈克唐诺"号导弹驱逐舰（左）、"拉萨尔"号指挥舰（中）和"柯蒂斯"号补给舰集结在一起驻泊于波斯湾。

下图：1990年12月1日，在"沙漠盾牌"行动中，"舒适"号医院船（左）和"希望"号医院船进入波斯湾，准备参加"沙漠风暴"行动。

过240艘各型舰只，这也是自二战以来美国首次在单个战场集中了如此多的军舰。凭借有史以来速度最快的海上运输，海军将183亿磅的装备和补给运送至战场，满足了地面部队的需要。

至1991年1月15日，多国部队全部到位做好了实施"沙漠风暴"行动的准备。这一拖延还是由内部纷争不断的国会造成的。经过了激烈争论后，根据众议院250张支持票和183张反对票、参议院52张支持票和47张反对票的投票结果，1月12日国会终于批准实施由布什总统提出的"沙漠风暴"行动。

"沙漠风暴"行动

空地一体战理论是自越南战争结束后发展形成的作战理念，此前还从来没有在对敌作战中得到实际应用。这一理论原是为在欧洲对付苏联和华沙条约组织而形成的，但现在将在伊拉克身上作首次尝试了。对于那些热衷于空地一体战理论和那些依然在研究特罗斯特关于海军攻防转换理论的人来说，"沙漠盾牌"行动和"沙漠风暴"行动就像一本教科书一样。1991年1月17日行动开始时，停泊在海湾地区的美国军舰向伊拉克防空阵地、指挥控制中心发射了百余枚"战斧"式巡航导弹，多国部队开始实施"沙漠风暴"行动，海湾战争由此爆发。在波斯湾、红海和地中海东部，"密苏里"号战列舰（BB-63）和"威斯康星"号战列舰（BB-64）、9艘巡洋舰、5艘驱逐舰和2艘核潜艇首次使用了"战斧II"对地攻击导弹。2艘战列舰的16英寸舰炮自远东半岛战争以来第一次将100万磅的各类弹药（其中包括112枚重达2700磅的炮弹）倾泻到了伊拉克的阵地上。

随后，一场精心策划的战略性空袭开始了，美国以精确制导武器向世界演示了战争艺术的革命性转变，这也是伊拉克人所未曾预料到的。在行动发起时，伊拉克空军部队有730架飞机，但其中仅有60架法国"幻影"F-1轻型超音速战斗机和约150架苏联米格系列战斗机发挥了一点作用。在"沙漠风暴"行动的第一天里，4架原计划执行轰炸任务的海军"大黄蜂"攻击战斗机在7英里之外就发现了2架伊拉克米格-21战斗机，F/A-18攻击战斗机

下图：1990年12月13日，海军第1海上预置中队的"约翰·P.鲍勃"号货轮在"沙漠盾牌"行动中将干货卸载到沙特码头上。

> ### 空地一体战理论
>
> 空地一体战理论指在扩大的战场上，综合运用陆军、空军、海军等各种作战手段和方法，积极主动地在整个战场的范围内打击敌人。联合部队通过火力打击、兵力机动和协同将攻击重点置于敌人的弱点，达到作战目的。

与敌机发生空战，并以"响尾蛇"导弹将两机击落，这也是海湾战争中海军飞行员的唯一一次空战胜利。

同上面两架战毁于空中的战斗机相比，伊拉克大多数飞机的命运更为悲哀，它们甚至都没有机会升空作战就被摧毁于地面，此外还有122架包括"米格"在内的各型战机飞往伊朗避难。在为期8年的"两伊战争"中，伊拉克飞行员曾以"飞鱼"导弹成功攻击美国军舰。而在海湾战争中，随着他们退出空中战场，多国部队在波斯湾内的军舰就得到了解放。海湾战争中，迈克尔·S.斯派克是唯一一位阵亡的海军飞行员，但他也不是牺牲于伊拉克人之手，而是由于"萨拉托加"号航空母舰发射的导弹误中他的"大黄蜂"造成的。

来自6艘航空母舰以及数艘两栖战舰的战斗攻击机、直升机同美国空军、海军陆战队、多部队航空队一起，对遍布伊拉克的160个目标进行了打击，其中包括机场、地空导弹阵地、指挥控制和通信联络中心、生化核设施、桥梁、石油精炼厂以及由苏联制造的"飞毛腿-B"型导弹的发射架。海军EA-6B"徘徊者"电子对抗飞机（防空压制飞机），以强有力的机载电子战设备使伊拉克所

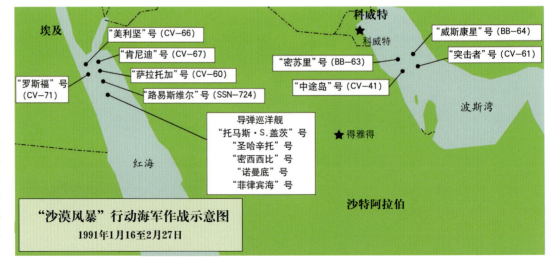

右图："沙漠风暴"行动中，海军控制了伊拉克沿海。1991年1月17日行动开始后，驻波斯湾和红海的9艘海军舰艇向伊拉克发射了122枚"战斧"巡航导弹。

"沙漠风暴"行动海军作战示意图
1991年1月16至2月27日

上图：1991年2月6日夜间，参加"沙漠风暴"行动的"密苏里"号战列舰在科威特北部海岸以16英寸舰炮攻击伊拉克目标。

左图：1991年1月的"沙漠风暴"中，一枚由"威斯康星"号战列舰上发射的"战斧"对地攻击导弹飞向伊拉克目标。

海军导弹

海军最常用的舰基导弹分为7类。

AGM-84D型"鱼叉"导弹是海军最主要的反舰兵器,能够从飞机、潜艇和水面舰艇上发射,射程60海里,战斗部488磅,可打击超视距目标。

RIM-116A型滚转体导弹("拉姆"导弹)是红外制导导弹,用于打击敌方反舰导弹,可从两栖舰、巡洋舰舰和驱逐舰上发射,属于"超音速"导弹,战斗部为常规的25磅。

RIM-7M型"海麻雀"导弹是雷达制导拦截导弹,由机载导弹改装而来,战斗部90磅,飞行速度2660节。

SM-2型"标准"雷达制导导弹常用于"提康德罗加"级巡洋舰和"阿利·伯克"级驱逐舰上,可由"MK41"型垂直发射系统和"MK26"型旋转发射架发射,射程200英里,与目标接触后爆炸。

"战斧"导弹是海军主要远程巡航导弹,可由水面战斗舰和潜艇的发射系统发射。射程达1000英里,飞行速度500节,可根据设定路径飞行。在全球定位系统的帮助下,"战斧"导弹可以对战场进行扫描,并在飞行中段从15个目标中选定攻击目标。

"三叉戟"舰载弹道导弹装有核弹头,采用三级弹体结构,射程超过4600英里。飞行速度可达11000节,安装有多弹头分导再入装置。

垂直发射反潜火箭也常装备于巡洋舰和驱逐舰上,属于三级弹体结构,除98磅重的战斗部外还可以安装一枚MK 46 MOD5鱼雷。

图1:1991年1月1日,"阿利·伯克"号导弹驱逐舰(DDG-51)上安装"鱼叉"导弹发射架,这艘军舰后来参加了"沙漠风暴"行动。

图2:在一次测试舰载防空战斗系统的演习中,"艾森豪威尔"号航母(CVN-69)发射了一枚RIM-116"拉姆"(RAM滚转体导弹)。

图3:1984年5月2日,"拿骚"号两栖攻击舰以"MK25"型基本点防御系统发射架发射一枚RIM-7"海麻雀"导弹。

图4:"拉霍亚"号核潜艇发射"战斧"巡航导弹,该导弹的射程和打击能力已经得到大幅提高。

图5:加利福尼亚海军武器中心在武器试验中垂直发射一枚"阿斯洛克"导弹。

图6:"玛丽安诺·凡里奥"号核动力战略导弹潜艇发射一枚UGM-96型"三叉戟"导弹。

图7:2005年2月24日,"伊利湖"号导弹巡洋舰以"MK41"型垂直发射系统发射一枚海军"标准3"导弹,拦截一枚近程弹道导弹。

有尚能使用的防空系统或通信中继站彻底失去了作用。当"徘徊者"侦测到敌方信号时,海军战术飞机立即使用高速防辐射导弹(HARM)将伊拉克阵地摧毁。同时,海军还运用了"鱼叉"导弹的改进型号——"防区外远程打击导弹"(SLAM),从50英里之外有效地攻击了敌方高价值目标。"尼古拉斯"号护卫舰(FFG-47)上的SH-60"海鹰"直升机也投入了战斗,以导弹攻击了伊拉克设于多拉油田的2个观察站。

海湾战争多国部队总司令诺曼·施瓦茨科普夫陆军上将在位于利雅得的沙特国防和航空部观摩并指挥了空袭作战。在名为"瞬雷行动"的空袭中,共有1800架飞机参与,其中450架来自美国6艘航母,300架来自波斯湾上其他战舰和陆基海军陆战队第3航空联队。施瓦茨科普夫信奉空地一体战理论,他把空袭任务划分为四个阶段:第一阶段,通过摧毁伊拉克的战

下图:1990年11月4日波斯湾上的"沙漠盾牌"行动中,第74攻击机中队的F/A-18C"大黄蜂"攻击战斗机从"萨拉托加"号航母上起飞。

略能力夺取制空权（这一点已经由多国部队的飞行员于7天内实现）；第二阶段，摧毁伊拉克在科威特范围内的防空兵力；第三阶段，在维持前两个目标的同时，攻击伊拉克在科威特范围内的部队；第四阶段，为地面作战提供空中火力支援。

在"沙漠风暴"行动期间，海军和海军陆战队的飞行员共飞行3万多架次。同这样一种先进技术对抗作战，无疑将是伊拉克部队无法忘怀的体验。空袭3周后，在"大黄蜂"攻击战斗机和"入侵者"攻击机的"鱼叉"导弹、"叩头虫"和"石眼"炸弹的攻击下，伊拉克的大部分导弹艇、扫雷舰和"蚕"式反舰导弹阵地均被炸沉或摧毁。

1991年2月23日，在地面作战继续推进的同时，海军飞机的任务由主要攻击固定目标转移到打击机动目标，如坦克、卡车护运队等。海军新型战机如F/A-18D"大黄蜂"夜间攻击机有效遏制了

下图："沙漠风暴"行动中，"萨拉托加"号航母上的第35攻击机中队的机务人员在3架A-6E"入侵者"攻击机上安装"石眼Ⅱ"集束导弹。

下图:"沙漠风暴"行动中,搜救/特种作战第4直升机中队的一架HH-60H"海鹰"直升机从沙尘中起飞,执行首次敌后搜救任务。

伊拉克的夜间活动,使其无法借黑夜的掩护转移人员和物资。F-14"雄猫"战斗机在装备了"不死鸟"导弹和战术航空侦察系统之后,可以在整个战术区域执行实时或准实时任务,为地面部队的防御提供空中掩护。无人航空器也在海湾战争中登台亮相,甚至还没等多国部队动手,一支伊拉克部队就已经试图向盘旋在他们头顶上的无人机投降了。

如果萨达姆·侯赛因能够意识到他引以为豪的共和国卫队已经被切成小块,而且在第3天就被赶出科威特,这场持续上百小时的地面战争可能会结束得更快一些。这场胜利中,海军阵亡6人、伤12人,损失6架飞机。而伊拉克海军则全军覆没,空军陷于瘫痪,约4200辆坦克、装

F-14A"雄猫"战斗机完成任务后飞回"美国"号航母。机身下有1枚AIM-7型"麻雀"导弹、2枚AIM-54型"不死鸟"导弹,机翼下为2枚AIM-9型"响尾蛇"导弹和更多的"麻雀"导弹。

上图:"沙漠风暴"行动期间,一架来自第84舰载战斗机中队(VF-84)的F-14A正使用"战术航空侦察吊舱系统"(TARPS)在一次飞掠中对艾哈迈德·阿里·贾布尔(Ahmed Al Jaber)机场上被炸毁的两处混凝土加固机堡进行航空拍照。

1995年将海军舰艇数量由540艘削减到451艘。"沙漠风暴"行动是20世纪最后一次大规模海军作战,但是,尽管华沙条约组织于1991年3月3日解体,但这个世界上仍存在很多威胁。

1991年12月25日苏联解体后,世界的注意力很快转移到塞尔维亚所控制的南斯拉夫社会主义联邦共和国,克罗地亚、斯洛文尼亚、波黑和马其顿纷纷依照苏联解体模式,先后宣布退出南斯拉夫联盟成为拥有独立主权的国家。这场斗争最终发展成为一场由塞尔维亚、波斯尼亚和克罗地亚三方参与的战争。1992年1月,在将三方视为独立主权国的前提下,联合国维和部队进驻该地区,但波斯尼亚发起了野蛮的"种族清洗"运动,试图驱逐穆斯林和克罗地亚人。布什总统向亚得里亚海派出了一支航母战斗群,为向动荡区域运送补给物资的美国空军运输机提供空中掩护。

波斯尼亚局势进一步恶化。1993年,新任美国总统威廉·杰斐逊·克林顿加大了兵力投入,以海军、海军陆战队和其他部队执行有限维和行动,一直持续到1995年12月。国防部长威廉·佩里派一支航母战斗群驻泊于亚得里亚海,成为海军航空兵部队执行空中掩护和侦察监视任务的机动基地。"亚伯拉罕·林肯"号航母和"独立"号航母仍然在伊拉克对付萨达姆势力,因此波斯尼亚的大部分任务就落到

甲车和火炮被击毁,地面部队中超过10万人或死或伤或被俘。萨达姆所曾吹嘘的那支号称"战争之母"的武装力量在哭泣声中收场。

"四溅的火星"

海湾战争结束后,国会认为对于世界和平的最后一个威胁已经消除,并计划至

了"西奥多·罗斯福"号航母和"美国"号航母的舰载机肩上,这一有限军事干预一直持续到2001年。在完成了超过10万次任务飞行后,干预行动在新任总统乔治·W.布什的主持下开始逐步缩减。

在塞尔维亚危机期间,海军还曾于1992年8月18日向非洲东海岸的索马里派出军队。索马里部族军阀拒绝接受用于救援灾民的粮食,美国派出海豹突击队和海军陆战队在摩加迪沙港登陆。这次所谓的"秘密登陆"行动并没有达到隐秘的效果,登陆部队在新闻媒体的闪光灯下上岸。美国军队的登陆促进了粮食援助行动的开展,控制摩加迪沙的两个军阀签署了休战协议。1993年5月,克林顿将美国军队为联合国维和部队提供火力掩护提高到了"国家建设事业"的高度。事实上,克林顿总统让联合国获得了太多的权力,因此导致了指导的缺乏、军事和政治视野的缺乏。部族武装的势力愈发猖獗,而举步

下图:1993年12月,一架第32反潜战中队的S-3"北欧海盗"反潜机准备从"美国"号航母上起飞执行任务,甲板一侧为3架F-14"雄猫"战斗机和1架F/A-18"大黄蜂"攻击战斗机。

"西奥多·罗斯福"号是海军第5艘"尼米兹"级核动力航母。

维艰的联合国维和行动却发挥不了太多作用，不断地有海军陆战队员牺牲。1995年2月27日，海军以"埃塞克斯"号两栖登陆舰（LHD-2）护送海军陆战队登陆索马里，掩护联合国维和部队撤军。

新一轮恐怖主义

20世纪90年代，在沙特亿万富翁奥萨马·本·拉登的组织下，新的恐怖主义势力再次成为世界和平的威胁因素。在沙特国内形成恐怖组织后，本·拉登转移至阿富汗，建立起了遍布全球的基地恐怖组织网络。他意识到，要控制中东地区，就必须将西方势力赶出富油地区，建立半军事化组织，通过宣布"圣战"清洗中东地区的犹太人和基督教徒。可惜的是，克林顿当局并没有对其投入太多关注，因为总统已经从海湾战争中得到了"和平红利"。

本·拉登继续推行他的恐怖主义，并

下图：1993年1月17日，一艘参加多国救援行动的气垫登陆艇驶向大海。

向国际恐怖组织提供资金支持,其中一个组织曾于1993年在纽约世贸中心引爆炸弹但并没有将其炸毁。1995年,基地组织恐怖分子在美国驻沙特首府利雅得的军事设施中引爆炸弹,1996年攻击了位于沙特东部城市达兰的胡拜尔塔,造成19名美国飞行员死亡。在1998年接受美国ABC广播公司采访时,本·拉登表示,"我们并不区分军人和平民,所有人都是袭击目标。"数周后,基地恐怖主义组织袭击了美国驻肯尼亚首都内罗毕和坦桑尼亚首都达累斯萨拉姆的大使馆,造成包括美国人在内的5036人伤亡。2000年10月,在克林顿总统第二届任期的最后一年里,基地激进分子曾试图炸沉正在也门港口补充油料的"科尔"号驱逐舰(DDG-67)。

2001年1月克林顿总统离任时,海军舰艇数量已经由546艘缩减至318艘。而这主要是由国务卿马德琳·奥尔布赖特造成的,她对当时的参谋长联席会议主

下图:2000年10月29日,被恐怖分子炸伤的"科尔"号驱逐舰由"卡托巴"号拖船牵引出也门港进行修理。

2000年海军实力

舰艇总量	318
执勤水面舰艇	100
执勤潜艇	11
执勤兵力	46249
作战飞机总量	4108
海军兵员总量	
现役官兵	373193
军官	53550
士兵	315471
学员	4172
预备役	183942
雇佣文职人员	184044

席科林·卢瑟·鲍威尔说,"如果根本没有用武之地,那么拥有这样一支强大的军队究竟有什么意义呢?"

反恐战争

布什总统在任8个月之后的2001年9月11日,基地恐怖组织攻击了美国,给美国带了巨大的冲击。恐怖分子劫持了2架客机后撞向世界中心,造成双子塔垮塌。另一架大型客机则撞向五角大楼,导致海军指挥中心受损。第4架被劫客机坠毁于宾夕法尼亚州。所有上述恐怖袭击中造成

下图:1996年6月25日下午2点55分,恐怖分子在位于沙特东部城市达兰的阿卜杜尔·阿奇兹国王空军基地附近的胡拜尔塔北侧围墙下引爆油罐车,造成19名美军现役人员死亡,260名现役人员受伤。

包括劫机者在内的2793人死亡，另有24人失踪，疑似死亡。几小时内，海军从巴尔的摩派出"舒适"号医院船（T-AH-20），救助曼哈顿的受伤人员。

布什迅速作出了向恐怖主义宣战的反应，并批准对本·拉登进行报复性打击，控制阿富汗的塔利班政府。接到命令后，"企业"号和"卡尔·文森"号航母立即奔赴红海。10月7日夜间，航空母舰发动了第一轮外科手术式的精确打击。"大黄蜂"战斗机和"雄猫"战斗机对塔利班控制的机场、防空阵地、指挥控制中心、基地训练营以及塔利班领导人毛拉·穆罕默德·奥马尔在阿富汗坎大哈的居住地进行了攻击。至12月中旬，两支航母战斗群的舰载机共进行任务飞行6000架次，无任何损失。10月9日，当大部分已查明的"萨姆"导弹阵地均已被摧毁后，昼间突击开始了。

10月7日，海军其他战舰也加入了战斗。装有"宙斯盾"系统的"菲律宾海"号巡洋舰（CG-58）和"约翰·保罗·琼斯"号驱逐舰(DDG-53)、"麦克福尔"号驱逐舰（DDG-74）向新目标发射了"战斧"导弹。10月12日，"小鹰"号航母抵达战区，以其舰载机投入战斗。3艘

下图：2001年9月15日，即发生"9·11"恐怖袭击4天后，人们仍然在清理事故现场，搜索遇难者。这次恐怖袭击共造成近3000人罹难。

右图：2002年1月在阿富汗东部地区的一次秘密行动中，海豹突击队获得了一些很有价值的信息，包括这幅本·拉登的宣传海报。

下图："9·11"恐怖袭击中，一架客机撞毁了五角大楼西墙。图为第3步兵团的11名士兵在浩劫发生后撤走巨幅美国国旗。

航母一直驻守在阿拉伯海，直到12月15日"约翰·C.斯坦尼斯"号航母（CVN-74）抵达替换了"卡尔·文森"号。此时"卡尔·文森"号航母的舰载机联队已经起降4200架次，发射攻击弹药200万磅。数周的攻击后，塔利班政权及其4万人的部队均被打垮。

"伊拉克自由"行动

对于海军的飞行员来说，阿富汗战争就等于是为即将到来的伊拉克战争所进行的一场演习。在"沙漠风暴"行动中，很

两栖攻击舰（直升机航母（LAH/LPH））

1962年，为了支持美国冷战时期的"灵活反应"计划，海军和海军陆战队共同成立了陆战队远征分队。随着时间的推移，陆战队远征分队逐步具备了特种作战能力，成为远征作战和特种作战两栖战备分队。

1961年，海军拥有了第一艘直升机起降平台舰"硫磺岛"号两栖攻击舰（LHA-2），此舰也成为陆战队远征分队快速部署兵力的核心。"硫磺岛"号两栖攻击舰是第一艘部署于波斯湾，参加"沙漠盾牌"行动和"沙漠风暴"行动的两栖舰，在海军陆战队登陆行动和反水雷作战中发挥了重要作用。

布什总统作出打击阿富汗塔利班决定的同时，"贝里硫"号和"巴丹"号两栖攻击舰及第15和第26远征和特种作战分队迅速抵达阿拉伯海。两舰上均搭载了AH-1W"超级眼镜蛇"直升机、CH-53E"海种马"直升机以及最多24架AV-8"鹞"式战斗机。同"好人理查德"号两栖攻击舰会合后，"鹞"式战斗机出动400架次，以500磅的CBU-12和MK-82型炸弹攻击了敌方目标。11月24日，"贝里硫"号和"巴丹"号两栖攻击舰上的陆战队员搭乘直升机登陆阿富汗南部，夺取了坎大哈机场。

上图：1997年6月21日，第214攻击机中队的一架AV-8B"鹞"式短距垂直起降攻击机从"贝里硫"号两栖攻击舰的飞行甲板上起飞。

多飞机都被分配了同一攻击目标。在阿富汗战场上，海军飞行员每次飞行的攻击目标都是2个或者更多。飞行员经常还没有看到目标就可以发射武器，因为远距火力引导控制系统已经捕捉到了大部分目标信息，并能够对火力加以引导控制。

巴格达时间2003年3月20日晨5点34分，美国和多国部队开始对伊拉克进行空袭作战。作战目标是：消灭萨达姆政权，实现中东和平，推进反恐战争。在美国同联合国进行协商的数月时间内，萨达姆将大部分生化武器通过大型客机转移至叙利亚境内。

对伊拉克的空中打击虽然和"沙漠风暴"行动有几分相像，但实际上更为精确，所造成的附带损伤进一步减少。攻击兵力包括40个"战斧"巡航导弹发射平台和"亚伯拉罕·林肯"号、"星座"号、"哈利·S.杜鲁门"号和"小鹰"号航母的舰载机，攻击目标为通信站、"萨姆"导弹设施、预警雷达防御系统等。"星座"号航母和"亚伯拉罕·林肯"号航母上的F/A-18"大黄蜂"战斗攻击机摧毁了巴士拉周围的攻击目标，为海军陆战队远征部队、英国皇家海军陆战队的两栖登陆作战铺平了道路。"塔瓦拉"号（LHA-1）和"拿骚"号（LHA-4）两栖攻击舰上的2个两栖戒备大队在海上待命，随时准备攻击巴士拉。另外，分别以"塞班"号和"拳师"号两栖攻击舰为核心组成的2支两栖特混部队也在海上待命。这些部队均装备了舰载直升机和AV-8B"鹞"式攻击机，登陆作战开始后作战部队均在底格里斯河口附近上岸。至3月22日"西奥多·罗斯福"号航母抵达战场，联合部队飞机已经起降6000架次，打击了伊拉克的控制和情报中心，削弱了共和国卫队进行地面作战的能力。

3月25—26日，一场沙尘暴中断了地面作战行动，海军以"星座"号航母上的F/A-18C战斗攻击机摧毁了巴士拉附近的3个海军目标，海军第一架喷气式反潜机S-3B"北欧海盗"以AGM-65E型激光制导导弹摧毁了第4个目标，这也是S-3B反潜机30年以来首次涉足对陆打击。

3月底，海军喷气式战斗攻击机和直升机进行了任务转换，从打击高价值的目标（大部分已完成）转化为进行近距空中火力支援，以帮助地面部队攻击防御巴格达和萨达姆·侯赛因国际机场的共和国卫

> "如果在该区域没有部署航母，我们很难取得这样的成功。"
>
> 米兰·维戈博士《我们能从"持久自由"行动中学到什么》刊载于《海军战争学院论文集》2002年7月号（第128期），第5页。

队。此后,当海军陆战队从巴格达出发向萨达姆的家乡提克里特进军时,航母舰载机就在部队前方进行掩护。2天后,美军攻占提克里特。此时,伊拉克战争已经进入了尾声,仅在几个主要城市还能听到零星枪声。

航空母舰依然在伊拉克执行任务,飞行员随时准备起飞打击那些反对民主的雇佣军和暴乱分子。海军仍在原地执行任务,其军舰则按常规方式轮流换防。"乔治·华盛顿"号航母(CVN-73)在完成波斯湾上的使命后,于2004年7月26日返回弗吉尼亚州诺福克港。在为期6个月的部署中,"乔治·华盛顿"号航行51000海里,其舰载机第7联队飞行7592架次,发射武器弹药82吨,并保持了未损失飞机的成绩。

自1922年第一架双翼飞机从"兰利"号航空母舰上起飞以来,海军走过了漫长的发展道路。航空母舰、潜艇、水面舰艇、飞机以及各种技术依然在不断融合,以使未来的海军具备更强的战斗力和更高的效能。

下图:1998年2月20日,参加"南方守望"行动的第102战斗机中队的一架F-14B"雄猫"战斗机从"乔治·华盛顿"号航母上起飞。近景为两架F/A-18C"大黄蜂"攻击战斗机。

9 走向未来

当迈克尔·G.马伦上将于2005年7月22日成为海军作战部长之时，他面临的第一个任务就是审视今日海军并决定如何打造明日海军。这项工作其实在弗农·E.克拉克于2000—2005年间任前一任作战部长时就已经开始了。马伦为海军2006年和2007年的建设分别制定了1320亿美元和1270亿美元的财政预算，并将维持战备状态、建设未来舰队和培养21世纪的军官人才三项事务列入重点。马伦希望得到的不仅仅是诸如速度、敏捷性、持久性和控制力等作战能力，而且希望海军能够"得到更多由美国造就的人才，为服务于海军的男女将士创造能够发挥全部潜能的条件"。

建设明日海军起步于今日海军，而建设的重点方向则是大西洋舰队、太平洋舰队和海军网络战司令部的航母攻击部队、舰载机联队和远征攻击群。每个打击大队都有其独特的兵力结构，根据任务性质不同灵活配置舰种。海军兵员则是第四个建设方向，至2006年海军共有现役官兵354703人（军官53463人，士兵296944人，学员4296人），以及海军预备役131600人。美国海军目前可部署兵力包括281艘舰艇和超过4000架飞机。战列舰退出了历史舞台，"密苏里"号（BB-63）和"威斯康星"号（BB-64）战列舰在"沙漠风暴"行动中的作战变成了告别演出，现在两舰都被改造为纪念馆。

航母打击大队

航母打击大队的组成并无定规，是

> 我们的海军拥有优秀的人才，而且我们要继续设法将这些人才投送到具有挑战性的、意义重大的联合使命中去。外界是一个联合的世界，而且联合程度一天比一天更深。反恐战争已经充分证明了这一点。
>
> ——海军作战部长克尔·马伦上将

根据任务需要而灵活变通的,一个特定的航母打击大队和其他攻击群可能大为不同。通常情况下,一个航母打击大队包括下列舰艇:"尼米兹"级航母1艘,"提康德罗加"级导弹巡洋舰至少1艘,"阿利·伯克"级驱逐舰2艘,"洛杉矶"级攻击型核潜艇1艘,"供应"级海上补给舰1艘。

"尼米兹"级航母

目前美国海军共有9艘现役"尼米兹"级航母,舷号分别为CVN-68("尼米兹"号)至CVN-76("罗纳德·里根"号),第10艘航母"乔治·H.W.布什"号(CVN-77)正在建造之中,这也将是"尼米兹"级航母的终结之作。另

下图:2006年8月24日,海军作战部长迈克尔·马伦在五角大楼回答海军高级军官有关于当前形势的问题,展望海军继续推进反恐战争的未来。

海军组织体系

上图：2006年，美国参谋长联席会议主席彼得·佩斯陆战队上将发表演讲。左侧为布什总统和国防部长唐纳德·H.拉姆斯菲尔德。

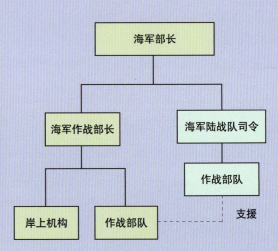

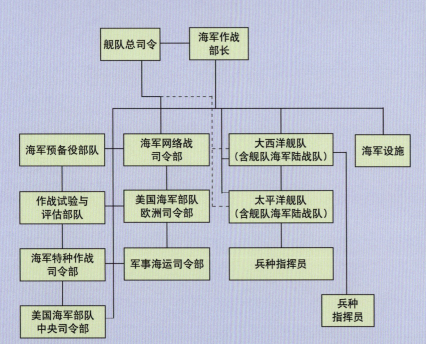

上图：2004年4月21日，第22特种快艇队（SBT-22）的两艘快艇在密西西比河上训练。

左图：2005年7月30日，分配至新型"阿利·伯克"级驱逐舰"哈尔西"号（DDG-97）的官兵参加新舰入列仪式。

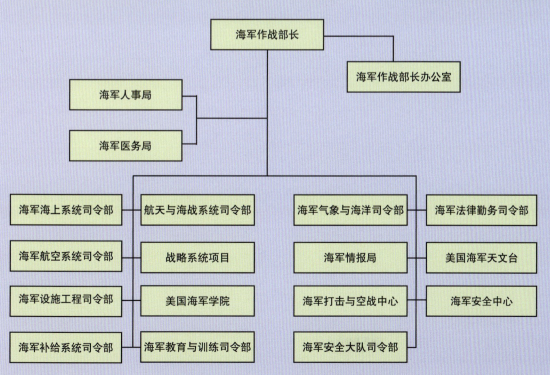

外，新一代航母"杰拉尔德·R.福特"号（CVN-78）于2007开始建造，第二艘"福特"级航母CVN-79于2012年动工。

长期未建造新航母的部分原因是航母的服役寿命实在太过漫长。"企业"号航母（CVN-65）和"小鹰"号航母（CV-63）均于1961年加入现役，而"约翰·F.肯尼迪"号航母（CV-67）于1968年加入现役，至今这些航母还在服役。到"福特"号航母（CVN-78）开始服役时，"企业"号的服役时间将超过50年。资金的巨大消耗是另一个严重制约大型攻击航母建造的因素，每艘航母的成本都接近100亿美元。远征攻击群的发展则是影响航母建造的一个外部因素。远征攻击群的水面舰艇搭载了AV-8B"鹞"式垂直起降攻击机，可以完成近距空中火力支援和精确轰炸等任务。装备了"宙斯盾"导弹系统的巡洋舰、驱逐舰和护卫舰也可以在无需飞机帮助的情况下由数百英里之外对

下图：1995年9月的弗吉尼亚州诺福克港。作为历史最悠久的军港之一，诺福克是一个具备海军水上、空中指挥功能的高度现代化的海军工业复合体。

海军的任务

维护美国在本土和海外的安全；保护用于和平用途的国际海上商运航线的开放和航行自由；维持与其他国家及其海军的良好稳健关系；持续深化与新兴伙伴国的海上力量协作；保持海军力量，时刻做好战斗准备——确保前沿部署、轮换和调动能力——建立起足以威慑任何敌手并在多军种联合部队支援下将之击败的部队规模、灵活性和杀伤力。

下图：2006年8月16日，在完成了6个月的反恐战争海上安全行动的支援部署任务后，"日耳曼城"号两栖船坞登陆舰（LSD-42）返回加利福尼亚州圣迭哥海军基地。

> ## 什么是"祖鲁"时间？
>
> "祖鲁（Zulu）"时间指的是格林威治标准时间（GMT），即穿过英格兰的格林威治天文台的本初子午线所处的时间。从18世纪开始，远洋水手们就开始利用格林威治为子午线测定自身所在的精度。子午线的出现推动了航海经线仪和时区的出现。美国国内的不同时区在美国海军军语的缩写中分别为：东部时间（"R"—罗密欧）；中部时间（"S"—西拉）；山区时间（"T"—探戈）；太平洋时间（"U"—制服）；阿拉斯加时间（"V"—维克多）；夏威夷时间（"W"—威士忌）。
>
> 由于地球的转动速率并非恒定，如今的美国海军已经接受了一套新的时间——世界调整时间（Universal Time Coordinated，UTC）取代格林威治标准时间作为"祖鲁"时间。

目标进行打击。战列舰已经淡出海军舰队，而航空母舰则很有可能是下一个退出者。

但至少在未来的几十年内，"尼米兹"级航母仍将存在，并且仍将是航母打击大队的核心。"尼米兹"级航母以两座核反应堆驱动四台汽轮机，使其以超过30节的速度航行。"尼米兹"级航母排水量97000吨，舰长1092英尺，舰上搭载飞机85架，舰载武器为3座"海麻雀"近距防空导弹发射装置和4座20毫米的六管密集阵火炮，上有舰员3200人，航空联队2480人。

"提康德罗加"级巡洋舰

每个航母打击大队中至少有一艘"提康德罗加"级巡洋舰。巡洋舰的造价也很昂贵，单舰成本约为10亿美元。"提康德罗加"级巡洋舰并非必定配属于航母打击大队，而是可以视情况参加远征攻击群作战或者独立作战。目前，美国海军共有24艘现役"宙斯盾"导弹巡洋舰，均未采用核动力，而是依靠4具通用动力LM2500燃气涡轮机推进。舰长567英尺，是快速航母舰长的一半，但航速也超过30节。通常搭载2架SH-2"海妖"直升机或2架SH-60"海鹰"直升机，舰员包括24名军官和340名士兵。舰载导弹系统根据舰艇的建造时间各有不同。由于导弹武器已经发生了重大变化，1983年1月22日开始服役的"提康德罗加"号已经退役。现有的"宙斯盾"巡洋舰如"维拉湾"号（CG-72）、"皇家港"号（CG-73），装备了"标准"舰空导弹、"阿斯洛克"垂直发射反潜导弹、"战斧"巡航导弹、6枚MK46鱼雷、2座MK45型舰炮以及2套"密集阵"近防武器系统。

"阿利·伯克"级驱逐舰

每个航母打击大队均包括至少2艘导弹驱逐舰。它们航速超过30节，可以独立作战也可以参加航母打击大队、水面行动大队、两栖戒备大队或海上供应大队的集体行动。"阿利·伯克"级驱逐舰舰长

下图：2006年2月15日，"提康德罗加"级导弹巡洋舰"张伯伦湖"号和"罗纳德·里根"号航母航行在印度洋上。

上图：2004年2月3日，"提康德罗加"级巡洋舰"韦拉湾"号在地中海上高速机动。

505英尺，排水量8400～9200吨，火力和舰员数量（军官23人、士兵300人）与巡洋舰类似。除了2架SH-60"海鹰"直升机以外，舰载武器系统包括"标准"舰空导弹、"鱼叉"反舰导弹、"阿斯洛克"垂直发射反潜导弹、"战斧"巡航导弹和6枚MK46鱼雷。目前海军共有现役"阿利·伯克"级驱逐舰55艘，分布于航母打击大队、远征攻击大队和各种各样的任务之中。其中"科尔"号驱逐舰（DDG-67）在也门港口补充油料时曾被激进分子在舰体上炸出一个大洞，引起了国际上的广泛关注。

攻击型核潜艇

海军的攻击型核潜艇依然在不断发展。目前，美国海军共有3种现役攻击潜艇，而"弗吉尼亚"级核潜艇是最新型也是唯一正在建造的潜艇。"弗吉尼亚"号核潜艇（SSN-774）于2004年10月3日服役，随后"得克萨斯"号（SSN-774）和"夏威夷"号（SSN-774）分别于2006年和2007年加入现役，将来还将再建另外3艘潜艇。"海狼"级攻击型核潜艇是介于"弗吉尼亚"级和较老的"洛杉矶"之间的潜艇，包括"海狼"号（SSN-21）、"康涅狄格"号（SSN-22）和"吉米·卡特"号（SSN-23）。在所有的现

"宙斯盾"武器系统

随着武器系统的广泛应用，"宙斯盾"（Agis）已经变成了一个通用词汇，意指可以用各种低端或者高端导弹打击敌方舰艇、飞机、防空兵器以及短程和中程导弹的舰载飞弹发射系统。"宙斯盾"是一种全天候、全空域的舰载防空导弹武器系统，用来保卫航母编队或驱护编队，担负区域防空作战任务，是目前世界上最先进的舰载指挥与武器控制系统。

"宙斯盾"系统的核心是AN/SPY－1相控阵雷达，这种雷达可同时搜索、跟踪和引导上百批目标。此系统原为驱逐舰设计，后延伸至巡洋舰、护卫舰和其他舰艇。由"宙斯盾"武器系统控制的导弹包括：AGM–84D"鱼叉"导弹、RIM–116A"拉姆"导弹、"标准2"导弹、"战斧"巡航导弹以及其他多种导弹。

左图：2002年3月21日，"小鹰"号航母发射一枚"拉姆"导弹。

左图：2006年5月25日，"宙斯盾"巡洋舰"伊利湖"号发射一枚"标准2"舰对空导弹，演示其拦截弹道导弹的能力。

对页图：2004年7月19日，"达拉斯"号核潜艇的艇员走出潜艇稍事休息。

下图：2005年6月23日，"阿利·伯克"级驱逐舰"菲茨杰拉德"号（前）和"保罗·琼斯"号在珊瑚海参加军事演习。

役核潜艇中，"洛杉矶"级潜艇数量最多，部署也最为广泛。"弗吉尼亚"级潜艇和"海狼"级潜艇的航速均可达25节以上，而"洛杉矶"级潜艇则稍慢一些。所有潜艇都装有一座核反应堆和一部蒸汽轮机，大部分都装备了"战斧"反舰导弹、MK48型鱼雷和4—8座鱼雷发射管。

技术优势是美国潜艇得以不断发展的源动力所在。由于第三世界国家目前都在获取更为先进的非核动力潜艇，海军也注重以新型攻击核潜艇对抗这一威胁。攻击型核潜艇的其他任务包括情报搜集、运送执行反舰作战任务的特种部队以及攻击作战等。同第二次世界大战时一样，敌人的潜艇始终是航空母舰的巨大威胁，这也是攻击型核潜艇成为航母打击大队组成兵力之一的原因。

"供应"级海上补给舰

随着攻击型航母的速度不断提高、驻留海上时间的不断增加，快速战斗支援舰就变成了必不可少的舰种。目前海军仅有4艘现役战斗支援舰，最老的是"供应"

号海上补给舰（T-AOE-6），最新的是"桥"号战斗支援舰（T-AOE-10）。此舰型排水量为48800吨，在满载177000桶油料、2150吨弹药、500吨干货和250吨冷冻食物时，航速可达25节。补给舰与航母打击大队之间通过小型油轮和补给舰船运送物资。现在，"补给"级海上补给舰已经移交军事海运司令部使用，并由160名平民和29名海军人员共同操纵。舰上也搭载有2架CH-46E"海上骑士"直升机或2架SH-60"海鹰"直升机。

航母舰载机联队

通常情况下，一艘"尼米兹"级航空母舰上的飞行联队包括3个F/A-18 "大黄蜂"战斗攻击机中队、1个F-14 "雄猫"战斗机中队、1个E-2C "鹰眼"预警机中队、1个S-3 "北欧海盗"反潜机中队、1个SH-60 "海鹰"直升机中队和1个EA-6B "徘徊者"电子对抗飞机中队。

麦道公司制造的单座F/A-18 "大黄蜂"战斗攻击机是海军第一架全天候战斗/攻击机，于20世纪80年代开始亮相。该系列中最新的是F/A-18E/F "超级大黄

下图：2005年9月17日，军事海运司令部的"补给"号补给舰（左）在训练演习中为"韦拉湾"号导弹巡洋舰补充物资。

蜂"战斗攻击机,能够完成各种类型的任务,包括夺取空中优势、战斗机护航、侦察、空中加油、近距空中支援、空中防御压制以及全天候精确打击等。

新型"超级大黄蜂"战斗攻击机实现了与地面、海上、空中作战装备的最大化联结,而Block II型更是无缝融合了最先进的雷达和通信系统。较老的双座F/A-18D仍然被用于攻击、战术空中指挥、前沿空中控制以及侦察巡逻等任务。

较新的单座F/A-18E于2002年11月6日进行了首次作战,当时它作为"亚伯拉罕·林肯"号航母(CV-72)的舰载机对伊拉克作战。同一时期,双座F/A-18F也加入现役。"超级大黄蜂"战斗攻击机的造价高达5700万美元,机长60.3英尺,相当于每英寸100万美元。飞行速度超过1.8马赫,升限50000英尺,

上图:2006年1月15日,第2攻击战斗机中队的F/A-18F"超级大黄蜂"放下起落架,准备在"亚伯拉罕·林肯"号航母上降落。

航程1660海里。"超级大黄蜂"的最大起飞重量可达66000磅,可混合搭载"响尾蛇"、"麻雀"、"哈姆"、"斯拉姆"和"小牛"导弹,装备了联合远距打击武器(JSOW)、联合直接攻击武器(JDAM)、数据链吊舱、"宝石路"激光制导炸弹、1门M61"火神"20毫米航炮,也可搭载各种用于常规任务的炸弹、水雷和火箭弹。

海湾战争期间,双座双发格鲁曼F-14"雄猫"战斗机在"萨拉托加"号航母(CVA-60)的第103战斗机中队中服役。"雄猫"战斗机的最高飞行速度为1241英里/小时,是海军的标准舰载截击机。从越南战争开始,"雄猫"战斗机经过长期的发展后衍生出很多变型机。标准

下图:2005年9月12日,第213战斗机中队的F-14D"雄猫"战斗机和第24海上侦察中队的S-3B"北欧海盗"正在进行右翼空中加油。

机载军械包括1门M61"火神"20毫米航炮、2枚AIM-9型"响尾蛇"导弹、4枚AIM-7型"麻雀"导弹、4枚AIM-54型"不死鸟"空空导弹和14500磅炸弹。

E-2C"鹰眼"预警机由诺斯罗普·格鲁曼公司制造,是在舰载机联队中担负全天候空中预警和指挥控制任务的飞机。机组由5人组成,采用2台发动机、悬臂式上单翼、悬臂式四垂尾尾翼,机身中部支架上有直径为24英寸的圆盘式雷达天线罩。"鹰眼"预警机是由越南战争时期的E-1"追踪者"预警机进化而来,至"伊拉克自由"行动期间发展成为现在的E-2C。"鹰眼"预警机造价昂贵,高达8000万美元,但是其机载电子设备能够和舰载"宙斯盾"武器系统有效结合,

下图:2006年7月27日,一架E-2C"鹰眼"预警机进入"西奥多·罗斯福"号航母的飞行甲板。"鹰眼"预警机是海军舰队侦察、监视作战中必不可少的组成部分。

从而构成了未来海基战区弹道导弹防御系统的核心。最新的变型机于2011年开始服役,能够对敌方水面战斗单位、巡航导弹或飞机作出早期预警,从而极大地提高了战区空中和导弹防御作战的效能。现有的E-2C预警机能够增强作战飞机的拦截能力,有效攻击预定目标或截击来袭的飞机或导弹。在总体作战管理方面,E-2C预警机也能够发挥侦察监视、搜索营救和航空管制等作用。

造价2700万美元的洛克希德公司的S-3B"北欧海盗"是全天候舰载喷气式反潜机,能够用于攻击潜艇和水面战斗舰,同时也可作为航母打击大队的空中加油机使用。S-3B反潜机飞行速度为450节,可执行多项其他任务,如昼间和夜间侦察、电子对抗、目标跟踪、搜索营救等。机组2~4人,可搭载的武器较为广泛,包括AGM-84"鱼叉"导弹、AGM-65"小牛"导弹、AGM-84"斯拉姆"导

下图:2004年8月6日,第5舰载机联队第21海上控制中队的S-3B"北欧海盗"反潜机完成任务后返航。

弹以及鱼雷和炸弹等。

飞行速度500节的双发EA-6B"徘徊者"电子对抗机是诺斯罗普·格鲁曼公司的产品,可通过干扰敌方雷达、电子数据链和通信设备保护航母舰载机、地面部队和水面舰艇。"徘徊者"自1968年5月开始服役,发展至今日已经成为远程全天候电子战飞机,机组成员包括1名飞行员、3名电子对抗军官。此机型发展过程中,主要经过了两次比较重大的升级,即ICAP III型性能改进系统和MIDS多功能信息分发系统。ICAP III设备有先进的自适应干扰和地理定位能力,多功能信息分发系统可以通过Link16战术数据链来获取和利用数据。除了可以使作战区域获取战术性电子情报外,"徘徊者"还装备了"哈姆"反辐射导弹。

海军所有的直升机都在不断发展改进。预计至2015年,海军直升机可能仅剩下极为先进的MH-60S和MH-60R两

下图:2004年5月19日,第139电子战中队的一架EA-6B"徘徊者"电子对抗机飞过华盛顿威德贝岛的海军航空站上空。"徘徊者"的主要任务是通过干扰敌方雷达和通信系统保护己方军舰和飞机。

个"海鹰"机型。西科斯基公司的SH-60F"海鹰"直升机飞行速度为180节,双发动机,可为航母打击大队提供反潜作战、搜索营救、反舰作战、干货运输以及特种作战能力。机组3~4人,航程380海里,吊挂能力9000磅。SH-60B"海鹰"直升机是用于巡洋舰、驱逐舰和护卫舰上的航空平台,可在反潜作战中部署声呐浮标和鱼雷,声呐浮标扩展了舰艇的雷达能力范围。

远征攻击大队

海军陆战队远征作战分队的出现要追溯到20世纪60年代,是满足冷战时期"灵活反应"战略和提高战略、战术机动性需

下图:2005年7月27日,第14反潜直升机中队的一架SH-60F"海鹰"直升机准备在"小鹰"号航母上着舰。

要的产物。这一作战概念产生后得到了长足发展，从而引起了海军部队建设的战略性转变，使之由"以快速攻击型航母为核心的舰队"逐渐转向"注重以远征作战分队和两栖戒备大队相结合的兼具灵活性和战备能力的舰队"。不断发展的远征攻击大队可以保障部队的行动自由性、拓展作战能力，这一点不但体现于登陆海军陆战队的陆上作战，也体现于海上作战。远征攻击大队的构成也在不断发展变化，部分高级军官认为，随着时间的推移，远征攻击大队的重要性必将超过昂贵的攻击型航空母舰。远征攻击大队包括了航母打击大队中的很多舰艇，如"提康德罗加"级巡洋舰、"阿利·伯克"级驱逐舰、"洛杉矶"级潜艇，但在两栖舰方面则各有千秋。

两栖攻击舰（LHA/LHD）

尽管在配置上略有不同，"塔瓦拉"级通用型两栖攻击舰（LHA）和"黄蜂"级多用途两栖攻击舰（LHD）在外形上更像是轻型航母。"塔瓦拉"号通用型两栖攻击舰（LHA-1）和"黄蜂"号多用途两栖攻击舰（LHD-1）分别于1976年5月29日和1989年7月29日首次部署。自"贝里硫"号两栖攻击舰（LHA-5）以来，海军再未建造通用型两栖攻击舰，但最新的多用途两栖攻击舰"马金岛"号（LHD-8）于2007年开始服役。此后，多用途两栖攻击舰将让位于新型的LHA-R级两栖攻击舰，后者计划于2013年新型F-35B联合攻击战斗机可实际应用时交付使用。

目前，通用型和多用途两栖攻击舰上搭载的飞机包括：6架AV-8B"鹞"式攻击机、4架CH-53E"海上种马"直升机、12架CH-46"海上骑士"直升机、3架UH-1N"休伊"直升机、4架AH-1W"超级眼镜蛇"直升机，其中部分机型很快就会被MV-22"鱼鹰"倾斜旋翼机所取代。在舰载武器方面，多用途两栖攻击舰装备了2座"拉姆"导弹发射架、2座"海麻雀"导弹发射架、2~3座20毫米密集阵火炮、4挺12.7毫米机枪、3~4座25毫米MK38型舰炮。通用型两栖攻击舰和多用途两栖攻击舰的舰载武器基本相同，唯独缺少"海麻雀"导弹发射架。舰员方面，多用途型两栖攻击舰编制军官104人、士兵1004人；通用型两栖攻击舰编制军官82人、士兵882人。两舰型均搭载海军陆战队员1900名。两栖攻击舰的任务主要是迅速到达冲突地点，护送海军陆战队在能够实现战术（优势）最大化的区域上岸。两栖攻击舰在"沙漠盾牌"行动、"沙漠风暴"行动、索马里、波斯尼亚、科索沃、阿富汗以及"伊拉克自由"行动中都发挥过极其重要的作用。一切迹象都表明，两栖攻击舰还将继续在反恐战争和反"无赖国家"的军事行动中发挥主要作用。

两栖船坞运输舰（LPD）

两栖船坞运输舰是为多种远征作战任务输送海军陆战队兵力的战舰。排水量为17000吨的"奥斯丁"级两栖船坞运输舰首次应用于越南战争，现已被排水量24900吨的"圣安东尼奥"级两栖船坞运输舰取代，后者已成为海上运输的关键兵力。"圣安东尼奥"号级两栖船坞运输舰的首舰于2006年1月14日正式服役，取代了原来的41艘"奥斯丁"级两栖船坞运输舰。超过8艘现代化的两栖船坞运输舰已经进入了建造日程，"新奥尔良"号（LPD-18）、"梅萨维德"号（LPD-19）、"绿湾"号（LPD-20）和"纽约"号（LPD-21）于2007年开始陆续服役。

下图：2005年9月17日，"奇尔沙治"号两栖攻击舰带领一支海上编队在海上航行，其后为气垫登陆艇，左翼为"诺曼底"号导弹巡洋舰，右翼为"考夫曼"号护卫舰。

左图：创作于1996年的一幅关于新型两栖船坞运输舰的概念作品。图中的登陆舰后来变成了"圣安东尼奥"级两栖船坞登陆舰，是当前远征攻击大队的组成兵力之一。

和以前的两栖运输舰不同，新的两栖船坞运输舰舰长684英尺，航速超过22节，搭载2架CH-53E"超级种马"直升机或2架MV-22"鱼鹰"倾斜旋翼机、最多4架CH-46"海上骑士"直升机、2艘气垫登陆艇以及14辆远征战车。舰上装备了2座30毫米近程舰炮、2座滚转弹体导弹发射架（舰首舰尾各一座）。在28名军官和332名士兵的操纵下，两栖船坞运输舰输送699名海军陆战队登陆部队，其中包括66名军官和633名士兵。

船坞登陆舰（LSD）

虽然目前船坞登陆舰仍是远征攻击群的组成部分，但它也将被"圣安东尼奥"级两栖船坞运输舰取代。船坞登陆舰排水量为16708吨，原为支援两栖作战而设计，其配备的2~4艘气垫登陆艇可以运送超过400名海军陆战队员上岸作战。此舰型仅建造12艘，第一艘为1985年服役的"惠德贝岛"号（LSD-41）。舰上装备了舰炮和2座20毫米密集阵火炮，但没有配置固定直升机。

护卫舰（FFG）

由于远征攻击大队整体规模庞大、航速较慢，海军为其增加了护卫舰用于反潜作战和防空作战。1977年12月17日，"奥利弗·佩里"号护卫舰(FFG-7)作为该舰型的首舰开始服役，至今已有共计61艘护卫舰先后服役。"佩里"级护卫舰排水量仅为4100吨，舰员包括17名军官和198名士兵。舰长445英尺，航速超过29节。舰上搭载2架SH-60"海鹰"直升机用于反潜作战，舰载武器包括"标准"导弹、"鱼叉"导弹、6枚MK-46型鱼雷、1座76毫米MK75型速射舰炮和1座密集阵近距武器系统。目前美国海军已不再建造新的护卫舰。

AV-8B"鹞"II垂直和短距起降攻击机

由麦道公司制造的AV-8B"鹞"II垂直/短距起降攻击机单机造价2400万美元，采用了罗尔斯·罗伊斯公司生产的涡扇发动机，也是远征攻击大队的组成部分。所有的两栖攻击舰均配备一个包括6架海军陆战队"鹞"式攻击机的中队。这种飞机主要用于在白天或夜间使用常规武器和高技术武器进行近距空中支援。机载武器相当可观，包括MK82系列的500磅炸弹、MK83系列的1000磅炸弹、GBU-12型500磅和GBU-16型1000磅激光制导炸弹、AGM-65F型"小牛"导弹、CBU-99型集束炸弹、AIM-9M型"响尾蛇"导弹等。和"尼米兹"级航母不同的是，多用途两栖攻击舰可将"鹞"式攻击机送至离浅水区更近的地方。如在海湾战争中，"鹞"式攻击机可从距海岸线30海里的地方起飞后执行对地攻击任务。"鹞"式攻击机的速度不如海军的"超级大黄蜂"战斗攻击机或"雄猫"战斗机，但可以投射前两者所配备的大部分种类的武器。

远征攻击大队直升机

两栖攻击舰上搭载有各种直升机，每个机型都有其独特的作用。每艘多用途两栖攻击舰上都装备有4架西科斯基公司的CH-53E"超级种马"直升机，用于为舰对岸两栖攻击作战及其岸上后续作战行动运送重型装备和补给物资。这种大型运输直升机的飞行速度可达150节，可载重69750磅或外挂73500磅。机组成员3人，航程540海里，可搭载乘员55人。和其他飞机相比，"超级种马"直升机可以在恶劣天气条件下以更快的速度将更多装备输送至预定地点。

波音公司的CH-46E"海上骑士"是

双旋翼中型运输直升机。其中,多用途两栖攻击舰上的一个中队配有12架该类型的直升机,而船坞登陆舰上的一个中队配有4架。"海上骑士"最早出现于1964年,它适应了越南战争海军陆战队对于中型运输的需求。攻击作战方面,机组人员包括1名飞行员、1名副驾驶、1名乘员组长、2名航炮员以及地面作战人员14人。医疗救援方面,飞机上装有15副担架和2名医护兵。"海上骑士"的飞行速度为145节,航程132海里。实践证明,"海上骑士"直升机是无可取代的。

下图:2005年4月6日,两架AV-8B"鹞"攻击机在"贝里琉"号两栖攻击舰上操作,后一架正在降落着舰,前一架正准备起飞离舰。

海军士兵的阶级章

应募士兵的军阶通常用"rate"而非"Rank"指代。他们的阶级章综合了其军阶（V形横条，也代表水兵的薪金等级）和技术等级（由横条上方的专业技术符号体现），如图中这块E-4级别的水兵阶级章所示。

海军士兵军衔

薪金等级	军衔	缩写	袖章	领章及帽微
E-1	新兵	SR	无	无
E-2	二等水兵	SA		无
E-3	一等水兵	SN		无
E-4	海军下士	PO3		
E-5	海军中士	PO2		
E-6	海军上士	PO1		
E-7	海军三级军士长	CPO		
E-8	海军二级军士长	SCPO		
E-9	海军一级军士长	MCPO		
E-9	海军总军士长	MCPON		

通用型和多用途两栖攻击舰的航空联队中均包括4架贝尔公司的AH-1W"超级眼镜蛇"攻击直升机。该机型航程为256海里，飞行速度147节，装备有1门750发20毫米航炮转塔，4个翼下挂点不仅可以挂载火箭弹以及各种各样的精确制导武器，包括TOW式、"地狱火"、"响尾蛇"和"佩剑"导弹。机组人员包括2名军官，均可驾驶飞机和直接锁定目标。虽然MV-22"鱼鹰"倾斜旋翼机将取代远征攻击大队中的部分直升机，但目前AH-1W"超级眼镜蛇"直升机已经装备了夜间目标锁定系统和前视红外、激光测距与目标锁定系统，从而具备了更强的实战能力。

下图：2006年2月19日，"埃塞克斯"号两栖攻击舰上的两架CH-53E"超级种马"直升机起飞，前往菲律宾海莱特岛调查山体滑坡情况。

右图：2005年在北加利福尼亚附近海域上进行的演习中，AH-1W"超级眼镜蛇"直升机绕"卡特·霍尔"号两栖船坞登陆舰飞行。

未来舰队

航母打击大队、舰载机航空联队以及远征攻击群的发展更加突出了建设"一支具备应对未来大多数威胁的海军"的重要性。在伊朗、朝鲜、中东以及其他地区，威胁世界和平的因素将长期存在。马伦建设未来海军的计划和其前任弗农·克拉克的观点如出一辙，都是基于技术的海军概念，其指导原则是"海上打击"、"海上盾牌"和"海上基地"三个概念，而三者相互联结形成了"力量网络"。海军的军费预算每年都会有所削减，因此必须以审慎的态度科学筹划下一个10年时间的海上力量建设。

2002年，弗农·克拉克提出了"375艘舰艇"的舰队的构想。2006年，可进行部署的水面舰艇已经缩减到281艘。随着规模的缩减，海军能否完成在四个战区维持战略威慑、同时打赢两个敌人、保卫国土安全的任务，已经变成一个值得深思的问题。

未来舰队概念

水面舰艇、潜艇、飞机以及武器装备都需要不断发展进步，才能适应未来舰队的需求。发展过程中迈出的每一步都可能招致批评，特别是在需要巨大的建设工程量和高昂的武器装备资金时更是如此。未来舰队概念在下一个10年内会如何发展,还要取决于陆上部队与海上部队的结合,取决于导弹防御系统部署重点的更新。

CVNX级航空母舰

下一代航空母舰目前命名为CVNX-1级航母,建成后服役寿命将达50年。未来新型航母造价将为100亿美元,采用核动力,吸收所有最先进的技术以满足下一代战斗机的要求。

CVNX级航母上将装有电磁飞机弹射系统和电磁飞机回收系统,用于满足新型和现有飞机的起降需求,而飞机上也将安装电磁脉冲防护装置。新型核动力推进系统不仅所需人员更少,而且可以为未来的电磁和能量武器系统提供更多的电力,使得航母能够配备舰载机武器自动挂载系

> 海军前置部队的主要任务是从海上投送美国军力,对全球沿岸地区的和平、危机和战备事务施加影响。
>
> ——海军作战部长杰伊·L.约翰逊

下图:正在建造中的下一代"福特"级航母(CVN-78)构想图,这艘航母的造价将超过100亿美元。

上图:未来的DDG(X)级驱逐舰采用轻型复合隐形材料,代表着海军的未来。同DDG(X)级驱逐舰一样,采用新兴技术的巡洋舰和护卫舰也正在设计研发之中。

统。由于航母不具备隐形飞机那样的隐蔽性,CVNX级航母将采取针对性措施减少发射信号,同时也要提高识别敌方威胁的能力。尽管前海军上将史坦菲尔德·特纳上将认为快速攻击航母纯属"多余之物",并建议海军"将航母的打击能力分散到尽可能多的舰艇之上",即巡洋舰、驱逐舰、潜艇、两栖舰等,但是,对无法进入地区的海上机场的需要是始终存在的,而快速航母比其他任何一个舰种都能更好地实现此功能。

由于CVNX级航母的实验性质,这种航母的研发建造至少需要10年时间。同时,未来航母战斗群还将包括2艘"宙斯盾"巡洋舰和4艘"宙斯盾"驱逐舰。"宙斯盾"巡洋舰将装备122个导弹的垂直发射井、混合装填4枚反潜火箭弹、82枚防空拦截导弹以及"战斧"导弹和"标准"-2导弹。驱逐舰上装备90枚导弹的垂直发射筒、4枚反潜火箭弹、60枚防御拦截导弹以及"战斧"导弹和"标准"-2 Block IVA导弹混合体。

DD（X）级驱逐舰

同CVNX级航母一样，由于海军重新将注意力集中在可实现陆基平台和海基平台相结合的新兴技术上，下一代驱逐舰也经历了一个反复研究的过程。排水量14000吨的DD（X）级驱逐舰必须实现同其他未来舰艇的互通性，特别是为海岸作战而设计的濒海战斗舰和未来防空型巡洋舰CG（X）。DD（X）级驱逐舰将采用先进的双波段雷达系统，从而能够在恶劣天气条件下更好地捕捉目标，而且其火力控制系统和舰载武器装备也将大大增强。DD（X）级驱逐舰将装备水下作战系统，以高频声呐、自动追踪系统进行反潜作战和水雷探测。装备了"总体舰船运算环境"后，指挥中心可以在舰桥上管理舰艇的所有指挥系统。DD（X）级驱逐舰将采用穿浪单体内倾船型，大大降低被敌方雷达探测发现的概率。甲板上的先进无人火炮系统（AGS）是舰载精确制导武器平台的组成部分，可以实现目标的精确锁定，并以现有武器如"战斧"导弹进行攻击，也可在将来运用新型远程攻击导弹在全球定位系统的引导下作战。所有舰载系统，包括为舰艇提供打击防护的外围垂直发射系统，都将采用电磁脉冲防护装置。

正如C.H.戈达德上校曾经说过的，"DD（X）级驱逐舰是未来的先锋部队"。

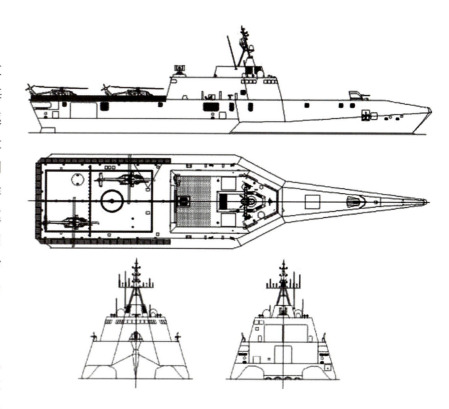

DD（X）项目的最终成果"DDG1000"共建造3艘，于2021年全部建成。

上图：2004年5月27日，美国同通用电器公司签订了生产濒海战斗舰的合同。濒海战斗舰是一种新型网络化战舰，具有快速、灵活的特点，拥有特种作战能力。

濒海战斗舰（LCS）

2006年4月，海军宣布首4艘濒海战斗舰将以圣迭戈港为基地，美国水下作战司令部以及未来的反潜反水雷作战舰队司令部也将设于此地。目前，"自由"号濒海战斗舰（LCS-1）和"独立"号濒海战斗舰（LCS-2）正在建造之中，但海军仍然在论证濒海战斗舰到底是用于濒海作战的舰艇还是更类似于新型的"蓝水"护卫舰FFG

（X）。濒海战斗舰的原始设计排水量为1500吨，建成后实际排水量达3500吨（护卫舰排水量为4100吨），且具备执行多种任务的能力和较强的生存能力，因此和护卫舰更为相似。海军对濒海战斗舰应对远距空基导弹威胁中的弱点也表示了关注。首两艘服役后，海军将再建造两艘濒海战斗舰。如果经实战证明濒海战斗舰在沿海作战中具有较高价值，海军将中止建造"旋风"级海岸巡逻艇，并将濒海战斗舰作为反潜作战舰和导弹舰纳入护卫舰舰队行列。

"弗吉尼亚"级攻击型潜艇

"海狼"级潜艇建造计划在仅建造了3艘后于冷战结束后中止。从那时起，美

下图：通用电器公司制作的濒海战斗舰概念图。

左图:"旋风"号近海巡逻艇(PC-1)不但能够参加战斗,还能够在任何存有威胁的海域进行巡逻。

国海军的潜艇作战能力有所退化。随后,海军以新型"弗吉尼亚"级攻击型潜艇取代了"海狼"级潜艇,目前在役的此型潜艇共有6艘。与"海狼"级相比,"弗吉尼亚"级潜艇造价较低,但具备同样的能力。除了能够支援航母攻击部队和两栖攻击部队外,"弗吉尼亚"级潜艇还可以用"战斧"巡航导弹攻击敌方内陆目标,打击敌方潜艇和水面舰艇,搜集获取情报信息,并能运送和回收特种作战人员。

潜艇的技术也得到了革新。传感器得到了改进,能够探测到最安静的敌方潜艇。对潜望镜进行了"光电桅杆"非透视成像设备改造,可以将图像直接传输至艇内显示器上。新型的核反应堆一旦安装就无需更换,保证了充足的动力。"弗吉尼亚"级潜艇上配备了无人水下航行器(UUV),可用于侦查搜索和水雷探测。"弗吉尼亚"级配备有38件各型武器,其中MK 48"先进能力"(ADCAP)鱼雷最大射程可达27海里,最大航速可达60节。新的"超空泡鱼雷"鱼雷不仅配备推进用的火箭发动机,还在头锥内安装有化学反应发生装置,使得鱼雷被"包裹"于空气或水蒸气形成的空泡中。化学反应装置不仅大大减小了阻力,更使得鱼雷的航速达到数百英里每小时。"弗吉尼亚"级潜艇上还专门特设了一个55吨重的特种人员运载器,可为海豹突击队执行任务时所用。

隐身飞机

F/A-18E/F"超级大黄蜂"战斗攻

击机满足了当前海军对于多任务攻击机的需求,而联合打击战斗机(JSF)计划则可为海军打造满足未来作战需求的新一代喷气式战斗机。目前,海军、海军陆战队、空军拥有各种各样的作战飞机,而三方也一致希望以一种通用型的战斗机满足各自的作战需求,从而实现资金消耗的最小化和军种融合的最大化。海军联合打击战斗机计划由X-35C型机开始,现在发展为洛克希德·马丁承制的F-35联合打击战斗机,于2008年开始服役。F-35联合打击战斗机采用了全隐身设计,在下一代机载综合电子战系统的帮助下将具备更强的全天候精确打击能力。由于将是"尼米兹"级航母的舰载机,F-35的内部结构得到进一步强化,以适应航母着舰的严格要求。装有较大的机翼和控制面板,机载油料量是F-18"大黄蜂"标准机型的两倍。

下图:2004年10月18日的弗吉尼亚州诺福克海军基地,"弗吉尼亚"号核潜艇的艇员站在艇上进行操作,为潜艇的服役仪式做准备工作。

F-35联合打击战斗机的各种变型机将同海军未来各种系统紧密结合,不管是标准化的军械还是新兴的先进武器都将成为它的攻击利器。

无人机

为了保持持久的空中监视,诺斯罗普·格鲁曼正在生产MQ-8B"火力侦察兵"无人机。这种可以垂直起降的旋翼无人航空器可由巡洋舰、驱逐舰或两栖攻击舰遥控操纵,能够提供前所未有的态势感知能力和精确跟踪能力,对海军及海军陆战队的海上和地面行动都大有帮助。"火力侦察兵"上装备有全自主着舰和起飞系统,可帮助海军获得战术情报、监视、侦察和目标跟踪信息方面的优势,使导弹不需要以有人驾驶飞机为载体就可直接完成任务。

下图:2003年8月14日,"俄亥俄"号巡航导弹潜艇在普吉特海军船坞进行维护。这艘改装潜艇是被用于携带高级水上和水下武器的4艘战略核潜艇之一。

弹道导弹防御

自20世纪90年代开始,海军围绕战区弹道导弹防御系统(TBMD)发展了双层防御体系。其中,"低层"导弹用于有限防空;"高层"导弹用于对抗超音速远程导弹的攻击,提供战区范围内的防御能力,如应对最近由伊朗和朝鲜带来的导弹威胁等。"战略防御倡议"(SDI)计划兴于里根时期,在克林顿执政时有所衰落,2006年开始又得到实施应用。

海军区域防御(NAD)系统又称为海军低层防御系统,在导弹防御系统中扮演着"守门员"的角色,其核心是"标准-2" BLock IVA型区域防空拦截导弹,采用了可增大射程的固体燃料火箭发动机,以半主动雷达和红外传感器进行"双模式"制导,用杀伤爆破式战斗部署攻击目标。和新型导弹"爱国者-3"类似,"标准-2"导弹也具备多任务能力,可对巡航导弹或有人驾驶飞机造成致命打击,将在

左图:2005年7月25日,诺斯罗普·格鲁曼公司生产的MQ-8B"火力侦察兵"垂直起降战术无人机正在测试机载MK66型2.75英寸火箭弹。

海军现有防空系统中发挥重大作用。此外"标准-2"Block IVA导弹也能拦截弹道高度较低的短程弹道导弹。

"高层"拦截导弹仅在大气层以外离地44英里以上的空间发挥作用,用于防御远程、多级弹道导弹。如果说"标准-2"导弹像个"守门员",那"标准-3/LEAP KKV(动能杀伤器)"导弹就可以称得上是"守护神"了。"标准-3"拦截导弹长21.5英尺,四级系统中包括Mark 72型助推器和Mark 104型固体火箭发动机。"标准-3"导弹于2007年开始部署,但其原型机状态的"标准-3"已经开始服役。

装备了"标准-3"LEAP导弹后,海军的巡洋舰、驱逐舰和护卫舰就可以实现针对区域而非目标的弹道导弹防御。"宙

> 尽管在近期内濒海作战将成为当前主要需求,海军还应把着眼点置于建设"2025年舰队"之上。
>
> ——W.J.霍兰海军少将

下图:F-35B联合打击战斗机将是下一代垂直起降飞机。这种飞机共生产3种型号,分别用于海军、海军陆战队和空军。

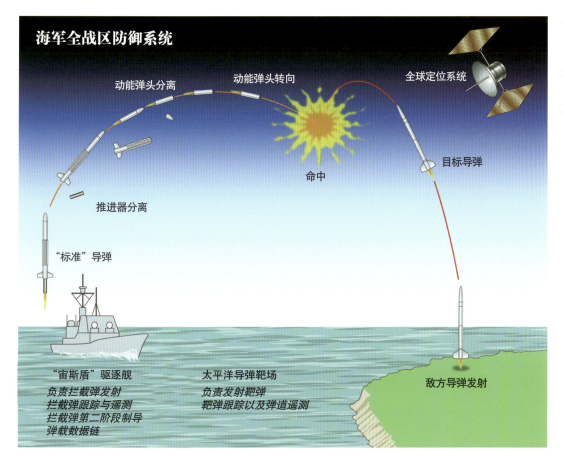

左图：海军全战区防御系统包括反弹道导弹系统，可以瞬时将全球定位系统和数据和弹道信息植入陆基和舰基防御性拦截导弹之中。

"斯盾"战舰可以拦截由敌方区域发射的攻击多种目标的弹道导弹。"宙斯盾"战舰可以在敌军导弹发射阵地和目标区之间的水域形成"拒止区"。仅一艘部署于日本海的"宙斯盾"战舰就能同时保卫韩国和日本。通过将战舰部署到威胁大片地区的敌军弹道导弹发射阵地附近，海军的战区（高级）弹道导弹防御系统可以防卫方圆数万平方英里的广阔范围。

远程武器系统的引导要依靠导弹指挥链路、全球定位系统和红外成像末制导来实现。在助推器的推动下，LEAP导弹将根据敌方弹道导弹发出的红外信号自动制导，以每分钟2.8英里的速度接近目标，这一速度是目前最快子弹飞行速度的4倍。若来袭导弹属于化学、生物或核武器，则将其破坏后分散于大气层之外。"标准-3"导弹能够有效地对抗中程弹道导弹，其飞行速度性能还将进一步提高，将能够拦截速度为3.75~4.38英里/秒的洲际弹道导弹。

未来海军兵力结构构想—2020	
航空母舰	11
水面战斗舰	88
濒海战斗舰	55
攻击型潜艇	48
巡航导弹潜艇	4
弹道导弹潜艇	14
远征作战舰艇	31
战斗补给舰	30
未来海上部队预置舰	12
支援舰	20
总计	313

武器系统的复杂程度越来越高,这也是现有"宙斯盾"舰艇装备各种不同类型导弹的原因。所有"宙斯盾"舰艇上都装备了用于攻击的"战斧"导弹以及分别用于"低层"防御和"高层"防御的"标准-2 Block IVA"和"标准-3"导弹。此外,每个垂直发射单元还能装填4枚"改进型海麻雀"防空导弹、"阿斯洛克"反潜导弹、各种不同类型的"战斧"对地攻击导弹和反装甲导弹,以及陆军战术导弹系统的海军版本。这些导弹中,只有"标准-2"Block IVA才是一款对付飞机、巡航导弹和战区弹道导弹的真正多用途导弹。

2025年舰队

2025年的海军舰队建设目标是目前海军最大的未解难题。当前,遍布全球的跨国恐怖主义和没有海军但拥有大规模杀伤性武器的"无赖国家"还在不断发展,他们仍然在威胁着世界和平。在这样一种形势下,未来海军舰队的建设就变成了一个很难解决的问题。前海军作战部长克拉克和现任海军作战部长马伦都提出了"313艘舰艇"的舰队建设构想。

近期内,海军可用于部署的281艘舰艇不会有太多变化,至少在10年内海军还将依靠现有兵力履行使命。在2006年9月的国防预算中,国会为海军提供了4艘新舰的建造投资,仅占海军所要求的一半。以这样的速度发展下去,每年建造4艘新舰的计划将使海军仅能将舰队维持在120艘舰艇的水平,这与两位作战部长对于未来舰队的构想形成了极大矛盾。

由于很难制定一个能应对目前各种威胁的新战略,海军的发展也进入了一个混沌的新纪元。海军应该如何发展,现在的美国当局、国会以及国防部都没有给出明确答案。在"海上打击"、"海上盾牌"和"海上基地"三个概念得到明确的解释以前,海军的发展将继续处于一种悬而未决的状态。

对页图:2006年7月6日夏威夷海域,"奥凯恩"号驱逐舰在演习中发射"标准-2"地空导弹。

参考书目

Abbazia, Patrick. *Mr. Roosevelt's Navy.* Annapolis: U.S. Naval Institute, 1975.

Abel, Elie. *The Missile Crisis*. Philadelphia: J. B. Lippincott Company, 1966.

Alden, John D. *The American Steel Navy.* Annapolis: Naval Institute Press, 1972.

Allen, Gardner W. *Our Navy and the Barbary Corsairs.* Boston: Houghton, Mifflin Company, 1905.

_____. *Our Naval War with France.* Boston: Houghton Mifflin Company, 1909.

Allen, Thomas B., and Polmar, Norman, et al. *War in the Gulf.* Atlanta: Turner Publishing, Inc. 1991.

Barlow, Jeffrey G. *Revolt of the Admirals.* Washington: Brassey's, 1998.

Bauer, K. Jack. *The Mexican War*, 1846-1848. New York: Macmillan Publishing, 1974.

Baxter, James P. *The Introduction of the Ironclad Warship.* Cambridge, Mass.: Harvard University Press, 1933.

Bennett, Frank M. *The Steam Navy of the United States.* Pittsburgh: Warren Publishing, 1896.

Buell, T. B. *Master of Sea Power: A Biography of Fleet Admiral E. J. King.* Boston: Little, Brown and Company, 1980.

Cagle, Malcolm W. "Task Force 77 in Action off Vietnam." U. S. Naval Institute *Proceedings*, vol. 98, no. 831 (May 1972), 66-109.

Cagle, Malcolm W. and Manson, Frank A. *The Sea War in Korea.* Annapolis: U. S. Naval Institute, 1957.

Clark, William Bell. *Lambert Wilkes: Sea Raider and Diplomat.* New Haven: Yale University Press, 1932.

_____. *Ben Franklin's Privateers: A Naval Epic of the American Revolution.* Baton Rouge: Louisiana State University Press, 1956.

Coletta, Paolo. *American Secretaries of the Navy.* 2 vols. Annapolis: Naval Institute Press, 1980.

Davis, Burke. *The Billy Mitchell Affair.* New York: Random House, 1967.

Davis, George T. *A Navy Second to None.* Westport, Conn.: Greenwood Publishers, 1971.

Davis, William C. *Duel Between the First Ironclads.* New York: Doubleday & Company, 1975.

Dolan, Edward F. *America in the Korean War.* Brookfield, Conn.: The Millbrook Press, 1998.

Dorr, Robert F. *Desert Shield; The Build-Up: The Complete Story.* Motorbooks International, 1991.

Dutton, Charles J. *Oliver Hazard Perry.* New York: Longmans, Green and Co., 1935.

Field, James A. *History of United States Naval Operations Korea.* Washington: Government Printing Office, 1962.

Fiske, Bradley A. *From Midshipman to Rear Admiral.* New York: The Century Co., 1919.

Fowler, William M., Jr. *Rebels Under Sail: The American Navy during the Revolution.* New York: Charles Scribner's Sons, 1976.

Friedman, Norman. *Seapower and Space: From the Dawn of the Missile Age to Net-Centric Warfare.* Annapolis: Naval Institute Press, 2000.

_____. *The Naval Institute Guide to World Naval Weapons Systems, 1991-1992.* Annapolis: Naval Institute Press, 1991.

_____. *Desert Victory: The War for Kuwait.* Annapolis: Naval Institute Press, 1991.

Gimpel, Herbert J. *The United States Nuclear Navy.* New York: Frederick Watts, Inc., 1965.

Goddard, C.H., and C.B. Marks, "DD(X) Navigates Uncharted Waters." U.S. Naval Institute *Proceedings*, 131, no. 1 (January 2005), 30-33.

Gregory, Barry. *The Vietnam War.* Vols. 5, 6, 9. Freeport, N.Y.: Marshall Cavendish Ltd., 1988.

Grider, John M. *War Birds.* E. W. Springs, ed. Fort Mill, S.C.: privately printed, 1951.

Halsey, William F. and Joseph Bryan III, *Admiral Halsey's Story.* New York: Whittlesey House, 1947.

Hart, Robert A. *The Great White Fleet.* Boston: Little, Brown & Company, 1965.

Haarts, Justin. The LCS: Built to Fight, U.S. Naval Institute *Proceedings*, 132, no. 7 (July 2006), 26-29.

Hearn, Chester G. *Admiral David Glasgow Farragut: The Civil War Years.* Annapolis: Naval Institute Press, 1997.

_____. *Admiral David Dixon Porter: The Civil War Years.* Annapolis: Naval Institute Press, 1996.

_____. *An Illustrated History of the United States Navy.* London: Salamander Books Ltd, 2002.

_____. *The Capture of New Orleans, 1862.* Baton Rouge: Louisiana State University Press, 1995.

_____. *Carriers in Combat: The Air War at Sea.* Westport, Conn.: Praeger International, 2005.

_____. *George Washington's Schooners: The First American Navy.* Annapolis: Naval Institute Press, 1995.

Heinl, Robert D., Jr. *Soldiers of the Sea.* Annapolis: U. S. Naval Institute, 1962.

_____. *Victory at High Tide.* Philadelphia: J. B. Lippincott Company, 1968.

Holland, W.J. "The Fleet: Low Profile Today, Vital Tomorrow." U.S. Naval Institute *Proceedings*, 132, No. 5 (May 2006), 52-57.

Hooper, Edward Bickford, and Oscar P. Fitzgerald, et al. *The United States Navy and the Viet Nam Conflict.* 2 vols. Washington: Naval Historical Center, 1976, 1986.

Hough, Richard. *Dreadnought: A History of the Modern Battleship.* London: Michael Joseph, 1965.

Howarth, Stephen. *To Shining Sea: A History of the United States Navy, 1775-1991.* New York: Random House, 1991.

Isaacs, Jeremy, and Downing, Taylor. *Cold War, 1945-1991.* Boston: Little, Brown and Company, 1998.

Knox, Dudley W. *A History of the United States Navy.* New York: G. P. Putnam's Sons, 1948.

Kosnick, Mark E. "The Military Response to Terrorism," *Naval War College Press Review* (Spring, 2000), 1-30.

Layman, R. D. *Before the Aircraft Carrier: The Development of Aviation Vessels 1849-1922.* Annapolis: Naval Institute Press, 1989.

Lloyd, Christopher. *The Navy and the Slave Trade.* London: Frank Cass & Co., 1968.

Long, David F. *Nothing Too Daring: A Biography of Commodore David Porter, 1780-1843.* Annapolis: Naval Institute Press, 1970.

Lord, Clifford L. *History of United States Naval Aviation.* New York: Arno Press, 1972.

Lundstrom, John B. *The First South Pacific Campaign.* Annapolis: U. S. Naval Institute, 1976.

Maclay, Edgar S. *History of the U.S. Navy.* 2 vols. New York: D. Appleton, 1894.

Mahan, Alfred Thayer. *Sea Power in its Relations to the War of 1812.* 2 vols. New York: Haskell House Publishers Ltd., 1969.

_____. *The Influence of Sea Power upon History, 1660-1783.* Boston: Little, Brown and Company, 1918.

_____. *The Influence of Sea Power in its Relation to the War of 1812.* 2 vols. Boston: Little, Brown & Company, 1905.

_____. *From Sail to Steam.* New York: Harper Brothers, 1907.

Marolda, Edward J., and Fitzgerald, Oscar P., *The United States Navy and the Vietnam Conflict.* 2 vols. Washington, D.C.: Naval Historical Center, 1986.

Milholland, Ray. *The Splinter Fleet.* Indianapolis: Bobbs-Merrill Co., 1936.

Miller, Nathan. *Sea of Glory: The Continental Navy Fights for Independence, 1775-1783.* New York: David McKay Company, Inc., 1974.

———. *The U. S. Navy, an Illustrated History.* New York: American Heritage Publishing Company, 1977.

Mitchell, Donald W. *History of the Modern American Navy.* New York: Alfred A. Knopf, 1946.

Morison, Elting E. *Admiral Sims and the Modern American Navy*. New York: Russell and Russell, 1968.

Morison, Samuel Eliot. *John Paul Jones: A Sailor's Biography.* Boston: Little, Brown & Company, 1959.

———. *History of U.S. Naval Operations in World War II.* 15 vols. Edison, N.J.: Castle Books, 2001.

———. *"Old Bruin": Matthew Calbraith Perry.* Boston: Little, Brown & Co., 1967.

Morris, Richard K. *John P. Holland.* Annapolis: U. S. Naval Institute, 1966.

Naval Documents Related to the United States Wars with the Barbary Powers. Dudley W. Knox, ed. 4 vols. Washington: Government Printing Office, 1939.

Naval Documents Related to the Quasi-War Between the United States and France. 7 vols. Washington: Government Printing Office, 1935.

Naval History Division. *Civil War Naval Chronology, 1861-1865.* Washington, D.C.: Government Printing Office, 1971.

Naval Theater Ballistic Missile Defense (TBMD) Operational Requirements Document. Washington, D.C.: U.S. Navy, 1995.

Niven, John. *Gideon Welles, Lincoln's Secretary of the Navy.* New York: Oxford University Press, 1976.

Nordhoff, Charles. *In Yankee Wind Jammers.* New York: Dodd, Mead and Co., 1940.

O'Gara, Gordon C. *Theodore Roosevelt and the Rise of the Modern Navy.* Princeton: Princeton University Press, 1943.

Paullin, Charles Oscar. *Diplomatic Negotiations of American Naval Officers, 1778-1883.* Baltimore: The Johns Hopkins Press, 1912.

———. *Paullin's History of Naval Administration, 1776-1911.* Princeton: Princeton University Press, 1966.

Polmar, Norman. *The Naval Institute Guide to the Ships and Aircraft of the U.S. Fleet.* Annapolis: Naval Institute Press, 2000.

Potter, E. B. *Nimitz.* Annapolis: U. S. Naval Institute, 1976.

"Role of Women in the Theater of Operations," *Conduct of the Persian Gulf War: Final Report to Congress."* vol. 2. Washington: Department of Defense, 1992, Appendix R.

Rees, David, ed. *The Korean War: History and Tactics.* New York: Crescent Books, 1984.

Sandler, Stanley, ed. *The Korean War: An Encyclopedia.* New York: Garland Publishing, 1995.

Scharf, J. Thomas. *History of the Confederate States Navy.* New York: Rogers and Sherwood, 1887.

Schwartz, Richard A. *Encyclopedia of the Persian Gulf War.* Jefferson, N.C.: McFarland & Company, 1998, 15.

Simmons, Dean, and Gould, Phillip, et al, "Air Operations over Bosnia," U.S. Naval Institute *Proceedings*, 123 (May, 1997) No. 5, 58-63.

Sims, William S. *The Victory at Sea.* Garden City, NY: Doubleday, Page & Co., 1920.

Smelser, Marshall. *The Congress Founds the Navy.* South Bend, Ind.: University of Notre Dame Press, 1959.

Smith, S. E. *The United States Navy in World War II.* New York: William Morrow and Company, 1966.

Soley, James Russell. *Historical Sketch of the United States Naval Academy.* Washington: Government Printing Office, 1876.

Sprout, Harold and Margaret. *The Rise of American Naval Power, 1776-1918.* Princeton: Princeton University Press, 1966.

Stout, Jay. *Hornets Over Kuwait.* Annapolis: Naval Institute Press, 1997.

Sweetman, Jack. *American Naval History: An Illustrated Chronology.* Annapolis: Naval Institute Press, 2002.

Turner, Stansfield. "Aircraft Carriers are on their way Out," U.S. Naval Institute *Proceedings*, 132, no. 7 (July 2006), 16-18.

Vego, Milan. "What Can We Learn from Enduring Freedom," U.S. Naval Institute *Proceedings*, 128, no. 7 (July 2002), 1-8.

Watson, H. W. *Battleships in Action.* Boston: Little, Brown & Company, 1926.

Wescott, Allan, ed. *American Sea Power Since 1775.* Philadelphia: J. B. Lippincott Company, 1947.

Wheeler, Richard. *In Pirate Waters.* New York: Thomas Y. Crowell Company, 1969.

Wimmel, Kenneth. *Theodore Roosevelt and the Great White Fleet.* Washington: Brassey's Inc., 1998.

Wohlstetter, Roberta. *Pearl Harbor: Warning and Decision.* Stanford, Cal.: Stanford University Press, 1962.

Zumwalt, Elmo R. Jr. *On Watch.* New York: Triangle Books, 1976.